大卒程度 　　　　　　TAC公務員講座 編

公務員試験

数的推理

はしがき

- 問題集を買ったのに、解けない問題ばかりで実力がついている気がしない…
- 難しい問題が多くて、途中で挫折してしまう…
- 公務員試験は科目が多いから、せめて1科目1冊の本で済ませたい…

『ゼロから合格 公務員基本過去問題集』（以下、『ゼロ過去』）は、このような読者の声に応えるために開発された公務員過去問題集です。問題集といっても、ただ過去問とその解説が並んでいるだけの本ではなく、「過去問」の前に、「その過去問に正解するために必要な知識やテクニック」が必ず載っています。この科目の学習を全くしたことない方も、本書で知識やテクニックを身につけながら、同時にそれらを使って問題を解く練習を積むことができる構成になっています。

『ゼロ過去』には、「しっかり読んでじっくり考えれば解ける問題」しか載っていません。それでいて、実際の試験で合格ラインを超えるのに十分な問題演習を積むこともできます。つまり、「ゼロから始めて1冊で合格レベルにたどり着く」ための問題集なのです。

せっかくやるのだから、最後までやり遂げてほしい。最後まで「つづく」ためには、問題が「解ける」という達成感もきっと必要。『ゼロ過去』は、きちんとがんばった読者にきちんと結果がついてくるように、どの問題も必ず解けるように工夫して配置しています。また、その名のとおり「知識ゼロ」の状態からいきなり取り組んでも支障がないよう、基本的な知識やテクニックのまとめが過去問より先に掲載されているので、「全く何も知らない」状態で、前から順番に取り組むだけで学習が進みます。

本書を十分に活用して、公務員試験の合格をぜひ勝ち取ってください。

TAC公務員講座

本書の利用方法

本書は、大卒程度・行政職の各種公務員試験の対策を、「知識ゼロから始められる問題集」です。何であれ、問題を解くには知識やテクニックが必要です。

- 知識・テクニックの**インプット**（新しい情報を入れる）
- 問題演習を通じた**アウトプット**（入れた情報を使って問題が解けるかどうか試してみる）

試験対策はこの反復で進めていくのが王道です。『ゼロ過去』は、この科目について全く学習したことのない方でも、知識とテクニックを身につけながら問題が解けるように作られています。

ここで説明する効果的な利用方法を参考にしながら学習を進めていきましょう。

1 まずは試験をよく知ることから！ 出題傾向を知る

● 国家一般   ●：出題あり ●：複数問出題あり

		2011	2012	2013	2014	2015	2016	2017	2018	2019	2020
数の性質	整数の基礎				●	●					
	数列・規則性		●		●	●	●			●	
	倍数の応用	●								●	
	魔方陣、虫食い算・覆面算										
	n進法										
	方程式の基本					●	●	●			
	不等式										
	不定方程式		●								

巻頭には、出題分野ごと・受験先ごとに過去10年間の出題傾向がまとめられています。

多くの方は複数の試験を併願すると思われるため、網羅的に学習するのが望ましいですが、受験先ごとの出題の濃淡はあらかじめ頭に入れたうえで学習に着手するようにしましょう。

2 問題を解くのに必要なことはすべてここにある！ input編

　一般的な公務員試験の問題集では、初めて取り組んだ時点では「解けない問題」がたくさんあるはずです。最初は解けないから解説を読んでしまい、そのことで理解し、何度も何度も同じ問題を周回することによってだんだん正答率が高まっていくような仕組みになっていることが多いです。

　『ゼロ過去』では、このinput編をしっかり使いこなせば、最初から全問正解することもできるはず。そのくらい大事な部分ですから、しっかり学習しましょう。

学習のポイント
その単元の位置づけや学習に当たっての心構えです。
まずはここを確認しよう！

例題
知識やテクニックをどのように使えばいいのか、具体的な例題を通じて確認できます。

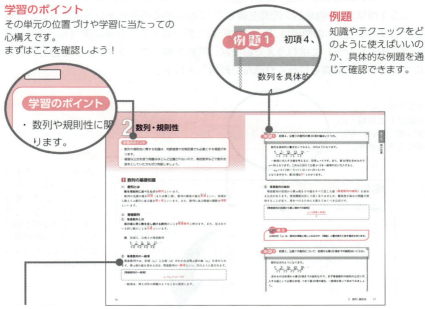

要点整理
問題を解くのに必要なことが、すべてここに詰まっています。
重要なことは強調して表現されているので、メリハリをつけて頭に入れていきましょう。

★その他のお役立ちアイテム
　補足　：少し発展的な知識を解説しています。
　ヒント：問題を解くための助けになる情報や、情報を覚えやすくするためのポイントをまとめています。
　重要！：特に押さえておいてほしい知識・テクニックであることを示しています。

3 典型問題で実践！ 解法ナビゲーション

　知識やテクニックが身についても、それを活用して問題を解くためには、「コツ」や「慣れ」が必要になります。問題の解法は一つではありませんが、どの解法がどの問題に向いているか（どの解法がその問題に最適であるか）を見極めるには、実際に解きながら着眼点を養っていくしかありません。

　「解法ナビゲーション」の目的は2点あります。まず、「問題のどういう点に注目して、どのアプローチを試すべきか」がわかるようになること。これがわかると、1人で新しい問題を解くときにも、当てはめる解法の指針を得ることができます。

　もう1点は、比較的易しい問題を通じて、正解に至る道筋をトレースすること。「解法ナビゲーション」の問題は、自分の力だけで解けなくてもかまいません。次の「過去問にチャレンジ」に挑むうえで必要な、問題を解いていくステップを自分のものにするために、解説をじっくり読んで理解しましょう。

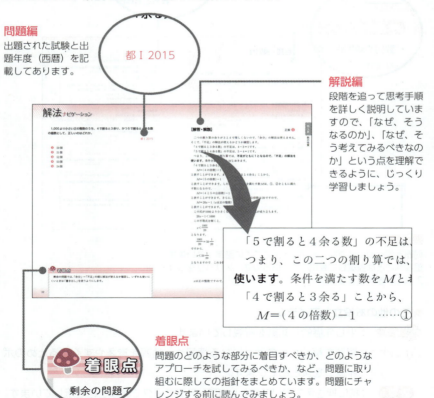

問題編
出題された試験と出題年度（西暦）を記載してあります。

解説編
段階を追って思考手順を詳しく説明していますので、「なぜ、そうなるのか」、「なぜ、そう考えてみるべきなのか」という点を理解できるように、じっくり学習しましょう。

着眼点
問題のどのような部分に着目すべきか、どのようなアプローチを試してみるべきか、など、問題に取り組むに際しての指針をまとめています。問題にチャレンジする前に読んでみましょう。

4 知識を活用して問題演習！ 過去問にチャレンジ

「解法ナビゲーション」で学んだことを、次は別の問題で実践できるか試す段階です。「過去問にチャレンジ」の解説は別冊子にまとめていますので、問題を解いた後、それぞれ並べて答え合わせしてみてください。

『ゼロ過去』は、やさしい問題（必ず正解したい問題）から、やや歯ごたえのある問題（試験で差がつく問題）までバランスよく収録しているので、1科目1冊で試験対策が完結します。場合によっては20科目以上に及ぶ公務員試験だからこそ、必要な問題のみを厳選し、これ1冊で合格レベルに届く本を意識しました。

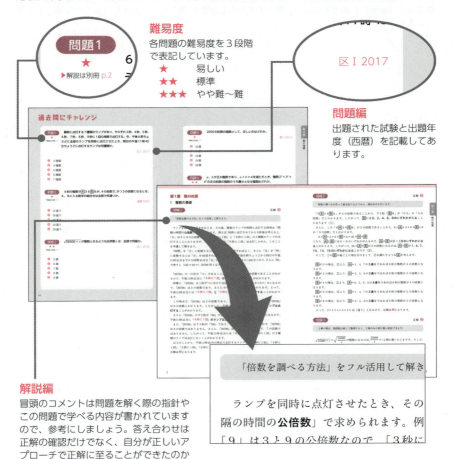

● 掲載した過去問題の表記について

表記	該当試験
国総	国家総合職 大卒程度（旧・国家Ⅰ種を含む）
国般	国家一般職 大卒程度 行政（旧・国家Ⅱ種を含む）
国専	国家専門職共通問題
裁判所	裁判所職員一般職 大卒程度（旧・裁判所事務官Ⅱ種を含む）
都Ⅰ	東京都Ⅰ類
区Ⅰ	特別区Ⅰ類
地上	道府県庁・政令市上級

※末尾に「復元」とあるものは、公開されていない試験問題を独自に復元したものであることを示します。

過去10年の出題傾向

● **国家一般**　　　　　　　　　　　●：出題あり　●：複数問出題あり

		2011	2012	2013	2014	2015	2016	2017	2018	2019	2020
数の性質	整数の基礎				●	●					
	数列・規則性		●		●	●	●			●	
	倍数の応用	●								●	
	魔方陣、虫食い算・覆面算										
	n進法										
方程式の文章題	方程式の基本				●	●		●			
	不等式										
	不定方程式		●								
	割合・比	●			●		●	●	●		●
	平均・濃度			●						●	●
	仕事算・ニュートン算		●		●				●		
速さ	速さ										
	旅人算・周回算			●							
	流水算	●									●
	通過算										
	ダイヤグラム			●							
	時計算										
場合の数・確率	場合の数の基礎					●				●	●
	場合の数の応用										
	確率の基礎					●		●			
	確率の応用		●	●	●	●	●		●		
図形の計量	図形の基礎										
	図形の相似・三平方の定理			●			●		●		
	円	●			●			●			
	立体の知識と面積・体積の応用		●	●							

●国家専門職

数の性質		2011	2012	2013	2014	2015	2016	2017	2018	2019	2020
数の性質	整数の基礎		●	●	●			●	●	●	
	数列・規則性			●						●	●
	倍数の応用										
	魔方陣、虫食い算・覆面算										
	n進法										
方程式の文章題	方程式の基本		●		●	●	●	●			
	不等式								●		
	不定方程式	●									
	割合・比		●			●	●		●		
	平均・濃度		●						●		●
	仕事算・ニュートン算			●		●					
速　さ	速　さ			●			●				
	旅人算・周回算										
	流水算	●			●						
	通過算										
	ダイヤグラム										
	時計算										
場合の数・確率	場合の数の基礎				●		●			●	
	場合の数の応用	●	●	●				●			
	確率の基礎	●			●	●			●		
	確率の応用										●
図形の計量	図形の基礎										
	図形の相似・三平方の定理		●						●		
	円									●	
	立体の知識と面積・体積の応用		●		●		●	●			●

● 裁判所

		2011	2012	2013	2014	2015	2016	2017	2018	2019	2020
数の性質	整数の基礎	●			●			●		●	
	数列・規則性		●	●		●	●			●	
	倍数の応用		●		●						●
	魔方陣、虫食い算・覆面算	●				●					
	n進法										
方程式の文章題	方程式の基本		●	●			●	●			
	不等式										
	不定方程式			●							
	割合・比						●			●	●
	平均・濃度	●					●				
	仕事算・ニュートン算								●		
速 さ	速 さ										
	旅人算・周回算										
	流水算							●			
	通過算							●			
	ダイヤグラム				●						
	時計算										
場合の数・確率	場合の数の基礎	●					●	●			●
	場合の数の応用		●							●	
	確率の基礎				●				●		
	確率の応用	●	●	●	●	●		●			●
図形の計量	図形の基礎	●	●	●							
	図形の相似・三平方の定理				●			●	●		●
	円						●			●	
	立体の知識と面積・体積の応用	●		●		●			●	●	●

● 東京都Ⅰ類B

		2011	2012	2013	2014	2015	2016	2017	2018	2019	2020
数の性質	整数の基礎			●			●	●			
	数列・規則性	●	●				●	●		●	
	倍数の応用				●	●		●	●		
	魔方陣、虫食い算・覆面算								●		
	n進法				●				●		
方程式の文章題	方程式の基本		●	●				●	●	●	
	不等式		●			●	●				
	不定方程式				●			●			
	割合・比				●	●					
	平均・濃度										
	仕事算・ニュートン算	●						●		●	
速さ	速さ			●							
	旅人算・周回算	●									
	流水算										
	通過算										●
	ダイヤグラム										
	時計算										
場合の数・確率	場合の数の基礎			●							●
	場合の数の応用										
	確率の基礎	●	●		●	●	●	●	●	●	●
	確率の応用										
図形の計量	図形の基礎			●					●	●	
	図形の相似・三平方の定理		●			●					●
	円	●			●			●	●		
	立体の知識と面積・体積の応用			●			●				●

● 特別区 I 類

		2011	2012	2013	2014	2015	2016	2017	2018	2019	2020
数の性質	整数の基礎			●			●	●		●	●
	数列・規則性										
	倍数の応用		●		●	●					
	魔方陣、虫食い算・覆面算					●					
	n進法										
方程式の文章題	方程式の基本										●
	不等式	●							●		
	不定方程式								●		
	割合・比									●	
	平均・濃度		●					●			
	仕事算・ニュートン算	●		●			●		●		●
速さ	速さ				●		●	●			
	旅人算・周回算										
	流水算				●				●		●
	通過算										
	ダイヤグラム	●				●				●	
	時計算										
場合の数・確率	場合の数の基礎				●	●					
	場合の数の応用			●						●	
	確率の基礎							●			
	確率の応用		●								
図形の計量	図形の基礎				●		●				
	図形の相似・三平方の定理	●	●	●							●
	円					●					
	立体の知識と面積・体積の応用								●	●	●

目　次

はしがき ──────────────────────── III

本書の利用方法 ─────────────────── IV

過去10年の出題傾向 ─────────────── IX

第1章　数の性質

1　整数の基礎 ───────────────── 2

2　数列・規則性 ──────────────── 16

3　倍数の応用 ───────────────── 27

4　魔方陣、虫食い算・覆面算 ─────── 37

5　n進法 ───────────────────── 48

第2章　方程式の文章題

1　方程式の基本 ──────────────── 58

2　不等式 ────────────────────── 72

3　不定方程式 ───────────────── 80

4　割合・比 ───────────────────── 86

5　平均・濃度 ───────────────── 105

6　仕事算・ニュートン算 ────────── 119

第3章　速　さ

1　速　さ ────────────────────── 136

2　旅人算・周回算 ────────────── 146

3　流水算 ────────────────────── 157

4　通過算 ────────────────────── 164

5　ダイヤグラム ──────────────── 175

6　時計算 ────────────────────── 181

第4章　場合の数・確率

1　場合の数の基礎 ────────────── 190

2　場合の数の応用 ────────────── 204

3　確率の基礎 ───────────────── 214

4 確率の応用 —————————————————————————————— 230

第 5 章　図形の計量

1 図形の基礎 ————————————————————————————— 248
2 図形の相似・三平方の定理 ————————————————— 261
3 円 ——————————————————————————————————— 272
4 立体の知識と面積・体積の応用 —————————————— 282

索引 ————————————————————————————————————— 295

第1章

数の性質

整数の基礎
数列・規則性
倍数の応用
魔方陣、虫食い算・覆面算
n進法

1 整数の基礎

学習のポイント

・ 覚えるべき基礎知識の多い分野ですが、ここで習得する内容は数的推理全般で活用する知識となります。基礎の再確認をしっかり行うことが重要です。

1 整数に関する基礎知識

(1) 自然数

自然数とは、1以上の整数すべてをいいます。

(2) 素数

① 素数

素数とは、約数が1とその数自身の二つのみである正の整数をいいます。

例 2, 3, 5, 7, 11, 13, 17, 19, …

補足

1は素数ではありませんので、気をつけましょう。

② 素因数分解

ある整数を素数の掛け算に分解することを素因数分解といいます。素因数分解は、以下のような手順で行います。問題に取り組む過程でよく使うので、確実にできるようにしておきましょう。

❶ 素因数分解したい整数を、割り切ることのできる素数で割る

❷ 出てきた商を、割り切ることのできる素数で割る

❸ 商が素数になったら（＝それ以上割れなくなったら）、L字型に並ぶ素数を掛け算の式にする

例　420を素因数分解する

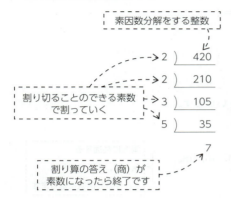

$420 = 2^2 \times 3 \times 5 \times 7$

> **ヒント**
>
> 平方根を整数を含んだ形に整理するときにも、素因数分解を使うことがあります。
>
> $\sqrt{750} = \sqrt{2 \times 3 \times 5^3}$
> $\phantom{\sqrt{750}} = \sqrt{5^2} \times \sqrt{2 \times 3 \times 5}$
> $\phantom{\sqrt{750}} = 5\sqrt{30}$

(3) 倍　数

倍数とは、**ある整数を整数倍した数**をいいます。

例　2の倍数：2，4，6，8，10，12，…
　　7の倍数：7，14，21，28，35，42，…

(4) 約　数

約数とは、**ある整数を割り切ることのできる**（割ると余りが0になる）**整数**をいいます。

例　36の約数：1，2，3，4，6，9，12，18，36

(5) 指　数

指数とは、**累乗を示す式の右肩に乗っている数字**をいいます。「x^2」の「2」が指数に当たります。

指数に関して必要な知識として**指数法則**があります。式の計算で使うだけでなく、問題を解くヒントにもなる知識です。しっかり覚えておきましょう。

1　整数の基礎　　3

❶ $a^m \times a^n = a^{m+n}$ ❸ $(a^m)^n = a^{mn}$
❷ $a^m \div a^n = a^{m-n}$ ❹ $a^0 = 1$

2 倍数と約数

(1) 公倍数

複数の整数に共通する倍数を**公倍数**といいます。

例 2と3の公倍数
2の倍数：2, 4, ⑥, 8, 10, ⑫, 14, 16, ⑱, …
3の倍数：3, ⑥, 9, ⑫, 15, ⑱, …

両方に共通する
6, 12, 18, …が
2と3の公倍数になります

公倍数のうち最も小さいものを**最小公倍数**といいます。
上の例であれば、最小公倍数は「6」です。

最小公倍数の倍数すべてが公倍数になります。上の例であれば、最小公倍数「6」の倍数すべてが2と3の公倍数となります。

(2) 公約数

複数の整数に共通する約数を**公約数**といいます。

例 18と30の公約数
18の約数：①, ②, ③, ⑥, 9, 18
30の約数：①, ②, ③, 5, ⑥, 10, 15, 30

両方に共通する
1, 2, 3, 6が
18と30の公約数になります

公約数のうち最も大きいものを**最大公約数**といいます。
上の例であれば、最大公約数は「6」です。

最大公約数の約数すべてが公約数になります。上の例であれば、最大公約数「6」の約数すべてが18と30の公約数となります。

(3) 最小公倍数・最大公約数の求め方

最小公倍数と最大公約数では、求め方が少し異なるので注意しましょう。

例 36と48の最小公倍数・最大公約数

❶ 調べたい整数**すべてを割り切れる**素数で割る
❷ 商（割り算の答え）をすべて割り切れる素数で割る
❸ 共通で割り切れる素数がなくなったら、次の図のように、縦に並ぶ**「割った素数すべて」**を掛け算すると、最大公約数を求められる

❹ 最後の商が**すべて素数になっていない場合**は、それぞれを素数で割り、その商が素数になるまで続ける
❺ 商がすべて素数になったら、図のように**L字型**に並ぶ素数を掛け算すると、最小公倍数を求められる

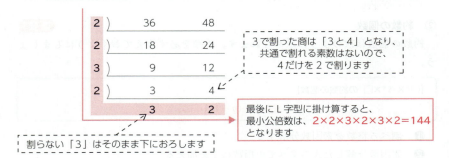

(4) 倍数と約数の個数

① 倍数の個数

重要!

倍数の個数は次のように求められます。

1 整数の基礎　5

【1〜nの整数に含まれるxの倍数の個数】

$$n \div x \text{ の商}$$

このとき、割り算の余りがいくつでも考慮する必要はありません。

例題1 1〜100の整数に含まれる6の倍数の個数はいくつか。

100 ÷ 6 = 16 余り 4 より、6 の倍数の個数は **16個** です。

例題2 100〜200の整数に含まれる5の倍数の個数はいくつか。

　先に示した求め方は「1〜nの整数」という前提があるので、「100〜200の整数」の場合は使えません。そこで、ひと工夫加えます。

　1〜200の整数に含まれる5の倍数の個数は、200 ÷ 5 = 40 より、40個になります。このうち、1〜99に含まれる5の倍数の個数は数える必要がありませんから、99 ÷ 5 = 19 余り 4 より、1〜99に含まれる5の倍数の個数は19個になります。これを40個から引くと、40 − 19 = 21個となるので、「100〜200の整数に含まれる5の倍数の個数」は **21個** とわかります。

② 約数の個数 重要！

　約数の個数は次のように求められます。手順を必ず覚えておくようにしましょう。

【○^{p}×△^{q}×□^{r}の約数の個数】

$$(p+1)(q+1)(r+1)$$

❶ 調べる整数を素因数分解する
❷ 素因数分解した式のすべての指数に1を加える
❸ 1を加えた数をすべて掛け算したものが約数の個数になる

例題3 200の約数の個数はいくつか。

❶ 200を素因数分解すると、$2^3 \times 5^2$ になります。
❷ この式の指数は3と2なので、それぞれに1を加えると4と3になります。
❸ よって、200の約数の個数は $4 \times 3 =$ 12 ［個］となります。

例題4 ある自然数を素因数分解すると $2^2 \times 3^a \times 5^2$ と表され、約数が36個であるとき、この自然数は何か。

素因数分解された式を約数の個数の求め方に合わせておくと、
　$(2+1)(a+1)(2+1) = 36$
　$9(a+1) = 36$
　$(a+1) = 4$
　$a = 3$
よって、もとの自然数は、
　$2^2 \times 3^3 \times 5^2 = 4 \times 27 \times 25 =$ 2700
となります。

(5) 2〜10の倍数の見分け方　

ある自然数が、それぞれ2〜10の倍数であるかどうかを見分ける方法は以下のとおりです。これらは必ず使いこなせるようにしておきましょう。

2の倍数	下1桁が「0」か「2の倍数」	6の倍数	2の倍数と3の倍数の条件を同時に満たす数
3の倍数	1桁ずつに分けて合計すると、3の倍数になる	8の倍数	下3桁が「000」か「8の倍数」
4の倍数	下2桁が「00」か「4の倍数」	9の倍数	1桁ずつに分けて合計すると、9の倍数になる
5の倍数	下1桁が「0」か「5」	10の倍数	下1桁が「0」

1　整数の基礎　　7

> 7の倍数は、公務員試験では使いにくい方法しかないので、実際に割って確かめてしまうほうが速いです。

例題5 5400は2〜10のうちどの数の倍数か。

- 5400は下1桁が「0」⇒ 5400は2の倍数、5の倍数、10の倍数
- 5400は下2桁が「00」⇒ 5400は4の倍数
- 5400は下3桁が「400」⇒ 400は8の倍数であるので、5400は8の倍数
- 5400を1桁ずつに分けた合計は5＋4＋0＋0＝9⇒5400は3の倍数、9の倍数
- 5400は2の倍数であり、かつ3の倍数⇒ 5400は6の倍数

以上より、**2、3、4、5、6、8、9、10の倍数**であるとわかります。

与えられた条件について、倍数の知識を利用して問題を解くことが求められることがあります。

例題6 ある高校のA〜CクラスからX大学に進学した生徒の数について次のことがわかっているとき、AクラスからX大学に進学した生徒は何人か。
・AクラスはBクラスの7倍
・BクラスはCクラスの3倍
・A〜CクラスからX大学に進学した生徒の合計人数は50人

　AクラスはBクラスの7倍なので、Aクラスからの進学者数は7の倍数だとわかります。

　BクラスはCクラスの3倍なので、Bクラスからの進学者数は3の倍数だとわかります。

　また、Aクラスは3の倍数であるBクラスの7倍なので、Aクラスからの進学者数は3×7＝21の倍数だとわかります。

　21の倍数のうち、合計人数の50人を超えないものは21、42の二つありますが、Aクラスが21人だとすると、Bクラスが3人、Cクラスが1人で合計25人となり条件に合わないため不適となります。

Ａクラスが42人だとすると、Ｂクラスが6人、Ｃクラスが2人で合計50人となりすべての条件を満たすため、Ａクラスからの進学者数は**42人**だとわかります。

3 2乗の数（平方数）　重要！

　2乗の数（平方数）は計算の基本となります。1 〜 20の2乗は必ず暗記しましょう。

$1^2 = 1$	$5^2 = 25$	$9^2 = 81$	$13^2 = 169$	$17^2 = 289$
$2^2 = 4$	$6^2 = 36$	$10^2 = 100$	$14^2 = 196$	$18^2 = 324$
$3^2 = 9$	$7^2 = 49$	$11^2 = 121$	$15^2 = 225$	$19^2 = 361$
$4^2 = 16$	$8^2 = 64$	$12^2 = 144$	$16^2 = 256$	$20^2 = 400$

　また、2乗の数（平方数）は、**素因数分解をすると必ず2乗のみの掛け算に分解できます**（2乗の組は1個以上あれば何組あってもよい）。

例
$$9 = 3^2$$
$$36 = 6^2 = 2^2 \times 3^2$$
$$900 = 30^2 = 2^2 \times 3^2 \times 5^2$$
$$324 = 18^2 = 2^2 \times 3^2 \times 3^2$$

4 一の位に着目した計算　重要！

　足し算、引き算、掛け算では、**計算する数の一の位だけに着目すれば、計算結果の一の位もわかります。** 一の位がわかることが問題を解く手がかりになるケースがありますので、覚えておきましょう。

例　4823 ＋ 715の一の位だけを計算すれば、3 ＋ 5 ＝ 8より、4823 ＋ 715の計算結果の一の位は「8」です。実際に計算すると、4823 ＋ 715 ＝ 5538となり、計算結果の一の位が「8」になることがわかります。

$$
\begin{array}{r}
4\ 8\ 2\ 3 \\
+\quad\ \ 7\ 1\ 5 \\
\hline
8
\end{array}
$$

1　整数の基礎　　9

例 5196×427の一の位だけを計算すれば、6×7＝42より、5196×427の計算結果の一の位は「2」です。実際に計算すると、5196×427＝2218692となり、計算結果の一の位が「2」になることがわかります。

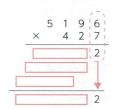

解法 ナビゲーション

A～Dの4人が、100点満点の試験を受けた。4人の得点について、次のことが分かっているとき、Aの得点とBの得点を足し合わせた得点はどれか。ただし、試験の得点は全て整数とし、0点の者はいないものとする。

国専2013

○ Aの得点は、Bの得点の $\dfrac{5}{7}$ 倍であった。

○ Bの得点は、Cの得点の $\dfrac{5}{3}$ 倍であった。

○ Cの得点は、Dの得点の2倍であった。

❶　36点
❷　60点
❸　96点
❹　120点
❺　144点

第1章 数の性質

問題文にある「得点は全て整数」という記述より、整数の知識を使うことを考えます。条件にある分数の分母からわかること、分子からわかることを活用して解きます。

【解答・解説】

正解 ❹

まず、分母からわかることを整理します。A 〜 D の 4 人の得点は整数ですので、

1 番目の条件「A の得点は、B の得点の $\frac{5}{7}$ 倍であった」より、

$$（A の得点）＝（B の得点）\times \frac{5}{7} \qquad ……①$$

が成り立ちます。A の得点が整数になるには、右辺の分母「7」を約分して 1 にする必要がありますので、

（B の得点）＝（7 の倍数） ……②

とわかります。同様に考えると、2 番目の条件より、

$$（B の得点）＝（C の得点）\times \frac{5}{3} \qquad ……③$$

となるので、

（C の得点）＝（3 の倍数） ……④

となります。

次に、分子からわかることを整理します。②を①に代入すると、

$$（A の得点）＝（7 の倍数）\times \frac{5}{7}$$

となり、これを約分すると、

$$（A の得点）＝（整数）\times 5$$

となるので、

（A の得点）＝（5 の倍数）

とわかります。同様に考えると、③より、

（B の得点）＝（5 の倍数）

とわかります。

さらに、3 番目の条件より、

$$（C の得点）＝（D の得点）\times 2$$

となるので、

（C の得点）＝（2 の倍数） ……⑤

とわかります。

B、C について複数の情報が得られたので、それらをまとめてみると、④と⑤より、

（C の得点）＝（6 の倍数）

となります。これを③に代入すると、

$$（Bの得点）=（6の倍数）\times \frac{5}{3}$$

となり、これを約分すると、

$$（Bの得点）=（2の倍数）\times 5$$

となります。（2の倍数）×5は必ず10の倍数になるので、

（Bの得点）＝（10の倍数）

とわかります。これと②を合わせると、

（Bの得点）＝（70の倍数）

となります。ここで、題意より、この試験は100点満点であることから、Bの得点は70点に決まります。

　そこで、（Bの得点）＝70点を①に代入すると、

$$（Aの得点）=70\times \frac{5}{7}=50 ［点］$$

となります。これにより、Aの得点とBの得点を足し合わせると、

$$50+70=120 ［点］$$

とわかりますので、正解は❹となります。

過去問にチャレンジ

問題1

★

▶解説は別冊 p.2

瞬時に点灯する7種類のランプがあり、それぞれ3秒、4秒、5秒、6秒、7秒、8秒、9秒に1回の周期で点灯する。今、午後6時ちょうどに全部のランプを同時に点灯させたとき、同日の午後11時45分ちょうどに点灯するランプは何種類か。

区Ⅰ 2017

❶ 3種類
❷ 4種類
❸ 5種類
❹ 6種類
❺ 7種類

問題2

★

▶解説は別冊 p.3

6桁の整数9 A 3 6 B 8が、4の倍数で、かつ3の倍数になるとき、A、Bに入る数字の組合せは全部で何通りか。

国専 2003

❶ 12通り
❷ 16通り
❸ 20通り
❹ 24通り
❺ 28通り

問題3

★★

▶解説は別冊 p.3

$\sqrt{55000 \div x}$ が整数となるような自然数xは、全部で何個か。

区Ⅰ 2016

❶ 5個
❷ 6個
❸ 7個
❹ 8個
❺ 9個

| 問題4 | 2000の約数の個数として、正しいのはどれか。 |

★
▶解説は別冊 p.4

都Ⅰ 2013

❶ 16個
❷ 17個
❸ 18個
❹ 19個
❺ 20個

| 問題5 | a、b が正の整数であり、$a + b = 4$ を満たすとき、整数 $2^2 \times 3^a \times 4^b$ の正の約数の個数のうち最小となる個数はどれか。 |

★ ★
▶解説は別冊 p.4

区Ⅰ 2020

❶ 17個
❷ 18個
❸ 19個
❹ 20個
❺ 21個

| 問題6 | 1 ～ 100の異なる数字が一つずつ書かれた100枚のカードがあり、同じ数字がカードの表・裏両面に書かれている。いま、全てのカードが表面を上にして並んでいるところから、初めに6の倍数が書かれたカードを全て反対の面に返した。次に、その状態から4の倍数が書かれたカードを全て反対の面に返したとき、表面を上にしているカードは何枚か。 |

★ ★
▶解説は別冊 p.5

国専 2014

❶ 41枚
❷ 59枚
❸ 63枚
❹ 67枚
❺ 75枚

数列・規則性

> **学習のポイント**
> ・数列や規則性に関する知識は、判断推理や空間把握でも必要とする場面があります。
> ・複雑な公式を使う問題はほとんど出題されないので、高校数学などで数列を苦手としていた方もぜひ克服しましょう。

1 数列の基礎知識

(1) 数列とは

数を規則的に並べたものを**数列**といいます。

数列の先頭の値を**初項**（または第1項）、数列の最後の値を**末項**といい、初項から数えてn番目に並ぶ値を**第n項**といいます。また、数列に並ぶ数値の個数を**項数**といいます。

(2) 等差数列

① 等差数列とは

前の値に同じ数を足し続ける数列のことを**等差数列**と呼びます。また、足されている同じ数のことを**公差**といいます。

例　初項 5、公差 2 の等差数列
　　5, 7, 9, 11, 13, …
　　　+2 +2 +2 +2

② 等差数列の一般項

等差数列では、初項（a_1）と公差（d）がわかれば第n項の値（a_n）を求められます。第n項の値を求める式を、等差数列の**一般項**といい、次のように表されます。

【等差数列の一般項】
$$a_n = a_1 + (n-1)d$$

一般項は、例えば次の例題のようなときに使用します。

例題1 初項4、公差3の数列の第30項の値はいくつか。

数列を具体的に書き出してみると、次のようになります。

4, 7, 10, 13, 16, …
 +3 +3 +3 +3

一般項に代入する値を考えると、初項 $a_1=4$ です。また、第30項を求めるので $n=30$ となります。これらに加えて公差 $d=3$ を一般項の式に代入すると、

$$a_{30} = 4 + (30-1) \times (+3) = 4 + 29 \times 3 = 91$$

となりますので、第30項は **91** とわかります。

③ 等差数列の総和

等差数列の初項から第 n 項までの値をすべて足した値（**等差数列の総和**）を求める公式があります。使用頻度は決して高くありませんが、難易度が高めの問題で使用することがあり、差をつけるためにも覚えておくべき公式です。

【等差数列の初項から第 n 項までの総和】

$$\frac{n \times (初項 + 末項)}{2}$$

補足
公式内の「n」は、数列の項数と等しくなるので、「項数」と置き換えて表す場合もあります。

例題2 初項2、公差7の数列について、初項から第20項までの総和はいくらか。

数列は次のようになります。

2, 9, 16, 23, 30, …
 +7 +7 +7 +7

求めるのは初項から第20項までの総和なので、まず等差数列の総和の公式に代入する値として必要な末項、つまり第20項の値を、一般項を使って求めてみましょう。

2　数列・規則性　17

第20項の値を求めるので、$n = 20$ とします。さらに初項 $a_1 = 2$、公差 $d = 7$ を一般項の式に代入すると、

$$a_{20} = 2 + (20 - 1) \times (+ 7) = 135$$

となります。

これで初項から第20項の総和を求められるので、等差数列の総和の公式に、初項 = 2、末項（第20項）= 135、$n = 20$ を代入すると、求める総和は、

$$\frac{20 \times (2 + 135)}{2} = 1370$$

となります。

なお、本試験では、**1から n までの自然数の総和を求めることが多い**のですが、自然数は、初項1、公差1の等差数列と考えれば、等差数列の総和の公式で求められます。

使用頻度の高い計算なので、「1から n までの自然数の総和」の求め方を公式として覚えることもできます。その場合の公式は、以下のようになります。

【1から n までの自然数の総和】

$$\frac{n \times (n + 1)}{2}$$

例題3 1から200までの自然数の総和はいくらか。

公式より、

$$\frac{200 \times (200 + 1)}{2} = 100 \times 201 = 20100$$

となります。

(3) 等比数列

前の値に同じ数を掛け続ける数列のことを等比数列と呼びます。また、掛ける同じ数のことを公比といいます。

18

例　初項3、公比－2の等比数列

$$3,\ -6,\ 12,\ -24,\ 48,\ \cdots$$
$$\times(-2)\ \times(-2)\ \times(-2)\ \times(-2)$$

等比数列にも一般項などの公式がありますが、数的処理ではほぼ使いません。等比数列については、その特徴のみをつかんでおけばよいでしょう。

(4) 階差数列

前の値に規則的に変化する数を足し続ける数列において、その「規則的に変化する数」のことを**階差数列**といいます。

例　初項1に「2の倍数」を足し続ける数列

これが階差数列

上の例では、足されている数「＋2，＋4，＋6，＋8，…」は2の倍数になっています。この足されている数字が階差数列と呼ばれるものです。

階差数列の問題では、等差数列の知識や倍数の知識を活用して問題を解くことが多いので、階差数列独特の公式などを覚える必要はありません。

2 特殊な数列

(1) フィボナッチ数列　　重要！

第3項以降が前の2項の値の和になっている数列を**フィボナッチ数列**といいます。このような特殊な数列が出題されることもあります。

例題1　1，1，2，3，5，8，13，…の第10項の値はいくらか。

例えば、例題で挙げた数列の第3項は「第1項＋第2項」、つまり1＋1＝2となっています。それ以降も同様で、第4項は「第2項＋第3項」、つまり1＋2＝3となっていますし、第5項は「第3項＋第4項」、つまり2＋3＝5となっています（次の図）。

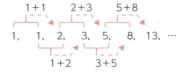

2　数列・規則性　19

したがって、上の図のように第 6 項「8」と第 7 項「13」の和が第 8 項になるので、第 8 項は（8 + 13 =）21 となります。同様に、第 7 項 + 第 8 項が第 9 項となるので、第 9 項は（13 + 21 =）34 となり、第 8 項 + 第 9 項が第 10 項となるので、第 10 項は（21 + 34 =）55 となります。

　なお、フィボナッチ数列の問題では、例えば「第 10 項の値を求める」などの単純な作業を要求されるだけなので、フィボナッチ数列専用の公式などを覚える必要はありません。

(2)　群数列
　いくつかの項が集まってグループを形成している数列を**群数列**といいます。

例題2　3，2，6，8，5，1，4，3，2，6，8，5，1，4，3，2，…と、一定の規則に従って並ぶ数列がある。この数列の第 100 項の値はいくらか。

　与えられた数列を数字 7 個ずつのグループに分けると、「3，2，6，8，5，1，4」の繰り返しになっていることがわかります。そこで、100 番目の数までを 7 個ずつのグループに分けると、100 ÷ 7 = 14 余り 2 より、14 組のグループができ、15 組目のグループは数字が 2 個になることがわかります。
　つまり、100 番目の数字は、「3，2，6，8，5，1，4」の 2 番目の数「2」となります。

3　規則性に着目する問題

(1)　反復計算の規則性
重要！
　繰り返し同じ作業を続ける問題では、何らかの規則性が隠れている可能性を考えてみます。

> **例題1** 3^{29} の一の位の数は何か。

　　まず、3^n の計算結果の一の位を書き出します。一の位だけわかればよいので、前節で学習した知識を使うと、例えば 3^4 の計算結果の一の位は $3^3 \times 3 = 81$ より「1」となりますが、81 の一の位だけであれば、$3^3 = 27$ の一の位「7」に 3 を掛けて、$7 \times 3 = 21$ となることから、3^4 の計算結果の一の位が「1」だとわかります。このようにして 3^n の一の位だけを書き出すと、次のようになります。

$$(3^1 \text{の一の位}) = 3 \qquad (3^5 \text{の一の位}) = 3$$
$$(3^2 \text{の一の位}) = 9 \qquad (3^6 \text{の一の位}) = 9$$
$$(3^3 \text{の一の位}) = 7 \qquad (3^7 \text{の一の位}) = 7$$
$$(3^4 \text{の一の位}) = 1 \qquad (3^8 \text{の一の位}) = 1$$

> $3^1 \sim 3^8$ の流れから、3^9 以降も、計算結果の一の位が、3→9→7→1 の順で繰り返すことがわかります

　　上のように、一の位の規則性を見ると、「3，9，7，1」の順で繰り返し出現していることがわかります。そこで、指数の規則性に着目すると、**指数が 4 の倍数になるとき、計算結果の一の位が 1 になる**ことがわかるので、この規則性を活用します。

　　3^{29} に近く、かつ指数が 4 の倍数になる場合を考えると、例えば 3^{28} があるので、3^{28} の一の位は 1 とわかります。3^{29} は 3^{28} の次に位置するので、上の一覧に見られる一の位の規則性より、**3^{29} の一の位は 3** となります。

(2)　同じ規則の反復操作

　　同様に、一定の規則での操作を繰り返す問題では、ある程度まで試行してみて規則性を見つけて解きます。

> **例題2** 以下の❶のように四つの数字を並べて、これをある規則に従って並べ替えたものが❷である。さらに❷を同じ規則で並べ替えたものが❸である。❹以降も同じ規則で並べ替えていったとき、㊿における数字の並びはどのようになるか。
>
> 　　❶3142 ⇒ ❷4321 ⇒ ❸2413 ⇒　…　⇒ ㊿????

　　❶から❷への並びの変化の規則性をまとめると、次のようになります。

　　❶の左から 1 番目 ⇒ ❷の左から 2 番目

　　❶の左から 2 番目 ⇒ ❷の左から 4 番目

2　数列・規則性　　21

❶の左から３番目 ⇒ ❷の左から１番目

❶の左から４番目 ⇒ ❷の左から３番目

　この規則性に従うと、❸2413 ⇒ ❹1234 ⇒ ❺3142 となり、❺は❶と同じ並びになります。つまり、❺以降は、❶～❹の並びの繰り返しになることがわかります。

　そこで❶～㊿を四つずつのグループに分けると、50 ÷ 4 ＝ 12 余り 2 より、12組のグループができます。4 × 12 ＝ 48 より、四つグループの12組目は㊽となるので、これが❹と同じ1234となり、さらに2回並べ替えると❹⇒❶⇒❷となるので、㊿は❷と同じ 4321 となります。

解法 ナビゲーション

次のように、1からはじめて、順に3、9、7をかけて整数の列$\{a_n\}$を作る。このとき、a_{99}の1の位はいくらか。

国専 2013

$a_1 = 1$

$a_2 = 3$

$a_3 = 3 \times 9 = 27$

$a_4 = 3 \times 9 \times 7 = 189$

$a_5 = 3 \times 9 \times 7 \times 3 = 567$

$a_6 = 3 \times 9 \times 7 \times 3 \times 9 = 5103$

$a_7 = 3 \times 9 \times 7 \times 3 \times 9 \times 7 = 35721$

　　　⋮

❶　1

❷　3

❸　5

❹　7

❺　9

着眼点

数列の問題ですが、等差数列や等比数列などの単純な数列ではありません。このような問題では試しにいくつかの項を求めて、規則性を見つけることを考えます。

また、計算過程においては一の位だけを求めればよいことに着目しましょう。

【解答・解説】

正解 ❹

　問題文の例を見ると、計算結果の一の位は a_1 が 1、a_2 が 3、a_3 が 7、a_4 が 9、a_5 が 7、a_6 が 3、a_7 が 1 となっているので、この続きをいくつか求めてみます。

　a_8 は $a_7 \times 3$ になるので、35721×3 となります。**掛け算の計算結果の一の位は、一の位どうしの掛け算で求められる**ので、a_8 の一の位は 1×3＝3 となります。

　同様に、a_9 は $a_8 \times 9$ となり、a_8 の一の位は 3 であることから、3×9＝27 より、a_9 の一の位は 7 とわかります。さらに、a_{10} は $a_9 \times 7$ となり、a_9 の一の位は 7 であることから、7×7＝49 より、a_{10} の一の位は 9 とわかります。

　ここで、一の位の求め方について規則性を見ると、a_9 の一の位は 7 であり、これは a_8 の一の位 3 に 9 を掛けて求められますが、これは a_3 の一の位を求めるときと同じ計算となっています。さらに、a_{10} の一の位 9 は、a_9 の一の位 7 に 7 を掛けて求められますが、これは a_4 の一の位を求めるときと同じです。そして、a_{11} の一の位を求める計算は、a_5 の一の位と同じ「9×3」になります。

　つまり、「a_1、a_2、a_3、a_4、a_5、a_6」の一の位は「1，3，7，9，7，3」の順となっていますが、「a_7、a_8、a_9、a_{10}、a_{11}、a_{12}」の一の位も同様に「1，3，7，9，7，3」となっていくことがわかるので、a_{13} 以降も計算結果の一の位は、「1，3，7，9，7，3」の 6 個の数字が、この順に繰り返し出現していくことがわかります。

　したがって、a_n を 6 個ずつにグループ分けすれば、a_{99} の一の位を計算で求められます。a_1 ～ a_{99} の 99 個を 6 個ずつに分けると、99÷6＝16 余り 3 より、16 グループ作ることができ、最後の 3 個（a_{97}, a_{98}, a_{99}）が「余り」になることがわかります。この余り 3 個の一の位も、「1，3，7，9，7，3」の順に変化していきますので、a_{99} の一の位は 7 とわかります。

　よって、正解は ❹ となります。

過去問にチャレンジ

第1章 数の性質

問題1 ★
次のア～エは、それぞれ一定の規則により並んだ数列であるが、空欄Ａ～Ｄにあてはまる４つの数の和として、正しいのはどれか。

▶解説は別冊 p.6

都Ⅰ 2012

ア　1, 5, 13, ［　**A**　］, 61, ……
イ　2, 8, 44, 260, ［　**B**　］, ……
ウ　3, 11, 43, ［　**C**　］, 683, ……
エ　4, 14, 42, 88, ［　**D**　］, ……

- ❶ 1908
- ❷ 1918
- ❸ 1928
- ❹ 1938
- ❺ 1948

問題2 ★
次の数列の空欄Ａ～Ｄに当てはまる４つの数の和として、正しいのはどれか。ただし、この数列の数は一定の規則で並んでいる。

▶解説は別冊 p.6

都Ⅰ 2017

1, 1, 2, 3, ［　**A**　］, 8, 13, ［　**B**　］, ［　**C**　］, 55, ［　**D**　］, 144, 233, ・・・・

- ❶ 114
- ❷ 132
- ❸ 149
- ❹ 167
- ❺ 184

問題3 ★

▶解説は別冊 p.7

次の図のように、同じ長さの線でつくった小さな正三角形を組み合わせて、大きな正三角形をつくっていくとき、12段組み合わせるのに必要な線の合計の本数はどれか。

都Ⅰ 2009

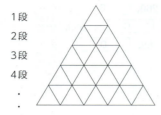

❶ 198本
❷ 216本
❸ 228本
❹ 234本
❺ 252本

問題4 ★★

▶解説は別冊 p.7

ある新言語Xの創始者Aは、1年目に10人に言語Xを習得させた。2年目以降、A及び前年までに言語Xを習得した者はすべて、毎年、必ず10人ずつに新たに言語Xを習得させる。

6年目が終了した時点で、言語Xを習得している人は、Aを含め何人になるか。

国般 2000

❶ 111万1161人
❷ 123万4561人
❸ 144万4861人
❹ 165万1061人
❺ 177万1561人

3 倍数の応用

学習のポイント

- 倍数の知識は他の分野でも頻繁に活用します。
- また、剰余も頻出分野ですが、解法をしっかり覚えて使い分けができれば、数学が苦手でも克服可能なテーマです。

1 倍数・割り算の基礎知識

(1) 倍数の表し方

具体的な数値が不明で特定の自然数の倍数であることだけがわかっている場合、文字式として表して検討を進めます。

例えば2の倍数であれば「$2x$」といった具合に、倍数の数に文字をつけるだけです。

(2) 割り算に関する用語

① 被除数

割り算において割られる数を被除数といいます。

「$A \div B = C$ 余りD」のAを指します。

② 除数

割り算において割る数を除数といいます。

「$A \div B = C$ 余りD」のBを指します。

③ 商

割り算において答えに当たる数を商といいます。

「$A \div B = C$ 余りD」のCを指します。

(3) 割り算の表し方

割り算を式で表す場合は、掛け算と足し算の式にします。例えば、「$A \div B = C$ 余りD」は、「$A = B \times C + D$」と表します。

例 「$23 \div 4 = 5$ 余り3」を数式で表すと、「$23 = 4 \times 5 + 3$」となります。

3 倍数の応用　27

2 剰 余　　　　　　　　　　　　重要!

剰余とは余りのことで、割り算の余りに関する条件がある問題です。頻出分野であり、**解法は次の3種類あります。**

(1) 余 分

共通の余りに着目した解法です。

例えば、「$19 \div 5 = 3$ 余り 4」より、19個のものを5個ずつの組に分けると3組作れますが、端数として4が残ります。つまり「余り4」です。この「余り4」がなければ5で割り切れたので、余りは「倍数になるためには余分なもの」といえます。

この「余分」に着目して割り算を表すと、19は「5の倍数」に「余分4」が足されている数であるので、19 =（5の倍数）+ 4と表すことができます。

このように、「$A \div B = C$ 余り D」のとき、「余分」では、**A =（Bの倍数）+ D** の式を立てて解きます。

「余分」を使うのは「**余り**」**の等しい割り算が複数与えられた問題**のときです。

例題1　3で割ると1余り、7で割ると1余る2桁の自然数のうち、最も大きいものは何か。

　　条件を満たす数を A とおきます。「3で割ると1余り」より、A を次のように表すことができます。

　　　　$A =$（3の倍数）+ 1

> 3の倍数は3で割り切れるので、
> （3の倍数）+1は「3で割ると1余る自然数」

　　同様に、「7で割ると1余る」より、A を次のように表すことができます。

　　　　$A =$（7の倍数）+ 1

　　ここで、A が（3の倍数）+ 1と（7の倍数）+ 1を同時に満たす場合を考えると、$A =$（3と7の公倍数）+ 1となればよいことがわかります。3と7の最小公倍数は21であり、この21の倍数すべてが3と7の公倍数になります。したがって、$A =$（21の倍数）+ 1と表すことができます。

　　これを満たす数を書き出していくと、「22, 43, 64, 85, 106, …」となりますので、2桁のうち最も大きいものは85です。

⑵ 不　足

共通の不足分に着目した解法です。

例えば、「19÷5＝3余り4」より、19個のものを5個ずつの組に分けると3組作れますが、端数（つまり余り）4が残ります。この「余り4」は、5個ずつに分けるには少し不足した状態であると考えることができ、「余りが4個」を5個の組にするには、1個「不足」した状態といえます。

この「不足」は、（除数）－（余り）で求めることができ、「不足」に着目して割り算を表すと、19は「5の倍数」から「1不足している」ことから、19＝（5の倍数）－1と表すことができます。

このように、「A÷B＝C余りD」のとき、「不足」では、不足XをX＝B－Dとして求め、**A＝（Bの倍数）－X**の式を立てて解きます。

「不足」を使うのは**「不足」の等しい割り算が複数与えられた問題**のときです。

例題2　200以下の自然数で、3で割ると1余り、5で割ると3余る数はいくつあるか。

余りが1と3で等しくないので、不足の解法を検討します。「3で割ると1余り」より、除数から余りを引いて不足を求めると、3－1＝2より、不足は2です。同様に、「5で割ると3余る」より、不足は（5－3＝）2です。

不足が等しいので、不足の解法を使います。条件を満たす数をBとおき、3で割ると不足が2になることから、Bを式で表すと次のようになります。

$B＝（3の倍数）－2$

3の倍数は3で割り切れるので、

（3の倍数）－2は、「3で割り切るには2不足している自然数」

同様に、5で割ると不足が2になることから、Bを式で表すと次のようになります。

$B＝（5の倍数）－2$

ここで、Bが（3の倍数）－2と（5の倍数）－2を同時に満たすことを考えると、$B＝（3と5の公倍数）－2$となります。3と5の最小公倍数は15ですので、この式は、$B＝（15の倍数）－2$と表すことができます。

求めるのは、200以下の自然数の中にBがいくつあるか、ですので、$B＝15x－2$（ただし、xは正の整数）として、不等式で表すと次のようになります。

$15x－2≦200$

3　倍数の応用　　29

この式を解くと、$x \leqq \dfrac{202}{15}$ となります。$\dfrac{202}{15}$ を帯分数で表すと、$13\dfrac{7}{15}$ となるので、

x は $13\dfrac{7}{15}$ 以下の整数となります。つまり、最大の x は13です。

したがって、200以下で条件を満たす数は、$B = 15x - 2$ の「x」に 1 〜 13 を代入した数になりますので、**13個**あることがわかります。

(3) 書き出し

条件を満たす数を書き出して、条件を満たす数を式で表して解きます。

「書き出し」を使うのは「**余分**」と「**不足**」を使えない問題のときです。

例題3 「5で割って4余り、かつ8で割って3余る数」を式で表せ。

5で割って4余る数と、8で割って3余る数をそれぞれ書き出します。「5で割って4余る数」は、余り「4」に除数「5」を足し続けることで書き出すことができます。同様に、「8で割って3余る数」も、余り「3」に除数「8」を足し続けて書き出すと次のようになります。

❶ 5で割って4余る数：4, 9, 14, ⑲, 24, …
❷ 8で割って3余る数：3, 11, ⑲, 27, …

上のように、❶、❷を満たす最初の数は19です。そこで、❶、❷の規則性を考えます。

「19」以降の数字の並びを考えると、❶には、19に5をいくつか足した数字だけが並んでいるのがわかります。したがって、❶の数字の並びは、19 +（5の倍数）と表すことができます。同様に、❷には19に8をいくつか足した数字だけが並んでいきますので、❷の数字の並びは、19 +（8の倍数）と表すことができます。

❶ 5で割って4余る数：…, ⑲, 24, 29, 34, … ⇒ ❶ = 19 +（5の倍数）
❷ 8で割って3余る数：…, ⑲, 27, 35, 43, … ⇒ ❷ = 19 +（8の倍数）

ここで、❶と❷を同時に満たすのは、19 +（5の倍数）と 19 +（8の倍数）が等しくなる場合です。5と8の最小公倍数が40であることから、❶、❷を同時に満

たす数は 19 +（40 の倍数）となります。実際に確認してみると、例えば 19 + 40 = 59 は、以下のように❶、❷の共通の数となります。

❶　5 で割って 4 余る数：…, 19, 24, 29, 34, 39, 44, 49, 54, 59, …

❷　8 で割って 3 余る数：…, 19, 27, 35, 43, 51, 59, …

　よって、（条件を満たす数）= 19 +（40 の倍数）として解くことになります。なお、多くの場合、不等式を使うことになるので、その場合は、40 の倍数を $40x$（ただし、x は正の整数）とおき、（条件を満たす数）= $19 + 40x$ として立式すれば、問題を解くことができます。

解法 ナビゲーション

　1,000より小さい正の整数のうち、4で割ると3余り、かつ5で割ると4余る数の個数として、正しいのはどれか。

都Ⅰ 2015

❶　50個
❷　51個
❸　52個
❹　53個
❺　54個

　剰余の問題では、「余分」→「不足」の順に解法が使えるか確認し、いずれも使いにくいときは「書き出し」を使うようにします。

【解答・解説】

正解 ❶

　二つの割り算の余りが3と4で等しくないので、「余分」の解法は使えません。そこで、「不足」の解法が使えるかどうか確認します。

　「4で割ると3余る数」の不足は、4－3＝1です。

　「5で割ると4余る数」の不足は、5－4＝1です。

　つまり、この二つの割り算では、**不足がともに1となるので、「不足」の解法を使います**。条件を満たす数をMとおきます。

　「4で割ると3余る」ことから、

　　$M＝（4の倍数）－1$　……①

と表すことができます。また、「5で割ると4余る」ことから、

　　$M＝（5の倍数）－1$　……②

と表すことができます。したがって、条件を満たす数Mは、①、②をともに満たす数になるので、

　　$M＝（4と5の公倍数）－1$

と表すことができます。さらに、4と5の最小公倍数は20ですので、

　　$M＝20x－1$（xは正の整数）

と表すことができます。

　この式が1000より小さくなるので、以下の不等式が成り立ちます。

　　$20x－1＜1000$

　この不等式を解くと、

　　$x＜\dfrac{1001}{20}$

となります。

　　$\dfrac{1001}{20}＝50\dfrac{1}{20}$

ですから、

　　$x＜50\dfrac{1}{20}$

となりますので、これを数直線で表すと、以下のようになります。

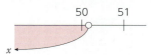

　xは正の整数ですので、$M＝20x－1$のxに1〜50を代入したときに、Mが条件

を満たす値になります。つまり、xに50個の整数を代入すれば、条件を満たす数も50個できるので、正解は❶です。

過去問にチャレンジ

問題1
★
▶解説は別冊 p.8

6で割ると4余り、7で割ると5余り、8で割ると6余る正の整数のうち、最も小さいものの各桁の数字の和はいくらか。

国般2019

❶ 10
❷ 11
❸ 12
❹ 13
❺ 14

問題2
★★
▶解説は別冊 p.9

ある正の整数は5で割ると2余り、7で割ると3余る。このとき、その整数を35で割ったときの余りは次のうちどれか。

裁判所2003

❶ 2
❷ 12
❸ 17
❹ 22
❺ 32

問題3
★★
▶解説は別冊 p.9

3桁の自然数のうち、「5で割ると3余り、かつ7で割ると5余る」という条件を満足するすべての自然数の和として、正しいのはどれか。

都Ⅰ2010

❶ 14,053
❷ 14,063
❸ 14,073
❹ 14,083
❺ 14,093

問題4 17を足すと18の倍数になり、37を引くと20の倍数になる3けたの自然数は、全部で何個か。

区Ⅰ 2012

❶ 3個
❷ 4個
❸ 5個
❹ 6個
❺ 7個

魔方陣、虫食い算・覆面算

> **学習のポイント**
> - いずれも出題頻度の低い分野ですが、他の問題を解く際のヒントになる考え方を使うので、学習効果は高いテーマです。
> - 解法の流れを丸暗記するだけでも効果があるので、基本的な問題だけでも解けるようにしておきましょう。

1 魔方陣

(1) 魔方陣とは

魔方陣とは、正方形に並んだマス目に、

 （縦列の数字の和）＝（横列の数字の和）＝（対角線上の数字の和）

となるように数字を記入したものです。

例 3×3のマス目に1～9の整数を一つずつ書き入れた魔方陣

2	9	4
7	5	3
6	1	8

> **補足**
>
> 上の魔方陣は、縦列、横列、対角線上に並ぶ三つの数字の和が、いずれも15になっています。

(2) 魔方陣の問題の解法

魔方陣の問題では、いくつかのマス目の数字が与えられ、それ以外のマス目の数

字が不明となっている状態で、特定のマス目の値を求められることが多いです。

① 1列の数値の合計を求める

魔方陣の1列の数値の合計は次のように求めることができます。

【1列の数値の合計】
すべてのマス目の数値の合計÷縦列（または横列）の列数

例題 4×4の魔方陣に1〜16の整数を一つずつ記入するとき、1列の数値の合計はいくらか。

すべてのマス目の数値の合計は1〜16の総和となるので、

$$\frac{16 \times 17}{2} = 136$$

です。これを4列に分けるので、1列の数値の合計は、

136 ÷ 4 = 34

となります。

② 未使用の数字に着目する

通常、整数は1回ずつしか使われません。それを利用して、空いているマス目に入る数字を絞り込みます。

③ 4×4の魔方陣における解法

出題の多い4×4の魔方陣では、以下の知識を覚えておくとよいでしょう。

❶ 4×4のマス目に1〜16の整数を一つずつ入れるとき、**1列の合計は34と**なります。

❷ 4×4のマス目に1〜16の整数を一つずつ入れるとき、**中心点について対称な2マス**（次図の同じ色どうし）**の数値の合計がすべて「17」になる魔方陣の出題頻度が高い**ので、覚えておきましょう。

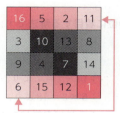

同じ色どうしの合計は 17

> **補足**
>
> ❷はすべての４×４の魔方陣について必ずいえることではありません。中心について対称な２マスの合計が 17 にならない魔方陣も存在します。次の図はその一例です（他のパターンも存在します）。**中心について対称な２マスが１組でも合計 17 になれば、他の中心について対称な２マスの合計も 17 になる**と考えて構いません。
>
> | 7 | 14 | 4 | 9 |
> |---|---|---|---|
> | 15 | 6 | 12 | 1 |
> | 2 | 3 | 13 | 16 |
> | 10 | 11 | 5 | 8 |

④　４×４以外の魔方陣

　魔方陣は、正方形に１〜 n の数字を入れる問題以外の形式も存在します。その場合も、正方形の魔方陣の知識を活用するので、正方形の魔方陣の解法をしっかり理解しておけば対処できます。

2 虫食い算

(1) 虫食い算とは

　虫食い算とは、四則計算の計算式のうち、**いくつかの数字を空欄にしてその空欄に当てはまる数字を求める問題**です。

(2) 虫食い算の解法

　計算式のうち特定の部分に着目し、以下に紹介するような解法を当てはめて少しずつ全体を明らかにしていきます。

4　魔方陣、虫食い算・覆面算　　39

① 一の位に着目する

　足し算、引き算、掛け算の**一の位に着目する**解法です。

例　❶　□7＋□5＝□□A　　：7＋5＝12より、一の位Aは2に決まる

　　❷　□4－□7＝□□B　　：14－7＝7より、一の位Bは7に決まる

　　❸　□6×□3＝□□C　　：6×3＝18より、一の位Cは8に決まる

　　❹　□□×□5＝□□D　　：5に何を掛けても一の位は0か5になる

　　　　　　　　　　　　　　　よって、Dは0か5になる（それ以上は不明）

　　❺　□E×□2＝□□8　　：2を掛けて一の位が8になるのは、

　　　　　　　　　　　　　　　Eが4か9のときだけ（それ以上は不明）

　　❻　□F×□3＝□□1　　：3を掛けて一の位が1になるのは、

　　　　　　　　　　　　　　　Fが7のときだけ、よって、F＝7に決まる

② 繰り上がりの数に着目する

　繰り上がりの数には上限があるため、このことを利用して数を絞り込んでいきます。

❶　二つの自然数を足し算するとき、繰り上がりの数は**0か1のいずれか**になります（最大である9を二つ足しても18なので、繰り上がりの最大は1）

❷　三つの自然数を足し算するとき、繰り上がりの数は**0～2のいずれか**になります（最大である9を三つ足しても27なので、繰り上がりの最大は2）

❸　二つの自然数を掛け算するとき、繰り上がりの数は**0～8のいずれか**になります（最大である9を二つ掛け合わせても81なので、繰り上がりの最大は8）

③ 左端の位に着目する

　左端の位の数字が明らかになっている場合、それをヒントに検討します。

例題　　6□×A＝5□□を満たすAの値としてあり得る数は何か。

　6□×Aが500～599の範囲に入るには、60×9＝540より、A＝9を考えることができます。しかし、「6□」の□には0～9の数字が入る可能性があるので、69×8＝552より、繰り上がりの数次第ではA＝8の場合も条件を満たすことがわかります。69×7＝483なので、A＝7の場合はあり得ないことがわかり、Aの値としてあり得る数は8、9となります。

このケースでは、A以外の虫食い部分の数が何かによってAに当てはまる数が変わってしまいます。実際の問題では場合分けを行って検討することになります。

④　答えの桁数に着目する

　答えに当る数が何桁であるかをヒントに未知数を明らかにできる場合があります。

　例　4□×A＝□□□
　⇒　4□×Aの答えが3桁になるのは、40×1＝40、40×2＝80、40×3＝120より、Aが3以上の場合です。なお、49×2＝98より、繰り上がりを考えても、A＝2の場合は計算結果が3桁になることはありません。

　例　8□×B＝□□
　⇒　8□×Bの答えが2桁になるのは、80×1＝80、80×2＝160より、B＝1の場合だけです。

　虫食い算では未知数に0～9の数字が入るのが一般的ですが、ここに示したように数字の桁数は大きなヒントとしての役割を果たすことがあります。問題文で特に断りがない場合は、左端の位に当てはまるのが「0」ではないと考えてください。

3 覆面算

　覆面算は、**虫食い算の空欄の一部または全部に、アルファベットや記号（〇や△）などを当てはめた問題です。同じアルファベットや記号には必ず同じ整数が入り、異なるアルファベットには必ず異なる整数が入ります。**このルールに加えて、通常の虫食い算の知識も活用すれば、覆面算を解くことができます。

解法ナビゲーション

　下図は、1〜16までのそれぞれ異なる整数をマス目に入れて、縦、横、対角線の和が、いずれも等しくなるようにしたものである。A、Bの積として、正しいのはどれか。

都Ⅰ 2002

4		16	
14		7	B
A		6	3
	8		

❶ 10
❷ 20
❸ 30
❹ 60
❺ 90

　「1列の数値の合計」を使って、2列合わせて考えます。または「中心について対称な2マス」の関係を使って解きます。

【解答・解説】

正解 ❸

❶　1列の数値の合計を使った解法

まず、4×4のマス目に1～16を記入した魔方陣の場合、1列の数値の合計は34になります。そこで、求める2マスのうち、**A**を含む横列（図1の**Ⅰ**）の数値の合計で式を立てると、**A**＋□＋6＋3＝34が成り立つので、

　　A＋□＝25　……①

となります。同様に、**A**を含む縦列（図1の**Ⅱ**）の数値の合計で式を立てると、4＋14＋**A**＋□＝34が成り立つので、

　　A＋□＝16　……②

となります。

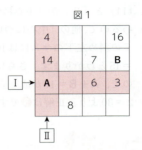

図1

ここで、まだマス目に記入されていない数字は、1、2、5、9、10、11、12、13、15の9個です。この9個のうち、**①を満たす組合せは10＋15か12＋13しかありません**。また、**②を満たす組合せは1＋15か5＋11しかありません**。①と②には**A**が共通して含まれているので、①、②を同時に満たすのは、**A**＝15のときとなります。したがって、①は15＋10、②は15＋1に決まります。この時点で、1、10、15の位置が決まります（図2）。

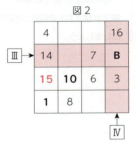

図2

続いて、**B**を含む2列を考えます。**B**を含む横列（図2の**Ⅲ**）の数値の合計より、14＋□＋7＋**B**＝34が成り立つので、

　　□＋**B**＝13　……③

となります。さらに、**B**を含む縦列（図2の**Ⅳ**）の数値の合計より、16＋**B**＋3＋□＝34が成り立つので、

　　B＋□＝15　……④

となります。

この時点でマス目に記入されていない数字は2、5、9、11、12、13であり、このうち、③を満たす組合せは2＋11のみ、④を満たす組合せは2＋13のみです。したがって、**B**は③、④に共通するので、**B**＝2に決まります。

よって、**A**、**B**の積は、15×2＝30となるので、正解は❸です。

43

❷　中心について対称な２マスの関係を使った解法

　４×４の正方形のマスに１〜16を入れる魔方陣であり、かつ問題の図において「14」と「３」が「中心について対称な２マス」の関係にあり、合計が17になっているので、他の「中心について対称な２マス」も合計17になります。これを使うと、7の斜め左下のマスには10が入るので、図1の □Ⅰ は A＋10＋6＋3＝34 となり、A＝15 とわかります。さらに、A と B は「中心について対称な２マス」の関係にあるので、A＋B＝17 が成り立ち、A＝15 なので、B＝2 とわかります。よって、15×2＝30 より、正解は ❸ です。

❷の解法が使える場合、こちらの解法が圧倒的に楽であるものの、頼りすぎてしまうとこの解法が使えない問題に対処できなくなってしまいます。必ず、❶の解法手順も理解しておくようにしましょう。

過去問にチャレンジ

第1章 数の性質

問題1

★

▶解説は別冊 p.11

次の図のように、1〜16までのそれぞれ異なる整数をマス目に入れて、縦、横、対角線の数の和がいずれも等しくなるように配置したとき、AとBのマス目の数の積はどれか。

区Ⅰ 2015

1	8	A	
			3
	11	7	
4	B	9	

❶ 10
❷ 20
❸ 30
❹ 60
❺ 90

問題2

★ ★

▶解説は別冊 p.13

下の図のように、縦、横、斜めのいずれの四つの数字の和も同じになるようにした方陣がある。Xに入る数字として、正しいのはどれか。

都Ⅰ 2018

	15	18	
22	A	B	13
21	C	D	X
	17	10	

❶ 1
❷ 2
❸ 3
❹ 4
❺ 5

45

問題3

★ ★

▶解説は別冊 p.13

おもて面に 1 から 12 までの相異なる整数が書かれた 12 枚のメダルを下の図のような形に並べたところ、一直線に並ぶ 4 つのメダルについては書かれた数字の和がすべて 26 になった。そこで、 1 から 5 までと 11 と 12 の数字が書かれた 7 枚のメダルはそのままとし、残りの 5 枚を裏返してその面に A、 B、 C、 D、 E のラベルを貼った。ラベル E のメダルを裏返すと出てくる数字として正しいものは、次のうちどれか。

裁判所 2004

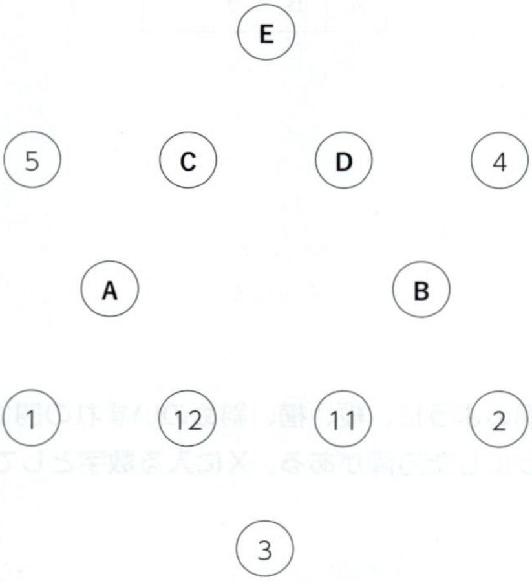

(E)

(5) (C) (D) (4)

(A) (B)

(1) (12) (11) (2)

(3)

❶　6
❷　7
❸　8
❹　9
❺　10

A、B、C、D、Eは0から9までのうち異なる5個の整数を表し、6桁の整数「ＡＢ２ＣＤＥ」の2倍が6桁の整数「２ＣＤＥＡＢ」となる。このとき、Eは次のうちどれか。

裁判所2003

$$\begin{array}{r} AB2CDE \\ \times \qquad 2 \\ \hline 2CDEAB \end{array}$$

❶　5
❷　6
❸　7
❹　8
❺　9

　次の計算式において、□の中に0〜9のいずれかの数字が入るとき、被除数（7けた）の各けたの数の和はいくらか。

国般1996復元

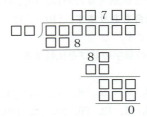

❶　30
❷　32
❸　34
❹　36
❺　38

5 n 進法

学習のポイント

・ n 進法は出題頻度の低い分野で、難易度も低い問題が多いです。
・ ただ、判断推理でも役立つ知識なので、しっかり学習しておきましょう。

1 n 進法の基本的な考え方

(1) n 進法とは

n 進法では、**使える数字を n 種類に制限**して、数字の並びを考えます。

例えば、日常で使われる数字は基本的に10進法です。10進法では、使える数字が0〜9の10種類のみです。0から順に数字の並びを考えたとき、9の次に当たる数字がないため、「9の次」の値を1桁の数字で表すことができません。そこで、桁を一つ増やして2桁とし、「10」とします。

これと同様に、例えば3進法を考えると、使える数字は0〜2の3種類となります。「2」の次に当たる数字として3〜9の数字を使うことはできないので、3進法では、2の次を「10」と表します。

このとき、通常の10進法と区別するために、$10_{(3)}$ のように、**小さいカッコの中に n 進法の n を表記する場合もあります**。「$10_{(3)}$」は、「3進法で表したときに10と表記する数」という意味です。

実際に、10進法と3進法の数字の並びを比較すると、次のようになります。

10進法 ：0, 1, 2, 3, 4, 5, 6, 7, 8, 9, 10, 11, 12, …
3進法 ：0, 1, 2, 10, 11, 12, 20, 21, 22, 100, 101, 102, 110, …

上の3進法の並びで「12」の次は「20」になっていますが、これは、3進法では「13〜19」は3以降の数字を含むので使えないことが理由です。同様に、例えば3進法で「22」の次の数字を考えると、「23〜29」は一の位が使えない数字であり、「30〜99」は十の位が使えない数字なので、「22」の次は「100」となります。

また、上の数字の並びにおいて、10進法と3進法のそれぞれの列を比較すると、10進法では「2」の次は「3」であり、3進法では「2」の次は「10」ですが、これは使える数字のルールによって見た目が異なっているだけで、**いずれも「2」の次の値を表している点は同じ**です。つまり、$3_{(10)}$ と $10_{(3)}$ は等しいと考えます。

同様に、$4_{(10)}=11_{(3)}$、$5_{(10)}=12_{(3)}$、$6_{(10)}=20_{(3)}$、…というように、並んでいる順番が同じであれば、見た目は異なっていても**値そのものは等しい**と考えます。

(2) n 進法で用いる数

重要！

① n進法で用いる数の種類

上でも説明したとおり、n進法では、**$0\sim(n-1)$ の n 種類**の数字を使って、あらゆる値を表します。慣れないと $0\sim n$ を使えると勘違いすることが多いので注意してください。10進法で使える最大の数字が9であることを想起しましょう。

② 使われている数字から何進法かを推測する問題

n進法で表された数が提示され、そこに使われている数字を見て、何進法になるか推測させる問題があります。

> **例** n が1桁の正の整数として、$415_{(n)}$ は何進法か考えてみます。
> ⇒ この数の各位の数字は4、1、5です。このうち最大は「5」ですので、「5」を使うことのできない2進法、3進法、4進法、5進法はあり得ません。
> したがって、n が1桁であることから、$6\leqq n\leqq 9$ とわかります。

2 n 進法 ⇒ 10進法の変換

重要！

n進法の基本的なルールは10進法と似ています。例えば、10進法の3桁の整数は、以下のようなルールで成り立っています。

```
10進法の場合
 1   2   3 (10)
 ↑   ↑   ↑
10² 10¹ 10⁰
 の  の  の
 位  位  位
```

10進法の「123」の場合
$10^2(=100)$ が一つ、$10^1(=10)$ が二つ、$10^0(=1)$ が三つなので、
$(10^2\times 1)+(10^1\times 2)+(10^0\times 3)=123$ と式で表すことができる

そして、n進法では以下のようになります。

```
n進法の場合
 1   2   3 (n)
 ↑   ↑   ↑
 n²  n¹  n⁰
 の  の  の
 位  位  位
```

n進法の「123」の場合
n^2 が一つ、n^1 が二つ、n^0 が三つなので、
$(n^2\times 1)+(n^1\times 2)+(n^0\times 3)$ と式で表すことができる

このことから、次の手順によって、n進法を10進法に変換することができます。

❶ 変換したいn進法の数字の**右端の位**（一の位）**から**順に、「1（$= n^0$），n^1，n^2，n^3，…」と、1桁左に移るごとにnの指数を1ずつ増やしながら各位の数字と掛け算する

❷ 掛け算したものすべてを合計すると、10進法の数になる

例題1 $123_{(6)}$ を10進法で表すといくつか。

右端の位の数字「3」には1（6^0）を、一つ左の位の「2」には6^1を、さらに一つ左の位の「1」には6^2を掛けて、それらを合計します。

$$1 \times 6^2 + 2 \times 6^1 + 3 \times 1 = 36 + 12 + 3 = 51_{(10)}$$

6進法	1	2	3
	$\downarrow \times 6^2$	$\downarrow \times 6^1$	$\downarrow \times 6^0$
10進法	36 +	12 +	3

=51

よって、$123_{(6)} = 51_{(10)}$ となります。

例題2 $12102_{(3)}$ を10進法で表すといくつか。

右端から順に、1、3^1、3^2、3^3、3^4を掛けて、それらを合計します。

$$1 \times 3^4 + 2 \times 3^3 + 1 \times 3^2 + 0 \times 3^1 + 2 \times 1 = 81 + 54 + 9 + 0 + 2 = 146_{(10)}$$

3進法	1	2	1	0	2
	$\downarrow \times 3^4$	$\downarrow \times 3^3$	$\downarrow \times 3^2$	$\downarrow \times 3^1$	$\downarrow \times 3^0$
10進法	81 +	54 +	9 +	0 +	2

=146

よって、$10202_{(3)} = 146_{(10)}$ となります。

> **ヒント**
>
> n進法では、$2^2 \sim 2^6$、$3^2 \sim 3^4$、$4^2 \sim 4^4$、$5^2 \sim 5^4$、$6^2 \sim 6^3$、7^2、8^2、9^2の値を覚えておくと、計算時間を短縮できます。
>
> | $2^3 = 8$ | $3^3 = 27$ | $4^3 = 64$ | $5^3 = 125$ | $6^3 = 216$ |
> |---|---|---|---|---|
> | $2^4 = 16$ | $3^4 = 81$ | $4^4 = 256$ | $5^4 = 625$ | |
> | $2^5 = 32$ | | | | |
> | $2^6 = 64$ | | | | |

3 10進法⇒n進法の変換 　重要！

次は逆に、10進法で表された数をn進法に変換する手順です。

❶ 変換したい10進法の数字を「n」で割り、**商と余り**を求める

❷ 求めた商を再び「n」で割り、商と余りを求めることを繰り返す

❸ 商が「n」より小さくなったら、**逆のL字型の流れ**に合わせて数字を並べる（例題参照）

> **例題** $123_{(10)}$ を4進法で表すといくつか。
>
> 上の手順どおりに$123_{(10)}$ を4で割り続けると、次の図のようになります。
>
> ```
> 4 ) 123
> 4 )  30 … 3
> 4 )   7 … 2
>       1 … 3
> ```
>
> 逆のL字型に読んで
> $1323_{(4)}$

4 n進法の計算 　重要！

10進法でないn進法の計算をする場合、10進法のルールを使って計算することはできません。なぜなら、10進法とそれ以外のn進法では、計算のルールが異なるからです。

5　n進法　51

$14_{(5)} \times 2_{(5)}$ の答えを10進法で表すといくつか。

　10進法の数字どうしを計算すれば答えが10進法になるのと同じで、5進法の数字どうしを計算すれば答えも5進法になります。
　したがって、この計算を $14 \times 2 = 28$ とすることはできません。この式の計算結果は5進法であり、「28」の「8」は5進法では使えない数字だからです。つまり、5進法では、計算のルールが10進法とは異なることがわかります。これと同様に、すべての n 進法では、それぞれの計算ルールが異なるので、10進法以外の n 進法で表された数を10進法のルールで計算することはできません。
　そこで、10進法への変換を行います。$14_{(5)}$ と $2_{(5)}$ をそれぞれ10進法に変換すると、$14_{(5)} = 9_{(10)}$、$2_{(5)} = 2_{(10)}$ となるので、計算は次のように行うことができます。
　　$14_{(5)} \times 2_{(5)} = 9_{(10)} \times 2_{(10)} = 18_{(10)}$

　このように、**n 進法の計算は、常に10進法に変換して計算する**ことが基本になります。

解法ナビゲーション

2進法で101011と表す数と、3進法で211と表す数がある。これらの和を7進法で表した数として、正しいのはどれか。

都Ⅰ 2014

1. 22
2. 43
3. 65
4. 116
5. 122

n進法の計算は、必ず10進法の表記に変換してから行うこと、2種類の変換法を使い分けることを意識しましょう。

【解答・解説】

正解 ❺

n 進法の計算は、10進法に変換して行うので、まずは二つの数字を10進法に変換します。

$$101011_{(2)} = 1 \times 2^5 + 0 \times 2^4 + 1 \times 2^3 + 0 \times 2^2 + 1 \times 2^1 + 1 \times 1$$
$$= 32_{(10)} + 0_{(10)} + 8_{(10)} + 0_{(10)} + 2_{(10)} + 1_{(10)}$$
$$= 43_{(10)}$$

$$211_{(3)} = 2 \times 3^2 + 1 \times 3^1 + 1 \times 1$$
$$= 18_{(10)} + 3_{(10)} + 1_{(10)}$$
$$= 22_{(10)}$$

次に、これら二つの10進法の数を足すと、

$$101011_{(2)} + 211_{(3)} = 43_{(10)} + 22_{(10)} = 65_{(10)}$$

となります。これを7進法で表せばよいので、次のようになります。

$$
\begin{array}{r}
7\,)\,\underline{65} \\
7\,)\,\underline{9}\,\cdots\,2 \\
1\,\cdots\,2
\end{array}
$$

逆のL字型に読んで
$122_{(7)}$

よって、正解は❺です。

54

過去問にチャレンジ

問題 1 ★
▶解説は別冊 p.17

五進法で表された数 3024 と三進法で表された数 2110 との差を七進法で表した数はどれか。

区Ⅰ 2007

❶ 323
❷ 455
❸ 641
❹ 1220
❺ 2444

問題 2 ★
▶解説は別冊 p.17

4進法で表された数 123 を 6 進法で X と表し、5 進法で表された数 210 を 6 進法で Y と表したとき、X + Y の値を 6 進法で表したときの数として、正しいのはどれか。

都Ⅰ 2004

❶ 211
❷ 212
❸ 213
❹ 214
❺ 215

問題 3 ★★
▶解説は別冊 p.17

a と b は、互いに異なる 1 桁の正の整数である。a 進法で $34_{(a)}$ の数と 8 進法で $45_{(8)}$ の数の和が b 進法で表された $65_{(b)}$ だとすると、10 進法では $2a + b$ はいくつか。

国般 2006

❶ 20
❷ 21
❸ 22
❹ 23
❺ 24

第**2**章

方程式の文章題

方程式の基本
不等式
不定方程式
割合・比
平均・濃度
仕事算・ニュートン算

1 方程式の基本

> **学習のポイント**
>
> ・数的推理の文章題を解くうえで基本となる、問題文の状況を方程式で表す方法、その方程式を解いて未知数を求める方法についてしっかり学習しておきましょう。

1 方程式

第2章で扱う文章題では、方程式、不等式を使って問題文で示された状況を表すことが求められます。まず、第1節では単純な方程式を使う問題に触れていきますので、方程式、連立方程式、2次方程式の基礎（計算手順など）を再確認しておきましょう。

(1) 立式の基本

文章中にそのまま立式できる部分があれば、式で表します。

例　AはBより1大きい　　　　　⇒　$A = B + 1$

　　CはDの0.8倍より1小さい　　⇒　$C = 0.8D - 1$

> **例題1**　ある日、2種類の商品を販売しているある商店で1個100円の商品Aと1個80円の商品Bを合計30個販売した。
>
> 　　次の日、商品Aが前日の2倍売れて、その日の売上合計は前日より200円高かったが、2種類の商品の販売数の合計は前日と同じであった。
>
> 　　1日目の商品Aの販売個数はいくつであったか。

1日目の商品Aの販売個数を x として、両日の売上を式で表現してみます。

2種類の商品の販売数の合計は30個であったことから、1日目の商品Bの販売個数は $(30 - x)$ と表せますので、

　　$100x + 80(30 - x)$〔円〕

これが、1日目の売上を表す式になります。

2日目の商品Aの販売個数は前日の2倍なので $2x$ となり、2日目の商品Bの販売個数は $(30 - 2x)$ と表せますので、

58

$$100 \times 2x + 80(30 - 2x) \ [円]$$

これが、2日目の売上を表す式になります。

2日目の売上は1日目の売上より200円高かったので、

$$100 \times 2x + 80(30 - 2x) = 100x + 80(30 - x) + 200$$

という方程式で両日の売上の関係を結ぶことができます。これを整理してxを求めます。

$$200x + 2400 - 160x = 100x + 2400 - 80x + 200$$
$$40x + 2400 = 20x + 2600$$
$$20x = 200$$
$$x = 10$$

以上より、1日目の商品Aの販売個数は**10個**となります。

(2) 2次方程式

2次方程式とは、未知数（xなど）の2乗の項を含む方程式をいいます。

問題文の状況を表した結果が2次方程式になったり、計算処理の過程で2次式が現れたりすることがありますので、2次方程式の解き方を確認しておきましょう。

① 因数分解を使った解法

まずは、次の因数分解の公式を使いこなせるようにしましょう。例題を使って解き方を確認していきます。

【因数分解の公式】
❶ $x^2 + (a + b)x + ab = (x + a)(x + b)$
❷ $x^2 \pm 2xy + y^2 = (x \pm y)^2$
❸ $x^2 - y^2 = (x + y)(x - y)$

例題2 $x^2 + 5x + 6 = 0$のとき、xの値はいくらか。

公式❶を当てはめて解く2次方程式です。この因数分解では、「ab」の部分から考えます。

掛けて「$+6$」になる式は、

$(+1) \times (+6)$、$(+2) \times (+3)$、$(-1) \times (-6)$、$(-2) \times (-3)$

の4通りです。

1　方程式の基本　　59

このうち、足して「+5」になる組合せは、$(+2)+(+3)$ のみなので、$a = 2$、$b = 3$（または、$a = 3$、$b = 2$ でも条件を満たします）となります。

よって、

$x^2 + 5x + 6 = 0$

$(x + 2)(x + 3) = 0$

$x = -2、-3$

となります。

例題3　$x^2 - 9x - 36 = 0$のとき、xの値はいくらか。

掛けて「−36」になる組合せは、$(+1) \times (-36)$、$(+2) \times (-18)$、…など、それなりに多く考えられ、さらに符号（+と−）まで考慮すると多数存在します。

そのうち、足して「−9」になるものを考えるので、掛け算する組合せのうち、大きいほうがマイナスになる場合のみに絞って考えていくと、$(+3) \times (-12)$ のときに、掛けて「−36」、足して「−9」になるので、$a = +3$、$b = -12$（または、$a = -12$、$b = +3$でも条件を満たします）となります。

よって、

$x^2 - 9x - 36 = 0$

$(x + 3)(x - 12) = 0$

$x = -3、12$

となります。

例題4　$x^2 + 12x + 36 = 0$のとき、xの値はいくらか。

公式❷の因数分解も、基本的なコツは❶と同じです。

掛けて「+36」になるものを探すときに、$(+6) \times (+6) = (+6)^2$ が候補に出てきますので、そのときに❷の公式に該当するか考えれば解けます。

$(+6)^2 = 36$、$2 \times 6 = 12$なので、❷の公式の条件を満たします。

よって、

$x^2 + 12x + 36 = 0$

$(x + 6)^2 = 0$

$x = -6$

となります。

60

$x^2 - 144 = 0$ のとき、x の値はいくらか。

　公式❸を使えるかどうかは、（2乗の数）−（2乗の数）となっているかどうかで判断します。
　このとき、2乗の数を覚えているかどうかが問われますので、第1章で挙げた、16^2 までの計算結果は必ず覚えておきましょう。
　$144 = 12^2$ を覚えていれば、次のように簡単に導き出せます。

$x^2 - 144 = 0$
$(x + 12)(x - 12) = 0$
$x = 12、-12$

となります。

② 解の公式を使った解法
　因数分解が容易にできない場合、**解の公式**を使って解きます。解の公式は必ず覚えて使いこなせるようにしておきましょう。

【2次方程式の解の公式】　$ax^2 + bx + c = 0$ のとき、次の式が成り立ちます。
$$x = \frac{-b \pm \sqrt{b^2 - 4ac}}{2a}$$

 $3x^2 + 5x - 2 = 0$ のとき、x の値はいくらか。

　解の公式に当てはめると、$a = 3$、$b = 5$、$c = -2$ となるので、次のようになります。

$$x = \frac{-5 \pm \sqrt{5^2 - 4 \times 3 \times (-2)}}{2 \times 3} = \frac{-5 \pm \sqrt{49}}{6} = \frac{-5 \pm 7}{6} = -2、\frac{1}{3}$$

ヒント
　2次方程式は、因数分解で解ければ速いですが、必ずしも因数分解が使えるとは限りません。因数分解ができそうにないときは、迷うことなく解の公式を使いましょう。

2 年齢算

年齢算とは、登場する人物の年齢に関する問題であり、基本的な方程式の知識を活用することで解くことができます。

年齢算で必要な知識は、**x 年経てば、全員の年齢が x 歳増える**ということだけです。ただし、複雑な連立方程式になることが多いので、登場人物の年齢を書き出して、整理して解くようにしましょう。

> 🍎 **ヒント**
>
> 年齢算では、必ずしもすべての登場人物の年齢が明らかになるとは限りません。「必要なものだけを求める問題」の出題が多いので、必要なものは何かを意識して解きましょう。

> **例題**　父と母とその子どもの 3 人家族がいる。今年の 1 月 1 日の時点で、父と母の年齢の合計は子どもの年齢の 12 倍であり、5 年後の 1 月 1 日には、父と母の年齢の合計は子どもの年齢の 7 倍になる。このとき、今年の父と母の年齢の合計はいくらか。

今年の 1 月 1 日の時点での子どもの年齢を x 歳とおくと、このときの父と母の年齢の合計は、$12x$ 歳です。5 年後、子どもの年齢は $(x + 5)$ 歳となります。

また、**5 年後の父と母は、2 人合わせて年齢が 10 歳増える**ので、2 人の年齢の合計は $(12x + 10)$ 歳となります。これが 5 年後の子どもの年齢の 7 倍と等しくなるので、

$$(12x + 10) = (x + 5) \times 7$$

が成り立ちます。この方程式を解くと、$x = 5$ となるので、今年の 1 月 1 日の子どもの年齢は 5 歳であり、父と母の年齢の合計はその 12 倍なので $5 \times 12 = $ **60 歳**となり、これが答えになります。

なお、問題の条件だけでは、父だけの年齢や母だけの年齢は求めることができませんが、求めるもの（父と母の年齢の合計）を導けたので、これで終了となります。

3 その他の解法

(1) 選択肢の値を代入する 〔重要!〕

　文章題の問題の選択肢には、その問題の答え（の候補）が挙げられています。ある程度まで検討を進めた段階で、式に選択肢の値を順番に代入して確かめることが有効な問題も出題されます。

　この場合、式に選択肢の値を代入していくだけで解けますし、中には、選択肢を使うしかない問題も存在するので、このテクニックは有効です。

　ただし、**式を立てる能力や計算能力の向上には、選択肢を使わない解法の理解が必要**です。選択肢の代入は、あくまでも最終手段と考えたほうがよいでしょう。

(2) 単位をそろえる 〔重要!〕

　問題文中に異なる単位が使われており（時間、分、秒など）、そこから読み取った情報で式を作る場合は、必ず単位をそろえる必要があります。

例題
　あるマラソン大会では、決まったコースを何周かして全長4 kmを各選手が走ることになっている。

　Aさんはこのコースを2周と500 m走ったところで転んでしまい、足の怪我を理由にリタイアした。Aさんがリタイアした時点で残されていた走行距離は、Aさんがそれまでに走った距離より200 m短かった。

　このマラソンコースの1周の距離は何mか。

　「km」と「m」の2種類の単位がありますので、「m」に揃えて立式します。

　マラソンコースの1周の距離を x [m] とおくと、リタイアまでにAさんが走った距離は、

$$2x + 500 \ [\text{m}]$$

　リタイア時に残されていた距離は、

$$4000 - (2x + 500) \ [\text{m}]$$

　残されていた距離は、それまでに走った距離より200 m短かったので、

$$4000 - (2x + 500) = 2x + 500 - 200$$

と方程式で表現することができます。これを解いて x を求めます。

$$-2x + 3500 = 2x + 300$$
$$4x = 3200$$
$$x = 800$$

　以上より、マラソンコースの1周の距離は800 mとなります。

1　方程式の基本　63

(3) 連立方程式の問題の特徴 　重要!

　通常の連立方程式では、文字の値をすべて求める場合がほとんどですが、**公務員試験の数的処理では、求めたい文字だけ値を求めて終わらせる問題も多い**ので注意しましょう。

> **例**　$x + y + z = 10$、$x + y = 6$ であり、z の値を求めたい場合、$x + y = 6$ を $x + y + z = 10$ に代入すると、$6 + z = 10$ となるので、$z = 4$ となります。

　この時点で、求めるもの（z）の値がわかったので、**x、y の値を求める必要はありません**。そもそも x、y の値を求められない場合もあり、すでに正解を絞れる状況なのに他の値を求めるのに時間を費やすのは無駄になってしまいます。気をつけましょう。

解法ナビゲーション

あるパン屋では、パンを毎日同じ数だけ作り、その日のうちに売り切っている。昨日は、200円で24個販売したところで半額に値下げして、全て売り切った。今日は、200円で全体の$\frac{3}{8}$を販売したところで150円に値下げし、残りが全体の$\frac{1}{8}$になったところで100円に値下げして、全て売り切った。昨日半額で販売した数と今日150円で販売した数が同じであったとき、昨日と今日の売上げの差は何円か。

国専2020

❶　300円
❷　400円
❸　500円
❹　600円
❺　700円

着眼点

パンの単価が販売の最中に変化するので、それぞれの単価ごとに売った個数・売上の値を考えます。売上は（単価）×（個数）で求められるので、個数が不明な場合は文字を使って式を立てます。

【解答・解説】

正解 **④**

まず、昨日について見ると、200円で24個販売したので、このときの売上は、

$$200 \times 24 = 4800 \ [\text{円}]$$

です。その後、半額に値下げしたので、そのときの価格は、

$$200 \times \frac{1}{2} = 100 \ [\text{円}]$$

になりますが、販売した数が不明なので、これを x〔個〕とおくと、100円で販売したときの売上は、

$$100 \times x = 100x \ [\text{円}]$$

です。つまり、昨日の売上は、

$$4800 + 100x \ [\text{円}] \qquad \cdots\cdots①$$

となります。また、昨日売ったパンの数は $(24 + x)$ 個となり、問題文の「パンを毎日同じ数だけ作り」より、毎日作るパンの数も、全体で、

$$(24 + x) \ [\text{個}] \qquad \cdots\cdots②$$

となります。

次に、今日について見ると、200円で販売したパンの数は、パンの数全体の $\dfrac{3}{8}$ なので、②より、200円で販売したパンの数は、

$$(24 + x) \times \frac{3}{8} \ [\text{個}] \qquad \cdots\cdots③$$

となり、この時点で残りのパンの数は全体の $\dfrac{5}{8}$ になります。次に、150円に値下げして販売したのは、「残りが全体の $\dfrac{1}{8}$ になったところ」までなので、150円で販売したパンの数は、

$$\frac{5}{8} - \frac{1}{8} = \frac{4}{8} = \frac{1}{2}$$

より、全体の $\dfrac{1}{2}$ になります。したがって、150円で販売したパンの数は、

$$(24 + x) \times \frac{1}{2} \ [\text{個}] \qquad \cdots\cdots④$$

となります。さらに、100円に値下げして、残っている、全体の $\dfrac{1}{8}$ のパンを売って

いるので、100円で販売したパンの数は、

$$(24 + x) \times \frac{1}{8} \ [\text{個}] \quad \cdots\cdots ⑤$$

になります。

　ここで、問題文の「昨日半額で販売した数と今日150円で販売した数が同じ」と④より、

$$x = (24 + x) \times \frac{1}{2}$$

が成り立ちます。これを解くと、$x = 24$ となります。

　そこで、昨日と今日の売上を求めます。①より、昨日の売上は、

$$4800 + 100 \times 24 = 7200 \ [\text{円}]$$

となります。また、③、④、⑤より、今日の売上は、

$$200 \times (24 + 24) \times \frac{3}{8} + 150 \times (24 + 24) \times \frac{1}{2} + 100 \times (24 + 24) \times \frac{1}{8}$$

$$= 3600 + 3600 + 600$$

$$= 7800 \ [\text{円}]$$

となるので、その差は、

$$7800 - 7200 = 600 \ [\text{円}]$$

となります。よって、正解は❹です。

過去問にチャレンジ

問題1
★

▶解説は別冊 p.19

井戸の深さを測るために、縄を3つ折りにして入れると、3つ折り状態の縄は1mの長さが余り、4つ折りにして入れると、4つ折り状態の縄は1.5m短かった。このとき、井戸の深さに最も近いものは、次のうちどれか。

裁判所2004

❶ 8.5 m
❷ 8.8 m
❸ 9.1 m
❹ 9.4 m
❺ 9.7 m

問題2
★★

▶解説は別冊 p.20

ある家では、ペットボトルの天然水を毎月8本消費する。従来はすべてスーパーで購入していたが、通信販売で6本入りケースを購入すると、1本当たり価格はスーパーの半額であり、別途、1回の配送につき、ケース数にかかわらず一律の配送料金がかかることが分かった。また、毎月、通信販売で1ケースを、スーパーで残り2本を購入すると月ごとの経費は従来より300円安くなり、3か月間に2回、通信販売で2ケースずつ購入すると月ごとの平均経費は従来より680円安くなることが分かった。このとき、スーパーでの1本当たり価格はいくらか。

国専2010

❶ 160円
❷ 180円
❸ 200円
❹ 220円
❺ 240円

| 問題3 | 長さ2mの針金を2本に切り、それぞれの針金を使い2つの正方形を作ったところ、面積の和が1,828 cm²であった。このとき、小さい方の正方形の面積はいくらか。 |

★

▶解説は別冊 p.21

裁判所 2016

❶　　64 cm²
❷　　81 cm²
❸　100 cm²
❹　121 cm²
❺　144 cm²

| 問題4 | 互いに重さの異なる分銅が四つある。この四つの中から二つずつを選んで重さを量ったところ、87 g、93 g、95 g、96 g、98 g、104 gであった。四つの分銅のうち最も軽い分銅と最も重い分銅の重さの差は何gか。 |

★ ★

▶解説は別冊 p.22

国専 2017

❶　11 g
❷　12 g
❸　13 g
❹　14 g
❺　15 g

第2章　方程式の文章題

69

問題5 ★★
▶解説は別冊 p.23

ハチミツが入った5個の缶から、異なった2個の缶を取り出してできる10通りの組合せについて、それぞれの重さを量った。その重さが軽い順に、203g、209g、216g、221g、225g、228g、232g、234g、238g、250gであったとき、缶の重さの一つとして有り得るのはどれか。

区Ⅰ 2005

1. 111 g
2. 116 g
3. 121 g
4. 126 g
5. 131 g

問題6 ★★
▶解説は別冊 p.23

ある4人家族の父、母、姉、弟の年齢について、今年の元日に調べたところ、次のA～Dのことが分かった。

A　姉は弟より4歳年上であった。
B　父の年齢は姉の年齢の3倍であった。
C　5年前の元日には、母の年齢は弟の年齢の5倍であった。
D　2年後の元日には、父と母の年齢の和は、姉と弟の年齢の和の3倍になる。

以上から判断して、今年の元日における4人の年齢の合計として、正しいのはどれか。

都Ⅰ 2017

1. 116歳
2. 121歳
3. 126歳
4. 131歳
5. 136歳

問題 7
★★
▶解説は別冊 p.25

両親と3姉妹の5人家族がいる。両親の年齢の和は、現在は3姉妹の年齢の和の3倍であるが、6年後には3姉妹の年齢の和の2倍になる。また、4年前には父親と三女の年齢の和が、母親、長女及び次女の年齢の和と等しかったとすると、現在の母親、長女及び次女の年齢の和はどれか。

区Ⅰ 2006

1. 42
2. 44
3. 46
4. 48
5. 50

2 不等式

学習のポイント

・ 不等式を使った文章題としては過不足算というジャンルがあるほか、この後
学習する不定方程式の解を特定するための手がかりになることもあります。

1 不等式

不等号によって数の大小関係を表した式を**不等式**といいます。

(1) 不等号

不等号は「>、<、≧、≦」の4種類あります。

> 例　$x > 3$　⇒　xは3より大きい
> $x < 3$　⇒　xは3より小さい（3未満）
> $x ≧ 3$　⇒　xは3以上
> $x ≦ 3$　⇒　xは3以下

　問題文に「より大きい、より小さい、未満」と表記されたときは「>、<」、「以
上、以下」と表記されたときは「≧、≦」を用いて立式します。

(2) 不等号の向き

　不等式では、文字に掛け算・割り算されているマイナスの数を移項するとき、不
等号の向きが変わります。

> 例　$-3x > 24$において、左辺のxに掛け算されている（-3）を右辺に移項する
> と、$x < 24 ÷ (-3)$となり、不等号の向きが変わる点に注意しましょう。

2 過不足算

(1) 過不足算とは

　過不足算とは、問題文で数量の過不足を含む条件が与えられ、それを手掛かりに
総数やその構成要素の数などを明らかにする問題です。

72

例題 1 ある個数のクッキーを子どもたちに3個ずつ配ると4個余り、4個ずつ配ると3個足りなかった。クッキーの個数はいくつか。

子どもの人数を x とおくと、クッキーの個数は、

$3x + 4 = 4x - 3$

と表せます。これを解くと、

$x = 7$

7人の子どもに3個ずつ配ると4個余ったので、クッキーの個数は、

$3 \times 7 + 4 = 25$［個］

となります。

(2) 不等式を用いた解法 　　　　　　　　　　　　　　**重要!**

例題ではシンプルな方程式で答えが出ましたが、公務員試験で出題されるほとんどの問題は、不等式を利用して解くことになります。

文章題で出題されるシチュエーションはさまざまですが、すべて「物を人に配る」ことを題材にした問題であると読み替えて、次の手順で解くことを考えましょう。

❶ 「受け取る人の人数」を文字で表す（子ども）

❷ 「配られる物の総数」を式で表す（クッキーの総数）

❸ 不等式に方程式を代入して、式を整理する

例 何人かの子どもに、色紙を6枚ずつ配ったところ、10枚以上余った。

「受け取る人」は「何人かの子ども」、「配られるもの」は「色紙」なので、（子どもの人数）＝ x［人］とおき、「色紙の総数」を式で表します。

x 人に6枚ずつの色紙を配ると、$6x$ 枚の色紙が配られますが、「10枚以上余った」ので、配った分と余った分を合計しないと「色紙の総数」になりません。しかし、実際何枚余ったのかはわからないため、不等式になります。

「6枚ずつ配って10枚ちょうど余る枚数」を式で表すと、$6x + 10$ ですが、実際にはもっと余った可能性もあります（「10枚以上余った」なので、等しい場合もあります）。例えば、余ったのが11枚（色紙の総数を式で表すと、$6x + 11$）や15枚（同、$6x + 15$）なども考えられます。

つまり、（色紙の総数）は、$6x + 10$ と等しいか、それよりも多い可能性があります。したがって、この例を式で表すと、（色紙の総数）$\geqq 6x + 10$ となります。

2 不等式　73

例題2 あるサークルのメンバー全員でキャンプに出かけ、ロッジに宿泊した。

1棟のロッジに6人を割り当てると8人が泊まれなくなってしまい、1棟のロッジに8人を割り当てると2人分以上の空きが生じる。

このとき、サークルのメンバーの数として考えられる最少人数は何人か。

何棟かの「ロッジ」に「サークルのメンバー」を配る問題であると読み替えます。

「受け取る人の人数」は「ロッジの数」に当たるので、これを x とおき、「配られる物の総数」、つまり「サークルのメンバー」の数を式で表してみます。

1棟のロッジに6人を割り当てると8人が泊まれなくなってしまうということは、サークルのメンバーの数は、x 棟のロッジに6人ずつ泊まったら8人が泊まれなくなってしまうことになるので、

$6x + 8$〔人〕

と表すことができます。

また、1棟のロッジに8人を割り当てると2人分以上の空きが生じる、という条件について、いったん「1棟のロッジに8人を割り当てるとちょうど2人分の空きが生じる」としてみます。

サークルのメンバーの数は、x 棟のロッジに8人ずつ泊まったら満員より2人分空きがある状態なので、

$8x - 2$〔人〕

と表すことができます。

しかし実際には空きは2人とは限らず2人以上ですから、（サークルのメンバーの数）$\leqq 8x - 2$、つまり、

$6x + 8 \leqq 8x - 2$

と不等式で結ぶことができます。これを解くと、

$x \geqq 5$

となります。

よって、サークルのメンバーの最少人数は、$6 \times 5 + 8 = 38$〔人〕となります。

ヒント

過不足算では、受け取る人（例クッキーを受け取る子ども）と配られる物（例クッキー）の総数がわからない問題が多いので、これらを文字で表しますが、その文字で表したものが何か混乱しがちなので、注意しましょう。

解法 ナビゲーション

　公園内にあるすべてのプランターに、購入した球根を植える方法について検討したところ、次のア～ウのことが分かった。

ア　1つのプランターに球根を60個ずつ植えると、球根は150個不足する。
イ　1つのプランターに球根を40個ずつ植えると、球根は430個より多く余る。
ウ　半数のプランターに球根を60個ずつ植え、残りのプランターに球根を40個ずつ植えると球根は余り、その数は160個未満である。

以上から判断して、購入した球根の個数として、正しいのはどれか。

都Ⅰ 2012

❶　1,590個
❷　1,650個
❸　1,710個
❹　1,770個
❺　1,830個

　問題文の条件から、まず「ちょうど余った状態」を表す式を立ててみます。そのうえで、「球根の総数」と「ちょうど余った状態」を大小比較する不等式を立てます。

【解答・解説】

正解 ❷

「配られる物」は球根、「受け取る人」はプランターなので、「プランターの総数」を x 鉢として、「球根の総数」を式で表します。

まず、条件アより、1鉢のプランターに球根を60個ずつ植えると、x 鉢のプランターに植えられた球根の数は $60x$ 個になるはずですが、球根が150個不足したので、実際に植えた球根は $60x-150$ 個です。これがそのまま球根の総数になるので、

（球根の総数）$=60x-150$ ［個］　……①

となります。

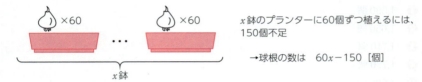

次に、条件イより、1鉢のプランターに40個ずつ植えると、x 鉢のプランターには $40x$ 個の球根が植えられたことになりますが、球根は430個より多く余ります。そこで、「**$40x$ 個の球根を植えると、球根が430個ちょうど余る**」状態を式にすると、$40x+430$ となります。しかし、実際には球根が430個より多く余ったので、実際の球根の総数は、例えば $40x+440$ や $40x+450$ のような式になるはずです。つまり、**実際の球根の総数は、$40x+430$ よりも多くなる**ので、

（球根の総数）$>40x+430$　……②

となります。

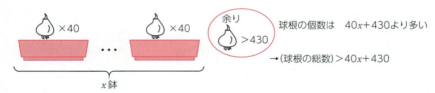

さらに、条件ウより、プランターの半分に60個ずつ植え、残りの半分に40個ずつ植えると、x 鉢のプランターに植えられた球根の数は、

$$60\times\frac{1}{2}x+40\times\frac{1}{2}x=50x\ ［個］$$

になりますが、この場合も球根は160個未満余ります。「$50x$ 個の球根を植えると、球根が160個ちょうど余る」状態を式で表すと、$50x+160$ となりますが、実際に余ったのは160個未満ですので、実際の球根の総数は、例えば $50x+150$ や $50x+130$ の

ような式になるはずです。つまり、**実際の球根の総数は、$50x+160$ よりも少なくなる**ので、

　　　（球根の総数）$< 50x + 160$　　……③

となります。

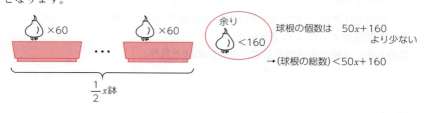

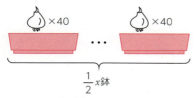

　ここで、①を②に代入すると、

　　　$60x - 150 > 40x + 430$

となるので、この式を整理すると、

　　　$x > 29$　　……④

となります。また、①を③に代入すると、

　　　$60x - 150 < 50x + 160$

となるので、この式を整理すると、

　　　$x < 31$　　……⑤

となります。

　④、⑤より、$29 < x < 31$ となるので、$x = 30$ に決まります。これを①に代入すると、

　　　（球根の総数）$= 60 \times 30 - 150 = 1650$　［個］

となるので、正解は❷です。

過去問にチャレンジ

問題1
★
▶解説は別冊 p.26

ある塾のＡ組からＣ組までの３つの組には、合計105人の生徒が在籍しており、それぞれの組の生徒数に関して、次のア、イのことが分かっている。

ア　Ｂ組の生徒数の３倍は、Ａ組の生徒数の２倍より５人以上多い。

イ　Ｃ組の生徒数は、Ａ組からＣ組までの生徒数の合計の５割より７人以上少なく、Ｂ組の生徒数より20人以上多い。

このとき、Ｂ組の生徒数として、正しいのはどれか。

都Ⅰ 2010

❶　24人
❷　25人
❸　26人
❹　27人
❺　28人

問題2
★★
▶解説は別冊 p.27

あるテニスサークルの夏合宿において、一次募集した参加人数を基に部屋割りを検討したところ、次のア～ウのことが分かった。

ア　全ての部屋を８人部屋に設定すると、23人の参加者を二次募集できる。

イ　全ての部屋を６人部屋に設定すると、８人分以上の部屋が不足する。

ウ　８部屋を８人部屋に設定し、残りの部屋を６人部屋に設定すると、６人以上の参加者を二次募集できる。

以上から判断して、一次募集した参加人数として、正しいのはどれか。

都Ⅰ 2015

❶　73人
❷　97人
❸　105人
❹　119人
❺　121人

78

| 問題3 | あるグループが区民会館で集会をすることになった。今、長椅子の1脚に3人ずつ座ると10人が座れなくなり、1脚に5人ずつ座ると使わない長椅子が3脚でき、使っている長椅子のうち1脚は4人未満になるとき、このグループの人数は何人か。 |

★★
▶解説は別冊 p.29

区Ⅰ 2018

❶ 52人
❷ 55人
❸ 58人
❹ 61人
❺ 64人

3 不定方程式

学習のポイント

・ 不定方程式は通常の方程式と異なるので、はじめは慣れが必要です。
・ 第1章で学習した倍数の知識や、前節で学習した不等式との関連で解を絞り
込んでいく手順を習得しましょう。

1 不定方程式とは

式に含まれる未知数（文字）の種類が、式の数よりも多い方程式を不定方程式と
いいます。

例えば未知数が x と y の2種類ある場合、この x と y の関係を示す方程式が2式あ
れば、これを連立して x と y を求めることができます。ところが不定方程式は x と y
の2種類が未知数なのに、方程式が1式しかないものをいいます。

このため、通常の方程式とは異なり、問題文から得られるその他の手がかりを動
員して解を絞り込んでいきます。

2 不定方程式の解法手順 重要！

不定方程式では、通常の方程式のように**式を整理**したあと、**倍数の知識を使って
場合分けを行い、条件を満たすものを求めていく**ことが基本的な流れとなります。
基本的な解法手順は以下のようになります。

❶ 左辺に1種類の文字をおき、残りを右辺に集めた式を立てる

❷ 倍数の知識を使って、右辺の文字の値を絞り込む

❸ 絞り込んだ値を式に代入し、左辺の値を確認する

❹ 条件をもとに、さらに文字の値を絞り込む

※ 選択肢を代入できる場合もあります

例題 x、yがともに正の整数のとき、$3x + 7y = 54$を満たすようなyの値としてあり得るものは何通りあるか。

まず、左辺を1種類の文字だけにします。与えられた式を変形すると、

$$x = 18 - \frac{7}{3}y \quad \cdots\cdots ①$$

となります。

次に倍数の知識を使います。①より、左辺のxが整数になるのは、右辺の分数$\frac{7}{3}y$が整数になる場合です。つまり、yは、$\frac{7}{3}$の分母と約分ができて、かつ分母を1にできる数になりますので、yは必ず**3の倍数**になります。

そこで、yに3の倍数を代入してxの値を確認します。$y = 3$のとき、$x = 18 - \frac{7}{3}$ $\times 3 = 11$となります。同様に計算すると、$y = 6$のときは$x = 4$となり、$y = 9$のときは$x = -3$となりますが、題意より、xは正の整数なので、$y = 9$は条件を満たさず、yが12以上の3の倍数のときも条件を満たしません。よって、あり得るのは$y = 3$と$y = 6$の**2通り**となります。

3 不定方程式 81

解法ナビゲーション

　各位の数字がそれぞれ異なる3桁の正の整数のうち、各位の数字の和が15であり、百の位の数字と一の位の数字を入れ替えると元の整数より198小さくなるような整数の個数として、正しいのはどれか。

都Ⅰ 2017

- ❶　3
- ❷　4
- ❸　5
- ❹　6
- ❺　7

🍄 着眼点

　文字3種類に対して、立てられる式が二つなので、不定方程式として解くことを考えます。まずは連立方程式として一つの文字を消去してから、不定方程式として解きましょう。

【解答・解説】

正解 ❸

「各位の数字がそれぞれ異なる 3 桁の正の整数」を $100x＋10y＋z$ とおくと、題意より、

$$x＋y＋z＝15 \quad \cdots\cdots ①$$

が成り立ちます。また、x、y、z は 1 桁の整数であり、y は 0 の可能性がありますが x、z は正の整数だとわかります。

また、百の位の数字 x と一の位の数字 z を入れ替えたときの整数は、$100z＋10y＋x$ となり、題意より、これがもとの $100x＋10y＋z$ より 198 小さくなるので、

$$100z＋10y＋x＝100x＋10y＋z－198$$

が成り立ちます。この式を整理すると、$99z＋198＝99x$ より、$x＝z＋2$ となるので、これを①に代入して、左辺を z のみの形に整理します。

$$(z＋2)＋y＋z＝15$$

$$z＝\frac{13－y}{2} \quad \cdots\cdots ②$$

②において、z が整数になるには、$(13－y)$ が 2 の倍数である必要があります。**さらに、13 は奇数なので、$(13－y)$ が 2 の倍数になるためには、y が奇数でなければならないことがわかります。**

そこで、②の y に 1 桁の奇数である 1、3、5、7、9 を当てはめていきます。

$y＝1$ のとき、②より、$z＝\dfrac{13－1}{2}＝6$ となり、①に $y＝1$、$z＝6$ を代入すると、$x＝8$ となるので、もとの整数は 816 です。これは、「各位の数字がそれぞれ異なる」という条件を満たすので、この場合は**すべての条件を満たします。**

$y＝3$ のとき、②より、$z＝\dfrac{13－3}{2}＝5$ となり、①に $y＝3$、$z＝5$ を代入すると、$x＝7$ となるので、もとの整数は 735 となり、この場合も**すべての条件を満たします。**

$y＝5$ のとき、②より、$z＝\dfrac{13－5}{2}＝4$ となり、①に $y＝5$、$z＝4$ を代入すると、$x＝6$ となるので、もとの整数は 654 となり、この場合も**すべての条件を満たします。**

$y＝7$ のとき、②より、$z＝\dfrac{13－7}{2}＝3$ となり、①に $y＝7$、$z＝3$ を代入すると、$x＝5$ となるので、もとの整数は 573 となり、この場合も**すべての条件を満たします。**

$y＝9$ のとき、②より、$z＝\dfrac{13－9}{2}＝2$ となり、①に $y＝9$、$z＝2$ を代入すると、

$x=4$ となるので、もとの整数は 492 となり、この場合も**すべての条件を満たします。**

よって、条件を満たす整数は、816、735、654、573、492 の 5 個となるので、正解は❸です。

過去問にチャレンジ

問題1
★ ★
▶解説は別冊 p.31

ある果物店で、もも、りんご及びなしの3商品を、ももを1個300円、りんごを1個200円、なしを1個100円で販売したところ、3商品の販売総数は200個、3商品の売上総額は36,000円であった。りんごの販売個数が100個未満であり、なしの売上金額が3商品の売上総額の2割未満であったとき、ももの売上金額として、正しいのはどれか。

都Ⅰ 2008

❶ 9,300円
❷ 9,600円
❸ 9,900円
❹ 10,200円
❺ 10,500円

問題2
★ ★
▶解説は別冊 p.32

ある食堂のメニューは、A定食600円、B定食500円の2つの定食とサラダ150円の3種類である。ある日、この食堂を利用した人数は300人で、全員がどちらかの定食を一食選び、A定食の売れた数は、B定食の売れた数の$\frac{3}{7}$より少なく、$\frac{2}{5}$より多かった。この日のこの食堂の売上金額の合計が165,000円であるとき、サラダの売れた数として、正しいのはどれか。

都Ⅰ 2016

❶ 41
❷ 42
❸ 43
❹ 44
❺ 45

第2章 方程式の文章題

4 割合・比

> **学習のポイント**
>
> ・ 割合も比も、他の分野においてもとてもよく使うので、最重要分野の一つです。苦手な人は繰り返し復習して、基本的な知識をしっかり身につけましょう。

1 割 合

(1) 割合の変換

　割合に関する文章題では、割合の表現が「%」、「●割」、小数、分数などさまざまな形でなされます。そのため、どのような表現がされても正しい割合が把握できるように整理しておく必要があります。

	百分率 (%)	歩合 (割・分・厘)
1	100%	10割
0.1 1/10	10%	1割
0.01 1/100	1%	1分
0.001 1/1000	0.1%	1厘

　0.1％＝1厘という知識が問われることはあまりありません。その他については使いこなせるようにしておきましょう。

(2) 増減率

　割合に関する問題では、「20%増えた」、「3割減った」など、「%」や「割・分・厘」の後ろに「増」や「減」などの言葉が続いて増減率が表されることがあります。この場合、小数・分数に変換するときに注意しましょう。

> 例 　**「a%増」は、(100＋a)%** と考えます。
> ⇒「8％増」＝(100＋8)％＝108％

> 例 　**「b%減」は、(100－b)%** と考えます。
> ⇒「10％減」＝(100－10)％＝90％

86

(3) 基準値

割合には必ず**基準値**が設定されています。

割合は、あるものを100％（＝10割、1）として考えます。その「あるもの」が基準値です。「全体に当たるもの」、「昨年の値」などが基準値になっていることが多いです。

基準値がわかりにくい問題も存在しますが、その場合は、必ず問題文中に基準値に関するヒントがあるので、**割合では常に基準値を探すように意識する**ことが重要です。下の例にあるように、割合の基準値は、**割合の直前にある「の」の前に表記**されることが多いです。

例　「合格者はクラス全体の30％」
　⇒　基準値は「クラス全体」です。基準値がわかれば、（基準値）×（割合）で、実際の値を求める式を立てられます。
　　　つまり、この場合は（合格者）＝（クラス全体）×0.3となります。

例　「今年の人数は、昨年より20％減った」
　⇒　「昨年の20％減った」と読み換えると、基準値は「昨年（の人数）」の値だとわかります。
　　　「20％減った」＝「80％になった」となるので、（今年の人数）＝（昨年の人数）×0.8という式を得ることができます。

割合の問題では、基準値の数値を与えられない場合があります。その場合は、**基準値を文字において立式**します。

例　「クラス全体の40％は男子である」
　⇒　これを式にする場合、（クラス全体）×0.4＝（男子の人数）が成り立ちます。基準値は（クラス全体）ですので、（クラス全体）＝x人とおけば、x×0.4＝（男子の人数）となり、（男子の人数）＝$0.4x$人と表すことができます。
　　　つまり、「クラス全体」と「男子」の**二つのものを「x」1文字だけで表すことができ、二つの文字を使うよりも式を単純化できます。**

(4) 利　益

ある商品の仕入れや製造にかかった費用、販売した価格、結果として生じた利益などの関係からそのうちのある値を求めさせるタイプの問題があります。

販売の途中で割引価格が設定されることがあり、ここに割合の知識を動員する必

要が生じます。

① 利益の問題における3種類の単価

このタイプの問題では3種類の単価（1個当たりの価格）が出てきます。この3種類の単価の意味と関係性をしっかり理解しておくことが、問題を解くことにつながります。

（ア）原　価

原価とは、仕入れや製造に必要な価格のことです。

多くの場合、この原価を使って、「**売値**」や「**コスト（費用）**」を求めます。数的処理の問題では、基本的に仕入れと製造にかかった費用のみがコストとなりますので、**（原価）×（個数）＝（コストの総額）**となります。

原価の値は問題文で与えられないことが多いので、その場合は、**原価を文字で表します。**

（イ）売値（初期価格）

売値を設定するときは、原価に利益を上乗せします。問題文中で「定価」として表記されることもあります。わざわざ「初期価格」と付け加えているのは、次に説明するとおり、販売期間の途中で価格変更が行われる設定が多くあるからです。

多くの場合、この「初期価格」を使って、「**割引価格**」や「**売上（販売高）**」を求めます。

なお、「売上」は売る側に入った金額の合計のことです。

（ウ）割引価格

「売値（初期価格）」を割引した価格のことです。この「割引価格」も「売上（販売高）」を求めるのに必要となります。

② 利益の割合

「売値（初期価格）」は、「原価」に利益額を足したものになります。数的処理での利益額は、「**原価の何％に当たるか**」という形で計算され、この「何％」に当たるものが**利益の割合**です。つまり、**（利益額）＝（原価）×（利益の割合）**が成り立ちます。一般社会でいう「利益率」とは意味が異なるので注意しましょう。

③ 割引率

「割引価格」は、「売値（初期価格）」から割引額を引いたものになります。「割引

率」は、「**売値（初期価格）の何%に当たるか**」という形で計算され、この「何%」に当たるものが**割引率**です。つまり、**（割引額）＝（売値（初期価格））×（割引率）**が成り立ちます。

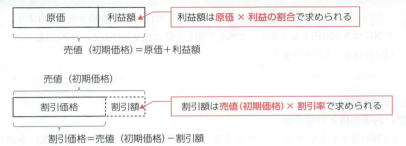

④ 立式のポイント

利益の問題では、**単価の種類ごとに（単価）×（個数）＝（金額）**の式を立てて解きます。「単価の種類ごとに」というのは、「単価の異なる商品ごとに」、あるいは、「ある商品の価格が変わるごとに」という意味です。

次に示す利益の公式も頭に入れておきましょう。

2 比

(1) 比とは

① 比の考え方

比とは、複数の数や数量の関係を表したものです。$a:b=1:2$という関係であれば、aの数量を1としたとき、bの数量は2となります。

また、比は、ある数量のものを複数に配分するときに使う考え方でもあります。あるものを$a:b$に分けるときは、**全体を$(a+b)$に分けて**から、aとbに振り分ける、と考えることができます。

例題1 1,000円を3：2に分けたとき、いくらずつになるか。

　3：2に分けるので、全体を（3＋2＝）5個に分けると、1000÷5＝200より、1個につき200円となります。これを3個と2個に振り分けると、**600円**と**400円**に分けることになります。

② 比の性質

（ア）内項の積と外項の積

　A：B＝X：Yという等式があるとき、この等式の内側の二つ（BとX）を内項といい、外側の二つ（AとY）を外項といいます。

　内項の積と外項の積は等しいという性質があります。

【内項の積・外項の積】

$$A：B＝X：Yのとき、BX＝AY$$

　例　$5：2＝x：6$のとき、内項の積・外項の積より、$2×x＝5×6$となるので、$x＝15$となります。

（イ）数量の変化と比の関係

　例えば10、20、30という三つの数は1：2：3という比で表される関係にありますが、この数に、同じく1：2：3の関係にある3、6、9という数をそれぞれ足すと、13、26、39という数になります。足した結果できた三つの数もまた、1：2：3という比で表すことができます。

　このように、ある比で表される関係の数に、同じ比で表される関係の数が加減（足し引き）されても、もともとあった比の関係は変わりません。

　逆にいうと、数量が変化しても比が変わらないのは、加減された数量がもともとあった比と同じ比で表される関係の数であるときだけです。

$$
\begin{array}{ccccc}
x & + & 1 & = & x+1 \\
y & + & 2 & = & y+2 \\
z & + & 3 & = & z+3 \\
\hline
x：y：z & & \longrightarrow & & (x+1)：(y+2)：(z+3) \\
＝1：2：3 & & であれば、 & & ＝1：2：3
\end{array}
$$

(2) 連 比

三つ以上の数の大小関係を示した比を連比といいます。複数の比を一つにまとめるときは、この連比を使います。

> **例題2** A：B＝3：2、B：C＝3：4のとき、A：Cはいくらか。

　二つの比に共通するBの値を見ると、A：BではBが2、B：CではBが3となっています。これらを**同じ値にすれば、二つの比を一つにまとめられます。**

　そこで、Bの値の**2と3の最小公倍数が6**であることを使い、A：BとB：Cのそれぞれにおいて、**Bの値が6になるように変形**します。

　まず、A：B＝3：2の右辺を3倍すると、A：B＝3×3：2×3＝9：6となります。さらに、B：C＝3：4の右辺を2倍すると、B：C＝3×2：4×2＝6：8となります。

　Bが同じ数値になったので、これら二つの比を合わせると、A：B：C＝9：6：8となり、**A：C＝9：8**とわかります。

(3) 立式のポイント

① 比を文字式で表す

比の値を文字式にするときは、比の値に**同じ文字**を付けます。

> 【比を文字式で表す方法】
>
> **A：Bのものを文字式にするとき、Ax、Bxとおく**

　例　A：B＝3：4のとき、A＝$3x$、B＝$4x$として式を立てます。

② 比例式を比に変換する

比例式とは、$5a＝3b$のように、（数字×文字）＝（数字×文字）の形になっている式のことです。

> 【比例式を比で表す方法】
>
> ❶ Ax＝Byのとき、A：B＝y：xとなる
>
> ❷ Ax＝By＝Czのとき、A：B：C＝$\dfrac{1}{x}$：$\dfrac{1}{y}$：$\dfrac{1}{z}$となる

4　割合・比　91

例 $5a = 3b$ のとき、$a : b = 3 : 5$ となります。

例 $4a = 3b = 2c$ のとき、$a : b : c = \dfrac{1}{4} : \dfrac{1}{3} : \dfrac{1}{2}$ となります。さらに、この比から分母を払います。分母「4、3、2」の最小公倍数12を比全体に掛けると、$a : b : c = \dfrac{1}{4} : \dfrac{1}{3} : \dfrac{1}{2} = 3 : 4 : 6$ となります。

補足

❶は、（数字×文字）の形二つが等式で結ばれているときのみ使えます。

❷は、（数字×文字）の形二つ以上が等式で結ばれていれば使えます。

解法 ナビゲーション

　ある店では、2種類のノートA、Bを売っている。Aは1冊100円、Bは1冊150円である。先月はBの売上額がAの売上額より22,000円多かった。また今月の売上冊数は先月に比べて、Aは3割減ったがBは4割増えたので、AとBの売上冊数の合計は2割増えた。
　このとき、今月のAの売上冊数として正しいのはどれか。なお、消費税については考えないものとする。

裁判所 2020

❶　50冊
❷　56冊
❸　64冊
❹　72冊
❺　80冊

　（Aの今月の売上冊数）+（Bの今月の売上冊数）=（2種類合計の今月の売上冊数）として式を立てます。

【解答・解説】　　　　　　　　　　　　　　　　　　　　　　　正解 ❷

　　ノートAの先月の売上冊数をa冊、ノートBの先月の売上冊数をb冊とおくと、1冊100円のAの先月の売上額は$100a$円、1冊150円のBの先月の売上額は$150b$円と表すことができます。したがって、問題文「先月はBの売上額がAの売上額より22,000円多かった」より、

$$150b = 100a + 22000$$

が成り立ち、これを整理すると、

$$3b = 2a + 440 \quad \cdots\cdots①$$

となります。

　　また「今月の売上冊数は先月に比べて、Aは3割減ったがBは4割増えた」より、Aの今月の売上冊数は、

$$a \times (1 - 0.3) = 0.7a \,[冊] \quad \cdots\cdots②$$

となり、Bの今月の売上冊数は、

$$b \times (1 + 0.4) = 1.4b \,[冊]$$

となるので、AとBの売上冊数の合計は、

$$(0.7a + 1.4b) \,[冊] \quad \cdots\cdots③$$

となります。

　　さらに、先月のAとBの売上冊数の合計は$(a + b)$となるので、問題文「AとBの売上冊数の合計は（先月に比べて）2割増えた」より、その2割増は、

$$(a + b) \times 1.2 = (1.2a + 1.2b) \,[冊]$$

となります。これが③と等しくなるので、

$$0.7a + 1.4b = 1.2a + 1.2b$$

が成り立ち、これを整理すると、$0.5a = 0.2b$より、$b = \dfrac{5}{2}a$となります。これを①に代入すると、

$$3 \times \frac{5}{2}a = 2a + 440$$

となるので、これを解くと、$a = 80$となります。これがAの先月の売上冊数となり、求めるのは今月のAの売上冊数なので、$a = 80$を②に代入すると、

$$0.7 \times 80 = 56 \,[冊] \quad となります。$$

　　よって、正解は❷です。

解法 ナビゲーション

総額96,000円で品物何個かを仕入れ、全部を1個600円で売ると仕入れ総額の2割5分の利益が出るが、実際はそのうちの何個かを1個600円で売り、残りは1個500円で売ったので、最終的な利益は仕入れ総額の1割5分であった。1個600円で売った個数として、正しいものはどれか。

裁判所2019

❶ 100個
❷ 102個
❸ 104個
❹ 106個
❺ 108個

着眼点

　問題文に示されている総額96,000円が「コスト」に当たります。仕入れ総額に対する利益が割合で示されているので、これを使って「利益」を求めることができます。
　品物を仕入れた個数が不明なのでこれを文字で表すと売上を文字式で表現することができるので、(売上)−(コスト)＝(利益)で式を立てます。

【解答・解説】 正解 ❸

　問題文にある「（仕入れた個数の）全部を1個600円で売ると仕入れ総額の2割5分の利益が出る」より、**（売上）－（コスト）＝（利益）** で式を立てます。そのためには、売上、コスト、利益を求める必要があります。

　そこで、まず売上を求めます。仕入れた個数全部を1個600円で売ったので、仕入れた個数をx個とおくと、このときの売上は$600 \times x = 600x$［円］です。

　次に、**コストは仕入れ総額と等しくなる**ので、96,000円です。

　さらに、問題文「仕入れ総額の2割5分の利益が出る」より、このときの利益を求めます。仕入れ総額は96,000円ですので、その2割5分は、$96000 \times 0.25 = 24000$［円］であり、これが利益となります。

　したがって、（売上）－（コスト）＝（利益）より、

　　$600x - 96000 = 24000$

が成り立ち、この方程式を解くと、$x = 200$［個］となるので、

　　（仕入れた個数）＝200［個］　　……①

です。

　ここで、**仕入れ総額96,000円、仕入れた個数200個**より、

　　（原価）$\times 200 = 96000$

が成り立ちますので、この式を変形すると、（原価）＝480［円］となります。

　次に、問題文「実際はそのうちの何個かを1個600円で売り、残りは1個500円で売ったので、最終的な利益は仕入れ総額の1割5分であった」より、式を立てます。

　求めるものは600円で売った個数なので、（600円で売った個数）＝y個とおくと、①より、残りの500円で売った個数は、$(200 - y)$個となります。したがって、600円で売ったときの売上は、$600 \times y = 600y$［円］となり、500円で売ったときの売上は、$500 \times (200 - y) = (100000 - 500y)$［円］となります。したがって、売上の合計は、

　　$600y + (100000 - 500y) = (100y + 100000)$［円］　　……②

です。

　コストは仕入れ総額の96,000円とわかっているので、利益を求めます。問題文「最終的な利益は仕入れ総額の1割5分であった」より、最終的な利益は、

　　$96000 \times 0.15 = 14400$［円］　　……③

となります。

　したがって、（売上）－（コスト）＝（利益）と②、③より、

$(100y + 100000) - 96000 = 14400$

が成り立つので、この方程式を解くと、$y = 104$［個］となります。

よって、正解は❸です。

解法ナビゲーション

　ある高校の入学試験において、受験者数の男女比は15：8、合格者数の男女比は10：7、不合格者数の男女比は2：1であった。男子の合格者数と男子の不合格者数の比として、適当なものはどれか。

裁判所2016

❶　5：1
❷　3：2
❸　2：3
❹　2：5
❺　1：5

 着眼点

　この問題では受験者数、合格者数、不合格者数の3種類の男女比が示されています。比を文字式で表すに当たって、このように複数の比があるときは、比の数値に付ける文字をそれぞれの比ごとに変えることに注意します。
　この問題では、(合格者数)＋(不合格者数)で受験者数を表す式を立ててみましょう。

【解答・解説】

正解 ❺

　まず、合格者数の男女比 $10:7$ より、男子の合格者数を $10x$ 人、女子の合格者数を $7x$ 人とおき、不合格者数の男女比 $2:1$ より、男子の不合格者数を $2y$ 人、女子の不合格者数を y 人とおきます。（合格者数）＋（不合格者数）＝（受験者数）より、男子の受験者数は $10x+2y$、女子の受験者数は $7x+y$ となります。

　以上を表にまとめると、次のようになります。

表	男子	女子
合格者数	$10x$	$7x$
不合格者数	$2y$	y
受験者数	$10x+2y$	$7x+y$

　問題文より、受験者数の男女比は $15:8$ なので、上の表より、

$$(10x+2y):(7x+y)=15:8$$

が成り立ちます。（内項の積）＝（外項の積）より、次の式が成り立ちます。

$$15(7x+y)=8(10x+2y)$$
$$105x+15y=80x+16y$$
$$25x=y \quad \cdots\cdots①$$

　求めるのは男子の合格者数と男子の不合格者数の比なので、表より、男子の合格者数は $10x$ 人、さらに①より、男子の不合格者数は、

$$2\times25x=50x\ [人]$$

となるので、これらの比は、

$$10x:50x=1:5$$

となります。

　よって、正解は❺となります。

　なお、本問は受験者数や合格者数などの実際の人数を求めることはできません。

過去問にチャレンジ

問題1

★

▶解説は別冊 p.34

ある土地をA、B二つの領域に分けて、Aの領域の60％にマンションを建て、Bの領域の一部を駐車場にした。A、B合わせた土地全体に占めるマンションと駐車場の領域がそれぞれ40％、20％であったとき、Bの領域に占める駐車場の領域は何％か。

地上 2007

❶ 40 %
❷ 50 %
❸ 60 %
❹ 70 %
❺ 80 %

問題2

★ ★

▶解説は別冊 p.35

あるチームの1年間の戦績は、前半戦の勝率が7割1分で、後半戦の勝率は5割8分であり、年間を通した勝率が6割5分であった。

このとき、後半戦の試合数の前半戦の試合数に対する百分率に最も近いものは、次のうちどれか。なお、引き分けの試合はないものとする。

裁判所 2004

❶ 84 %
❷ 85 %
❸ 86 %
❹ 87 %
❺ 88 %

問題3
★★
▶解説は別冊 p.35

あるホテルで同窓会パーティーを行うこととした。一人当たりの通常料金が6,000円のコースで、参加人数が50人以上になると総額の1割引きになる「割引プラン」を利用できるとのことであり、また、パーティーの参加予定人数も50人以上であったので、このプランで申し込んだ。ところが、パーティー当日に欠席者が出て、実際の参加人数は50人未満となってしまい、当初の割引プランは利用できなくなった。そこで、通常料金で計算した額を支払い、かつ、プランの違約金15,000円もあわせて支払ったところ、その合計額は、当初の参加予定人数で「割引プラン」を利用した場合の金額とちょうど等しくなった。当日の欠席人数は何人であったか。

国専 2009

❶　4人
❷　5人
❸　6人
❹　7人
❺　8人

問題4
★
▶解説は別冊 p.37

ある商品を120個仕入れ、原価に対し5割の利益を上乗せして定価とし、販売を始めた。ちょうど半数が売れた時点で、売れ残りが生じると思われたので、定価の1割引きにして販売した。販売終了時刻が近づき、それでも売れ残りそうであったので、最後は定価の半額にして販売したところ、売り切れた。全体としては、原価に対し1割5分の利益を得た。このとき、定価の1割引きで売れた商品は何個か。

国般 2010

❶　 5個
❷　15個
❸　25個
❹　45個
❺　55個

問題 5

★ ★

▶解説は別冊 p.38

水が入った三つのタンク A 〜 C がある。A の水量は 100 L であり、B と C の水量の比は 2：3 である。いま、30 L の水をこれら三つのタンクに分けて追加したところ、三つのタンクの水量の比は追加する前と同じになった。また、A に追加した水量は B に追加した水量よりも 2 L 多かった。水を追加した後の C の水量は何 L か。

地上 2013

❶　99 L

❷　100 L

❸　121 L

❹　132 L

❺　143 L

問題 6

★ ★

▶解説は別冊 p.39

A、B、C の 3 種類の植物の種子があり、これらの種子をまいて成長させると、一つの種子につき 1 本の花が咲く。その花の色については、A、B、C ごとに次の比で出現することが分かっている。

［花の色の出現比］

A は、赤：青：白＝1：1：2

B は、赤：青：白＝5：3：0

C は、赤：青：白＝0：1：1

いま、それぞれの数が不明である A、B、C の種子を混合してまいて全て成長させたところ、A、B、C の種子から上記の出現比で花が咲いた。これらを全て切り取って、花の色が赤、青、白 1 本ずつの花束を作ったところ、200 セット作ったところで赤の花がなくなった。その後、青と白 1 本ずつの花束を作ったところ、ちょうど全ての花がなくなった。

このとき、まかれた B の種子はいくつか。

国専 2016

❶ 160
❷ 200
❸ 240
❹ 320
❺ 400

第2章 方程式の文章題

問題7
★★★
▶解説は別冊 p.40

　ある生徒は、国語、英語、数学、理科、社会の五つの教科の本を、本棚に整理して並べることにした。この本棚には五段の棚があり、各段には本を20冊ずつ並べることができる。

　どの教科も、二つの段を使えばすべての本を並べることができるが、一つの教科の本は一つの段にだけ並べることにし、本を並べた結果、二つの教科のみすべての本を本棚に並べることができた。

　本の冊数について、ア、イ、ウのことが分かっているとき、本棚に並べることができなかった本の冊数として正しいのはどれか。

国専1997復元

ア　国語の本と社会の本の冊数の比は、6：7である。
イ　英語の本と数学の本の冊数の比は、3：2である。
ウ　数学の本と理科の本の冊数の比は、5：6である。

❶ 10冊
❷ 15冊
❸ 20冊
❹ 25冊
❺ 30冊

問題8
▶解説は別冊 p.41

A社、B社及びC社の3つの会社がある。この3社の売上高の合計は、10年前は5,850百万円であった。この10年間に、売上高は、A社が9％、B社が18％、C社が12％それぞれ増加し、増加した金額は各社とも同じであったとすると、現在のC社の売上高はどれか。

区Ⅰ 2019

❶ 1,534百万円
❷ 1,950百万円
❸ 2,184百万円
❹ 2,600百万円
❺ 2,834百万円

5 平均・濃度

学習のポイント

- 平均の考え方は数的処理の他の分野でも役立つ重要な知識なので、基本を しっかり押さえておきましょう。
- 濃度の問題は天秤法を使いこなすことで計算量を減らすことができます。比 の知識も使う点に注意して学習しましょう。

第2章 方程式の文章題

1 平 均

(1) 平均とは

平均とは、大小がさまざまな数について、全体の中間的な値をいいます。数的推 理の文章題においても、この平均の値が問題に出てくることがあります。

以下の公式が示すとおり、データの合計値をデータの個数で割ったものが平均値 となります。

【平均の公式】

$$（平均）＝\frac{（データの合計値）}{（データの個数）}$$

$$（データの合計値）＝（平均）×（データの個数）$$

(2) 立式のポイント　重要！

① データの合計値を求める

「平均」を使って「**データの合計値**」を求めると、正答へのヒントを得ることが できます。

上に示した2番目の式を使うと、平均値とデータの個数から合計値を求めること ができます。

> **例題** 国語、数学、英語の3科目のテストを受けたところ、3科目の平均点は 62点であった。国語と英語の2科目の平均点が60点であるとき、数学の点 数はいくらか。

「平均」から「データ値の合計」を求めてみます。3科目の平均点が62点ですの

5 平均・濃度　105

で、3科目の合計点、つまり、

　　国語＋数学＋英語＝62×3＝186［点］

です。同様に、国語と英語の2科目の平均点が60点ですので、この2科目の合計点、つまり、

　　国語＋英語＝60×2＝120［点］

です。したがって、数学の点数は、

　　186 − 120 ＝ 66［点］

となります。

② 各データ値の平均差の合計が0となる

各データ値において、（データ値）−（平均）を求めて合計すると、±0になります。

例 国語、数学、英語の3科目のテストを受けて、国語が73点、数学が52点、英語が64点だとします。これら3科目の平均点は、$\dfrac{73＋52＋64}{3}＝63$［点］です。この平均点63点と、3科目の得点の差を求めると、国語は73−63＝＋10、数学は52−63＝−11、英語は64−63＝＋1となります。

これらを合計すると、（＋10）＋（−11）＋（＋1）＝0となります。

	国語	数学	英語	計
得点	73	52	64	189
平均差	＋10	−11	＋1	0

…平均63

この考え方は、数的推理で無理に使わなくても問題は解けますが、**資料解釈**などで使われることがあるので、覚えておくとよいでしょう。

2 濃　度

(1) 濃度の問題

数的推理では、水溶液（典型的には食塩水）の濃度を主題化した文章題が出題されることがあります。ここで「食塩水の濃度」とは、「**食塩水に含まれる塩の割合**」をいいますから、

食塩の重さ [g] ＝食塩水の重さ [g] ×濃度 [%] ／ 100

という関係が成り立ちます。例えば、濃度10%の食塩水が100gある場合、

- 食塩水（水と食塩の合計）　　100g
- 食塩　　　　　　　　　　　　10g（100 × 10%）
- 水　　　　　　　　　　　　　90g

となるわけです。この関係を利用して方程式を立て、食塩の重さや濃度など、指定されたものを求めるわけですが、実際の問題においては、異なる濃度の食塩水が混合されたり、食塩水から水分だけが蒸発したり、食塩水に食塩が足されたり、といった操作が生じるため、検討過程が複雑になりがちです。そのような場合には次に紹介する「天秤法」というアプローチが有効になります。

> 濃度10%の食塩水とは、「塩10%、水90%の割合で混ぜられているもの」といえます。したがって、例えば濃度40%の砂糖水でも「砂糖40%、水60%の割合で混ぜられているもの」と考えれば、食塩水の解法がそのまま使えます。また、「ぶどうジュース70%、りんごジュース30%のブレンドジュース」などでも、食塩水の解法が使えることになります。

(2) 天秤法
① 天秤法の原理

天秤の左右に重さの異なる物体を吊るすと、重いほうが下がります。例えば、左に30gの重り、右に20gの重りを吊るせば、左が下がります。

通常はそうなのですが、このとき、左右の重さが違うのに天秤がつり合う状態を作ることができます。そのためには、支点の位置を動かす必要があります。この場合、支点を左にずらしていくと、ある位置で30gの重りと20gの重りがつり合います。このつり合った状態では、**左右に吊るされた物体の重さの比と、支点から左右の端までの長さの比は逆比の関係になっています。**すなわち、左の重りと右の重りの重さの比は3：2、支点から左右の端までの長さの比は2：3となります。

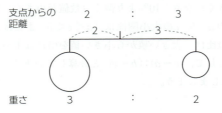

5　平均・濃度　107

この天秤のメカニズムを借用して、濃度の違う水溶液を混合する場合などの文章題にアプローチするのが天秤法です。以降で具体的に見ていきましょう。

② 天秤法の使い方
（ア）食塩水などの情報を書き込む

右の図のように、**5か所に食塩水についての
データを記入**します。

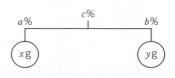

混ぜる食塩水の一方のデータを左端に、もう一方のデータを右端に記入します。

どちらも**上段に濃度［％］を、下段に食塩水の量［gなど］を記入**し、中央の上段には、**混合してできた食塩水の濃度［％］を記入**します。

このとき、「％」は小数や分数にせずにそのまま記入し、その後も小数・分数にはしないで計算していきます。

例　4％の食塩水100gと10％の食塩水
200gを混ぜるときの図は、右のようになります。

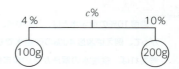

（イ）計算する
❶ 図の**横棒（右図の赤線）の長さの比**を求めます。
❷ 図の食塩水の量の比を求めます。
❸ ❶の「横棒の表さの比」と❷「食塩水の量の比」は必ず**逆比の関係**（比が入れ替わった関係）になることがわかっています。

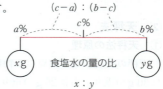

したがって、以下の式が成り立ちます。

　　$(c-a):(b-c) = y:x$

この式を使えば、問題を解くことができます。

なお、a％とb％を混ぜたとき、できる食塩水の濃度は必ずa％とb％の間の値になります。例えば、3％と10％を混ぜたとき、できる食塩水の濃度は、3％より濃く（数値が大きく）なり、10％より薄く（数値が小さく）なります。

したがって、図のa, b, cの大小関係は「$a<c<b$」または「$a>c>b$」となります。横棒の長さの比は、大きい値から小さい値を引けば求められるので、上の図では「$a<c<b$」として、$(c-a):(b-c)$ と計算しています。図を描くときは、a, bの大小関係に注意しましょう。

補足

食塩水においては、（食塩水の量）×（濃度）＝（食塩の量）という関係があり、濃度が高いほど含まれている食塩の量が多くなることがわかりますが、天秤のメカニズムにおいては（重りの重量）×（支点からの距離）＝（重りを下げる力）という関係があり、支点からの距離が遠いほど重りを下げる力が強くなることがわかります。食塩水の量は重りの重量に、濃度は支点からの距離に対応しており、天秤がつり合うことは「重りを下げる力」が等しいことを意味します。

天秤法は、「重りを下げる力」がつり合っている状況を天秤になぞらえて計算することで、そのときの「支点の位置」（濃度）や「重りの重量」（食塩水の量）を求める手法です。

例題1 4％の食塩水100gと10％の食塩水200gを混ぜ合わせると、できあがる食塩水の濃度はいくらになるか。

右の図のように、横棒の長さの比は、

$(c - 4) : (10 - c)$

で、食塩水の量の比は、

$100 : 200 = 1 : 2$

です。上段と下段は逆比の関係になるので、以下の式が成り立ちます。

$(c - 4) : (10 - c) = 2 : 1$

$(c - 4) = 2(10 - c)$

$c = 8 \; [\%]$

---

(3) 立式のポイント　　　　　　　　　　　　　　　　　　　**重要！**

① 濃度変化が起こる場合

天秤法を使ったアプローチは、濃度変化が起こるときに行います。濃度変化が起こるのは、次の4通りの場合です。

❶ 異なる濃度の食塩水を複数混ぜるとき
❷ 食塩水に水だけを加えるとき
❸ 食塩水に塩だけを加えるとき
❹ 食塩水から水分を蒸発させるとき

例えば、食塩水を取り出したり捨てたりするときは、**濃度変化が起きる場合に当**

5 平均・濃度　109

たらないので天秤法を用いません。例えば、紙パックに入った果汁100%のジュースからコップ1杯を取り出したとき、コップの中には100%果汁のジュースが入っており、紙パックに残ったのも果汁100%のジュースです。つまり、食塩水を取り出すときは、濃度はそのままで、食塩水の量を、条件に合わせて分けるだけです。

② 食塩水どうし以外の混合

食塩水の問題で、「水だけを加える」、「塩だけを加える」、「水分を蒸発させる」場合は、次のように考えます。

- ❶ 水を加える場合 ：水を「濃度0%の食塩水」と考える
- ❷ 塩を加える場合 ：塩を「濃度100%の食塩水」と考える
- ❸ 水分を蒸発させる場合 ：蒸発した水分と同じ量の水を加えれば、もとの濃度に戻ると考えて操作する

例題2 12%の食塩水 x g に、水80gを加えてよくかき混ぜたところ、10%の食塩水ができた。このとき、x の値はいくらか。

水80gを加えるので、**0%の食塩水80gを加える**と考えて天秤図を描くと、右図になります。

右図より、横棒の長さの比は、
　$(12-10):(10-0)$
となり、これを整理すると 1:5（①）です。

また、食塩水の量の比は $x:80$（②）です。

①と②は逆比の関係になるので、$1:5 = 80:x$ が成り立ち、(内項の積)=(外項の積) より、$x = $ **400**〔g〕となります。

例題3 4%の食塩水200gに、塩40gを加えてよくかき混ぜたところ、x%の食塩水ができた。このとき、x の値はいくらか。

塩40gを加えるので、**100%の食塩水40gを加える**と考えて天秤図を描くと、右図になります。

右図より、横棒の長さの比は、
　$(x-4):(100-x)$　……①

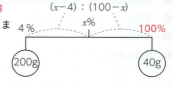

となります。

　また、食塩水の量の比は、

　　200：40 ＝ 5：1　……②

となります。

　①と②は逆比の関係になるので、

　　$(x-4):(100-x)=1:5$

が成り立ち、（内項の積）＝（外項の積）より、

　　$(100-x)=5(x-4)$

となります。この方程式を解くと、$x=20$ ［％］となります。

例題4　　5％の食塩水 x g から水分を 40 g 蒸発させたところ、6％の食塩水になった。このとき、x の値はいくらか。

　できた6％の食塩水に、蒸発させた水分と同量の「水40 g」を加えると、5％の食塩水ができる、と逆算して考えます。

　5％の食塩水 x g から水分を 40 g 蒸発させると、食塩水の量は $(x-40)$ g です。

したがって、「6％の食塩水 $(x-40)$ g に、
水 40 g を混ぜると 5％の食塩水 x g になった」
と考えると、右図のような天秤図になります。

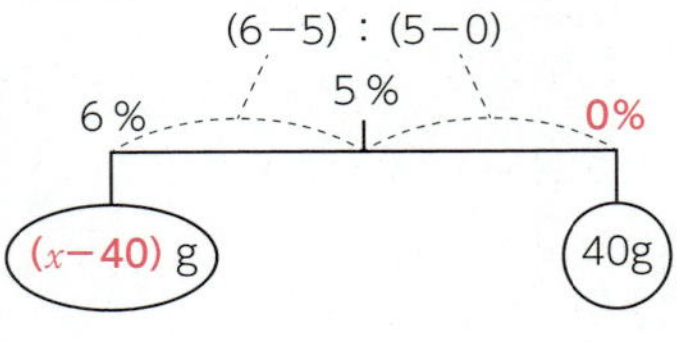

　右図より、横棒の長さの比は、

　　$(6-5):(5-0)=1:5$　　……①

となります。

　食塩水の量の比は、

　　$(x-40):40$　　……②

です。

　①、②は逆比の関係になるので、

　　$1:5=40:(x-40)$

となり、（内項の積）＝（外項の積）より、

　　$200=x-40$

となるので、この方程式を解くと、$x=240$ ［g］となります。

解法 ナビゲーション

あるクラスで数学のテストを実施したところ、クラス全員の平均点はちょうど63点で、最も得点の高かったAを除いた平均点は62.2点、最も得点の低かったBを除いた平均点は63.9点、AとBの得点差はちょうど68点であった。このクラスの人数として正しいのはどれか。

国般2008

❶ 29人
❷ 32人
❸ 35人
❹ 38人
❺ 41人

 **着眼点**

「平均」をもとに「合計」を求めることを考えます。
（Aの得点）＝（クラス全員の合計点）－（Aを除いた合計点）で求められます。

【解答・解説】

正解 ❺

　まず、（データの合計値）＝（平均）×（データの個数）より、それぞれの平均から
それぞれの合計を求めます。

　クラス全員の人数を x［人］とおくと、

　　（クラス全員の合計点）＝ $63x$［点］　　……①

となります。また、Aを除いたクラスの人数は（ $x-1$ ）人となるので、

　　（Aを除いた合計点）＝ $62.2(x-1)$［点］　　……②

となります。同様に、Bを除いたクラスの人数は（ $x-1$ ）人となるので、

　　（Bを除いた合計点）＝ $63.9(x-1)$［点］　　……③

となります。

　ここで、題意より、A、Bの得点差がちょうど68点であることを使います。**（A
の得点）＝（クラス全員の合計点）−（Aを除いた合計点）** となるので、①、②より、

　　（Aの得点）＝ $63x-62.2(x-1)=0.8x+62.2$［点］　　……④

となります。同様に、**（Bの得点）＝（クラス全員の合計点）−（Bを除いた合計点）**
となるので、①、③より、

　　（Bの得点）＝ $63x-63.9(x-1)=-0.9x+63.9$［点］　　……⑤

となります。A、Bの得点差がちょうど68点であることと④、⑤から、④−⑤＝
68が成り立つので、

　　$(0.8x+62.2)-(-0.9x+63.9)=68$

となります。この式を整理すると、$1.7x=69.7$ より、$x=41$ となります。

　よって、クラスの人数は41人となるので、正解は ❺ となります。

第2章

方程式の文章題

解法ナビゲーション

　濃度7％の食塩水が入った容器Aと、濃度10％の食塩水が入った容器Bがある。今、容器A、Bからそれぞれ100gの食塩水を取り出して、相互に入れ替えをし、よくかき混ぜたところ、容器Aの濃度は9.4％になった。最初に容器Aに入っていた食塩水は何gか。

区Ⅰ 2017

- ❶　125 g
- ❷　150 g
- ❸　175 g
- ❹　200 g
- ❺　225 g

🍄 着眼点

　「相互に入れ替えをし、よくかき混ぜた」ところで濃度変化が起こるので、ここで天秤法を使って計算します。また、最終的な濃度が9.4％とわかっており、求めるものが最初に容器Aにあった食塩水の重量なので、逆向きの流れで解くことを検討してみましょう。

114

【解答・解説】

正解 ❶

容器Aに入っている7％の食塩水をx [g]、容器Bに入っている10％の食塩水をy [g] とします。

容器A、Bから100gずつの食塩水を取り出すと、**それぞれの容器に残る食塩水の量は、それぞれ100gずつ減って**、容器Aには$(x-100)$g、容器Bには$(y-100)$gがある状態になります。

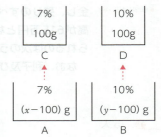

ここで、容器Aから取り出した100gの食塩水を入れた容器をC、容器Bから取り出した100gの食塩水を入れた容器をDとして図で示すと、右図のようになります。

問題文「相互に入れ替えをし、よくかき混ぜた」とは、CをBに入れて混ぜ、DをAに入れて混ぜたということです。

その結果、容器Aの濃度は9.4％になったので、**AとDを混ぜた結果が9.4％になった**ことになります。これを天秤図で示すと、次の図のようになります。

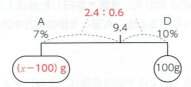

上の図のように、「横棒の長さの比」は$2.4:0.6=4:1$になり、「重さの比」は$(x-100):100$になります。これらの比は逆比の関係なので、

$4:1=100:(x-100)$

が成り立ち、(内項の積)＝(外項の積) より、

$100=4x-400$

となるので、この方程式を解くと、$x=125$ [g] となります。求めるのは、最初に容器Aに入っていた食塩水の量ですので、この125gがそのまま答えになります。

よって、正解は❶です。

過去問にチャレンジ

問題1
★
▶解説は別冊 p.42

あるグループの全員がある銀行に預金をしており、その平均残高は600万円である。このグループのうちの何人かがそれぞれ40万円入金し、残りのすべての人がそれぞれ60万円出金したところ、平均残高が615万円となった。このとき、このグループの人数として考えられるのは次のうちではどれか。

なお、利子及び手数料は考えないものとする。

国専2012

❶　5人
❷　6人
❸　7人
❹　8人
❺　9人

問題2
★★
▶解説は別冊 p.43

ある年にA国とB国を旅行した者の平均消費額を調査した。A国を旅行した者は800人、B国を旅行した者は1,000人であり、次のことが分かっているとき、A国とB国の両方を旅行した者は何人か。

国般2020

○　A国を旅行した者のA国での平均消費額は、9万円であった。
○　A国を旅行したがB国は旅行しなかった者のA国での平均消費額は、15万円であった。
○　B国を旅行した者のB国での平均消費額は、12万円であった。
○　B国を旅行したがA国は旅行しなかった者のB国での平均消費額は、18万円であった。
○　A国とB国の両方を旅行した者のA国での平均消費額とB国での平均消費額の合計は、15万円であった。

❶　200人
❷　300人
❸　400人
❹　500人
❺　600人

問題3 ★
▶解説は別冊 p.45

果汁10％のオレンジジュースがある。これに天然水を加え、果汁6％のオレンジジュースにした。次に、果汁4％のオレンジジュースを500g加えたところ、果汁5％のオレンジジュースになった。天然水を加える前のオレンジジュースは、何gあったか。

区Ⅰ 2003

❶ 210 g
❷ 240 g
❸ 270 g
❹ 300 g
❺ 330 g

問題4 ★★
▶解説は別冊 p.46

濃度の異なる食塩水が、容器A、Bにそれぞれ600g、400g入っている。はじめに容器Aから容器Bへ食塩水200gを移し、よくかき混ぜた後に容器Bから容器Aへ食塩水200gを戻してよくかき混ぜたら、容器Aには濃度10％の食塩水ができた。その後、容器A、容器Bの食塩水を全てよく混ぜ合わせたら濃度8.4％の食塩水ができた。はじめに容器Aに入っていた食塩水の濃度はいくらか。

裁判所 2016

❶ 11 %
❷ 12 %
❸ 13 %
❹ 14 %
❺ 15 %

問題5

★ ★ ★
▶解説は別冊 p.48

ビーカーに入った濃度 10 ％の食塩水 200 g に対して、次の A ～ D の順番で操作を行ったところ、濃度 4.5 ％の食塩水 200 g ができた。

A　ある重さの食塩水をビーカーから捨てる。

B　A で捨てた食塩水と同じ重さの純水をビーカーに加え、よくかき混ぜる。

C　A で捨てた食塩水の 5 倍の重さの食塩水をビーカーから捨てる。

D　C で捨てた食塩水と同じ重さの純水をビーカーに加え、よくかき混ぜる。

以上から判断して、A で捨てた食塩水の重さとして、正しいのはどれか。

都Ⅰ 2019

❶　12 g
❷　14 g
❸　16 g
❹　18 g
❺　20 g

6 仕事算・ニュートン算

> **学習のポイント**
> ・仕事算とニュートン算は出題頻度の高い分野です。
> ・共通点もありますが、解き方のコツが少し異なりますので、その違いに注意した学習を心掛けましょう。

1 仕事算

(1) 仕事算とは

仕事算は、ある仕事を終わらせるに当たっての、仕事の速さやかかる時間を考える問題です。人間が行う作業だけでなく、何らかの機械や装置が動作して作業を完了するまでにかかる時間や、仕事の速さが問われることもあります。

公務員試験の出題では仕事の総量の値がわからない場合がほとんどであり、その場合、**仕事の総量を1（つまり、100％）** とおいて式を立てます。

(2) 仕事算の公式

ある一定の速さで仕事をする人や機械が、ある一定の時間仕事をすることによって、一定量の仕事が完成します。このことから、次の公式が成り立ちます。

【仕事算の公式】

（仕事の速さ）×（仕事をした時間）＝（仕事をした量）

$$（仕事の速さ）＝\frac{1}{仕事を終わらせるまでの時間}$$

例題1 Aがある一定の速さで作業をして、仕事をすべて終わらせるのに3日かかったとき、1日当たりのAの仕事の速さはいくらか。

Aは3日間で1（つまり、100％）の仕事を行ったと考えられるので、Aの仕事の速さを a とおき、公式を使うと次のようになります。

$a \times 3 = 1$

$a = \dfrac{1}{3}$

よって、Aの仕事の速さは、**1日当たり$\frac{1}{3}$** となります。

この例題の解答のように、「仕事の速さ」は基本的に分数で表されることになります。

(3) 仕事算の解法　　　　　　　　　　　　　　　　　　　　　　　　　　重要！
① 基本の解法

仕事算では、**仕事の仕方ごとに公式を使って計算します。**

「仕事の仕方ごとに」の意味ですが、例えば仕事の速さの異なるAとBがそれぞれ仕事をするのであれば、Aの仕事とBの仕事について別々に公式を使って計算します。Aの仕事をする速さが日によって異なるのであれば、仕事の速さが同じ単位ごとに公式を使って計算します。例題を使って確認してみましょう。

例題2　ある仕事を終わらせるのに、A1人で20分、B1人で30分かかる。はじめ、この仕事をA1人で8分行った後にB1人で行い、すべて終わらせた。B1人が仕事を行った時間は何分か。

B1人が仕事を行った時間が問われているので、これを t [分] とおき、仕事の仕方を数直線にまとめると、右図のようになります。

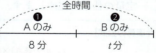

仕事全体の量を1とおくと、A1人でこの仕事を終わらせるまでに20分かかるので、Aの仕事の速さは1分当たり$\frac{1}{20}$です。同様に、Bは1人でこの仕事を終わらせるのに30分かかるので、Bの仕事の速さは1分当たり$\frac{1}{30}$です。

図の❶と（仕事の速さ）×（仕事をした時間）＝（仕事をした量）より、Aの仕事量は、

$$\frac{1}{20} \times 8 = \frac{2}{5}$$

です。同様に、図の❷と（仕事の速さ）×（仕事をした時間）＝（仕事をした量）より、Bの仕事量は、

$$\frac{1}{30} \times t = \frac{1}{30}t$$

です。

❶と❷の仕事量を合わせて 1 になればよいので、

$$\frac{2}{5} + \frac{1}{30}t = 1$$

が成り立ちます。この式全体を 30 倍すると、

$$12 + t = 30$$

より、$t =$ 18 ［分］となります。

② 同時に仕事を進める場合

複数の人や機械などが同時に仕事をするときは、**それぞれの仕事の速さの和が「全体の仕事の速さ」**になります。

例題3 Aの仕事の速さが 1 分当たり $\frac{1}{20}$、Bの仕事の速さが 1 分当たり $\frac{1}{30}$ のとき、A、B 2 人合わせてこの仕事を終えるのに何分かかるか。

AとBが同時に仕事をするときの仕事の速さは、2 人の仕事の速さの合計なので、

$$\frac{1}{20} + \frac{1}{30} = \frac{1}{12}$$

となります。

1 分当たりの仕事の速さが $\frac{1}{12}$ なので、2 人でこの仕事を終えるのにかかる時間は 12 分 となります。

逆に、「全体の仕事の速さ」と「一部の人や機械の仕事の速さ」がわかっている場合は、差を計算することで「残りの人や機械の仕事の速さ」を求めることができます。

2 ニュートン算

(1) ニュートン算とは

ニュートン算は仕事算と似ている部分もありますが、解法の流れが仕事算とは異なるので区別する必要があります。

ニュートン算では、**仕事をこなしていくのと同時に新たな仕事が追加されていく状況での仕事の完成**を考えます。

> **例** ある店の前に行列があり、一定のペースで行列に人が加わっていくとき、入口を開けて人をお店に入れていく
> ⇒ 「行列に人が加わっていく」を「行列の人数を増やす仕事」とし、「入口を開けて人をお店に入れていく」を「行列の人数を減らす仕事」と考えることができます。

> **例** ポンプが水槽の水を汲み出す一方で、水槽に水が追加されていく
> ⇒ 「水を追加する」を「水槽の水を増やす仕事」とし、「ポンプが水を汲み出す」を「水槽の水を減らす仕事」と考えることができます。

このような、**増やす仕事と減らす仕事が同時に行われている問題を、ニュートン算と判断します。**

(2) ニュートン算の公式

最終的に仕事が完了する状況であれば、次の式に当てはめることができます。

> 【ニュートン算の公式】
>
> **(当初の仕事量)＋(増やす速さ)×(時間)＝(減らす速さ)×(時間)**

(3) ニュートン算の解法

ニュートン算は、複数の式を立てて連立方程式として解くことが多いです。例題で確認してみましょう。

> **例題** ある展示会において、開場前の入口前に150人の行列ができており、今後も1分当たり一定の人数が新たに行列に加わっていくものとする。
>
> いま、入口一つを開けて人を入れていくと15分で行列が解消し、入口二つを開けて人を入れていくと5分で行列が解消することがわかっている。このとき、入口一つ当たりの人を入れる速さを求めよ。
>
> なお、入口一つ当たりの人を入れる速さはどの入口も等しく、一定であるとする。

公式に入れる値を確認すると、「当初の仕事量」は150人、「時間」は、入口一つのときに15分、入口二つのときに5分となりますが、「増やす速さ（新たに行列に加わる速さ）」と「減らす速さ（入口から行列の人を入れる速さ）」が不明です。そこで、「増やす速さ」を1分当たり x 人とおき、「減らす速さ」を1分当たり y 人とおきます。

ここで、公式を使い、行列が解消するまでの人数の関係を式で表します。

行列に並んだ総人数を式で表すと、「当初の仕事量」は150人、新たに行列に加わった人数は、「増やす速さ」が1分当たり x 人で、行列解消までの15分間行列に人が加わるので $15x$ 人です。つまり、行列に並んだ総人数は、

$150 + 15x$ ［人］   ……①

となります。

次に、行列から減った総人数を式で表します。「減らす速さ」は入口一つで1分当たり y 人、行列解消までの15分間人を減らすので、減った総人数は、

$15y$ ［人］   ……②

です。

行列が解消したということは、「行列に並んだ総人数（①）」と「入口から入った総人数（②）」が等しくなるので、

$150 + 15x = 15y$ ……③

が成り立ちます。

なお、③の式の状況をグラフの形で示すと、次の図になります。

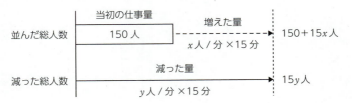

6　仕事算・ニュートン算　　123

同様に、入口を二つ開けたときの行列に並んだ総人数を式で表すと、「当初の仕事量」は150人、「増やす速さ」は、1分当たり x 人で行列解消までの5分間行列に人が加わるので $5x$ 人です。つまり、行列に並んだ総人数は、

　　$150 + 5x$ ［人］　　……④

です。
　このとき、行列から減った総人数を式で表すと、「**減らす速さ**」は入口二つで1**分当たり $2y$ 人**、行列解消までの5分間人を減らすので、減った総人数は、

　　$2y × 5 = 10y$ ［人］　　……⑤

です。ここでも、「行列に並んだ総人数（④）」と「入口から入った総人数（⑤）」が等しくなるので、

　　$150 + 5x = 10y$　　……⑥

が成り立ちます。
　⑥の式の状況をグラフの形で示すと、次の図になります。

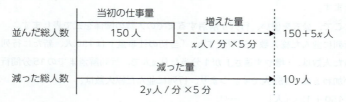

　③、⑥を連立方程式として解きます。求めるのは y なので、x を消します。⑥×3より、

　　$450 + 15x = 30y$

となるので、③と連立させて解くと、$y =$ **20**［**人／分**］となり、これが答えとなります。

解法 ナビゲーション

ダイレクトメール発送作業があり、これを完了させるのに、A、Bの2名では18日間、A〜Dの4名では12日間を要することが分かっている。

この作業をA〜Dの4名で行うこととし、当初は全員で作業を進めていたが、途中でC、Dが揃って不在となったため、A、Bの2名だけで作業を進める期間が生じた。その結果、当初の完了予定日よりも丸1日遅れて作業が完了した。

このとき、A〜Dの4名が共同で作業を行った日数として妥当なのはどれか。

ただし、各人が1日当たりにこなす作業量は常に一定であるものとし、C、Dの不在期間は共通かつ1日単位であったものとする。

国専2008

❶ 7日
❷ 8日
❸ 9日
❹ 10日
❺ 11日

着眼点

AとB、CとDは、常に同時に作業をしているので、2名を1組にして仕事の速さを求めます。

125

【解答・解説】　　　　　　　　　　　　　　　　　　　　　正解 ❹

　本問では、「ＡとＢの２人で仕事をする期間」と「Ａ〜Ｄの４人で仕事をする期間」があるので、仕事の仕方はこの２通りあります。そこで、（仕事の速さ）＝

$$\frac{1}{\text{終わらせるまでの時間}}$$

を使って、これら２通りの仕事の速さを求めます。ＡとＢ２名同時に作業すると18日間で作業が完了することから、ＡとＢ２名合わせた仕事の速さは、１日当たり$\frac{1}{18}$となります。同様に、Ａ〜Ｄの４名が同時に作業すると12日間で作業が完了するので、４名合わせた仕事の速さは、１日当たり$\frac{1}{12}$となります。

　次に、仕事をした時間を考えます。問題文「当初の完了予定日よりも丸１日遅れて作業が完了した」より、**４名合わせて作業を続けていれば、12日間で終わるはずだった**ので、そこから丸１日遅れたということは、**作業が終わるまでに13日間かかった**ことになります。

　そこで、求めるものである「Ａ〜Ｄの４名が共同で作業を行った日数」を t ［日］とおくと、そのうち「Ａ、Ｂの２名だけで作業を進める期間（日数）」は、$(13 - t)$［日］と表すことができます。

　仮に、はじめから t 日間をＡ〜Ｄの４名で働いた期間とし、後半をＡ、Ｂの２名だけで働いた期間として図に示すと、右図のようになります。

```
        ┌──── 全日数 ────┐
        ❶           ❷
       Ａ〜Ｄ      Ａ・Ｂ２人
      └─────────┴─────────┘
       t日間      (13−t)日間
```

　図より、（❶での仕事量）＋（❷での仕事量）＝（終わらせた仕事量）が成り立ちます。（仕事の速さ）×（仕事をした時間）＝（仕事をした量）より、❶は$\frac{1}{12} \times t$となり、❷は$\frac{1}{18} \times (13 - t)$となります。題意より、「作業を完了した」ので、終わらせた仕事量は１です。したがって、

$$\frac{1}{12}t + \frac{1}{18}(13 - t) = 1$$

が成り立ちます。この式のカッコを外すと、

$$\frac{1}{12}t + \frac{13}{18} - \frac{1}{18}t = 1$$

となり、さらに式全体を36倍して分母を消すと、

$$3t + 26 - 2t = 36$$

となるので、この式を整理すると、$t = 10$［日間］となります。よって、正解は❹です。

解法ナビゲーション

　ある博物館の開館時刻は午前9時であり、開館時刻には、既に博物館前に何人かが並んで開館を待っている。入館待ちの行列は、博物館の入口を5つにすると開館時刻の40分後に、入口を4つにすると開館時刻の55分後になくなるという。このとき、入口を3つにした場合の行列がなくなる時刻に最も近いのはどれか。ただし、来館者は開館後も一定のペースでやってきており、また、すべての入口において入館していくペースは同一であるものとする。

裁判所 2005

- ❶　午前10時10分
- ❷　午前10時20分
- ❸　午前10時30分
- ❹　午前10時40分
- ❺　午前10時50分

🍄 着眼点

　入館対応をする（仕事をこなしていく）間にも行列に人が増えていく（新たな仕事が追加されていく）のでニュートン算の問題です。入口が五つの場合と四つの場合について立式できますが、この問題では当初の仕事量、増やす速さ、減らす速さの三つが未知数であるため、それだけだと方程式を解けません。

　ここでは、すでに学習した比例式と比の関係を用いたアプローチを行います。検討過程でたくさんの未知数を文字で表しますが、ニュートン算のスタンダードな解法として習得しておいてください。

【解答・解説】

正解 ❸

「当初の仕事量（開館時に並んでいた人数）」、「増やす速さ（開館後に来館者が来るペース）」、「減らす速さ（入口一つから入館していくペース）」がいずれも不明なので、（当初の仕事量）＝ a ［人］、（増やす速さ）＝ x ［人/分］、（入口一つの減らす速さ）＝ y ［人/分］ とします（①）。

入口を五つにしたとき 40 分で行列が解消するので、当初の仕事量は a 人、新たに増えた人数は $x \times 40 = 40x$ 人となり、行列の総人数は、

$a + 40x$ ［人］

となります。また、この 40 分間において、1 分間に y 人ずつ五つの入口それぞれで行列の人を減らしたので、減らした総人数は、

$y \times 5 \times 40 = 200y$ ［人］

です。

行列がなくなるのは、（行列の総人数）＝（減らした総人数）が成り立つときなので、

$a + 40x = 200y$ ……②

が成り立ちます。

入口を四つにしたとき 55 分で行列が解消するので、当初の仕事量は a 人、新たに増えた人数は $x \times 55 = 55x$ 人となり、行列の総人数は、

$a + 55x$ ［人］

となります。また、この 55 分間において、1 分間に y 人ずつ四つの入口それぞれで行列の人を減らしたので、減らした総人数は、

$y \times 4 \times 55 = 220y$ ［人］

です。

行列がなくなるのは、（行列の総人数）＝（減らした総人数）が成り立つときなので、

$a + 55x = 220y$ ……③

が成り立ちます。

②、③を連立方程式として、a を消すために③－②を行うと、

$15x = 20y$

となり、この式を整理すると、

$3x = 4y$

となります。**この式は比例式**なので、

$x : y = 4 : 3$

となり、

$x = 4z$ ……④

129

$$y = 3z \quad \cdots\cdots ⑤$$

とおいて、**これらを②または③に代入します。**②に代入すると、

$$a + 40 \times 4z = 200 \times 3z$$

より、

$$a = 440z \quad \cdots\cdots ⑥$$

となります。

ここで、求めるものを確認すると、「入口を３つにした場合の行列がなくなる時刻」なので、**入口が三つのときの行列がなくなるまでの時間を t [分] とおき、（行列の総人数）＝（減らした総人数）の式を立てます。**

入口が三つのとき、⑥より、当初の仕事量は $440z$ 人、④より、増やす速さは $4z$ 人、⑤より、減らす速さは $3z$ 人です。

t 分後の行列の総人数は、$440z + 4tz$ 人、入口三つで t 分間に減らした総人数は、$3z \times 3 \times t = 9tz$ 人となるので、（行列の総人数）＝（減らした総人数）より、

$$440z + 4tz = 9tz$$

が成り立ちます。この式全体を z で割ると、

$$440 + 4t = 9t$$

となるので、この方程式を解くと、$t = 88$ [分] となります。つまり、午前９時から１時間28分後の午前10時28分に行列がなくなるので、これに最も近い選択肢は ❸ となります。

過去問にチャレンジ

問題1
★★
▶解説は別冊 p.49

ある会議の資料をコピーするために、ＡとＢの２台のコピー機をレンタルした。Ａのコピー機だけを使用すると作業時間は４時間かかるが、ＡとＢの２台を同時に使用すると、２時間40分になることが予想された。最初、Ａのコピー機だけで作業したが、しばらくしてＢのコピー機が加わって２台で作業を行った。ところが、途中でＡのコピー機が故障したため、その後はＢのコピー機のみを使用することになり、作業時間は全体で３時間20分となった。Ａのコピー機のみで作業を行ったのが80分であったとき、Ｂのコピー機のみで作業を行った時間は何分であったか。

国般 2000

❶ 20分
❷ 24分
❸ 28分
❹ 32分
❺ 36分

問題2
★
▶解説は別冊 p.50

ある水槽で、満水時に、排水口を開けるとともに排水ポンプを３台使用すると16分で水槽の水は空になり、排水口を開けるとともに排水ポンプを２台使用すると20分で水槽の水が空になる。

ここで、排水口を閉じたままポンプを１台使用する場合、満水の水槽が空になるまでの時間として最も妥当なのはどれか。

ただし、排水口及び排水ポンプからの排水量は、それぞれ、水槽の水の量にかかわらず常に一定の数値を示すものとする。また、１台当たりの排水ポンプからの排水量はどれもすべて同じとする。

国専 2007

❶ 40分
❷ 50分
❸ 60分
❹ 70分
❺ 80分

第2章 方程式の文章題

131

問題3

★

▶解説は別冊 p.52

満水のタンクを空にするために、複数のポンプで同時に排水する。ポンプA、B及びCでは16分、AとBでは24分、AとCでは30分かかる。今、BとCのポンプで排水するとき、排水にかかる時間はどれか。

区Ⅰ 2020

❶ 18分
❷ 20分
❸ 24分
❹ 28分
❺ 32分

問題4

★★

▶解説は別冊 p.53

ある作業を、AとBとの2人で共同して行うと、Aだけで行うより4日早く終了し、Bだけで行うより9日早く終了する。この作業をAだけで行う場合の作業日数として、正しいのはどれか。ただし、A、Bの1日当たりの作業量はそれぞれ一定とする。

都Ⅰ 2017

❶ 10
❷ 11
❸ 12
❹ 13
❺ 14

132

問題5 ★★
▶解説は別冊 p.54

映画館でチケットを売り始めたとき、既に行列ができており、発売開始後も毎分10人ずつ新たに行列に加わるものとする。窓口が1つのときは1時間で行列がなくなり、窓口が3つのときは15分で行列がなくなる。チケットを売り始めたときに並んでいた人数はどれか。ただし、どの窓口も1分間に同じ枚数を売るものとする。

区Ⅰ 2013

❶ 1200人
❷ 1300人
❸ 1400人
❹ 1500人
❺ 1600人

問題6 ★★
▶解説は別冊 p.55

ある施設に設置されたタンクには、常に一定の割合で地下水が流入しており、このタンクにポンプを設置して排水すると、3台同時に使用したときは21分、4台同時に使用したときは15分でそれぞれタンクが空となる。この場合、このタンクを7分で空にするために必要なポンプの台数として、正しいのはどれか。ただし、排水開始前にタンクに入っていた水量はいずれも等しく、ポンプの毎分の排水量はすべて等しくかつ一定である。

都Ⅰ 2011

❶ 6台
❷ 7台
❸ 8台
❹ 9台
❺ 10台

第3章

速 さ

速 さ
旅人算・周回算
流水算
通過算
ダイヤグラム
時計算

1 速 さ

学習のポイント

- 第3章では、文章題のうち特に、「速さ」に関連する知識やテクニックを使う問題の解法を学習していきます。
- 公式を覚えることが大前提になりますが、それ以上に重要なのは「比」を用いた解法を状況に応じて使いこなすことです。慣れるまでに多少時間がかかる場合もありますが、あきらめずに復習して感覚をつかむようにしましょう。

1 速さの公式

「速さ」の問題では、人や乗り物などがある速度である時間移動する状況が提示され、さまざまな条件から問題文の求めるものを割り出すことになります。

速さは、時間、距離との関係で決まることになるため、次に示す速さの公式は必ず覚えておく必要があります。

【速さの公式】

❶ $(速さ) = \dfrac{(距離)}{(時間)}$

❷ $(時間) = \dfrac{(距離)}{(速さ)}$

❸ $(距離) = (速さ) \times (時間)$

136

ヒント

覚えにくいのであれば、いわゆる「ハジキ」の図を使って覚えるとよいでしょう。

ハ：速さ
ジ：時間
キ：距離

❶ 距離と時間がわかっていてが速さを求める場合：

ハジキの図で「ハ」以外の2文字「キ」と「ジ」が縦に並んでいます。**縦に並ぶときは割り算**（距離÷時間）で計算します。

❷ 距離と速さがわかっていて時間を求める場合：

ハジキの図で「ジ」以外の2文字「キ」と「ハ」が縦に並んでいます。**縦に並ぶときは割り算**（距離÷速さ）で計算します。

❸ 速さと時間がわかっていて距離を求める場合：

ハジキの図で「キ」以外の2文字「ハ」と「ジ」が横に並んでいます。**横に並ぶときは掛け算**（速さ×時間）で計算します。

2 時間の単位の変換法

公式などで計算するときは、単位を揃えてから計算する必要があります。基本的に、**速さの単位に合わせる形で、時間と距離の単位を変換します。**

(1)「時間」を「分」に変換

「時間」の数値に **60を掛けます**。

例 $\frac{5}{12}$ 時間を「分」に変換すると、$\frac{5}{12} \times 60$ より、25分です。

(2)「分」を「時間」に変換

「分」の数値を **60で割ります**。

例 36分を「時間」に変換すると、$36 \div 60$ より、$\frac{36}{60} = \frac{3}{5}$ 時間です。

(3)「分」を「秒」に変換

「時間」の数値に **60を掛けます**。

例　$\dfrac{3}{10}$ 分を「秒」に変換すると、$\dfrac{3}{10} \times 60$ より、18秒です。

(4) 「秒」を「分」に変換

「秒」の数値を **60** で割ります。

例　21秒を「分」に変換すると、$21 \div 60$ より、$\dfrac{21}{60}$ 分 $= \dfrac{7}{20}$ 分です。

> **ヒント**
>
> 　上記のように1段階ずつ変換することもできますが、「時間」を「秒」に変換するには「時間」の数値に **3600を掛け**、「秒」を「時間」に変換するには「秒」の数値を **3600で割ればいい**ことになります。

例題　1分間に600m走る自動車で4.2kmを移動するのにかかる時間は何分か。ただし、自動車は常に一定の速さで走るものとする。

　1分間に600m走るので、速さは分速600mということになります。ところが距離が「km」の単位で表されているので、これを速さで使われている「m」の単位にそろえてから公式を使って計算します。

　4.2 km = 4200 m

　距離と速さがわかっているので、これを公式に当てはめます。

　（時間）＝（距離）÷（速さ）
　　　　　＝ 4200 ÷ 600
　　　　　＝ **7 ［分］**

> **ヒント**
>
> 　速さの単位が不明であり、いったん文字で表して立式する場合は、**選択肢にある速さの単位に合わせておく**のがよいでしょう。

③ 比を使った解法

(1) 速さにおける比の性質

　速さの問題の中には、比の性質を使うと解きやすいものが多くあります。問題には複数の移動主体（人や乗り物）が登場し、異なる条件で移動することが多いです。

　このような問題を公式で解くことも可能ですが、式が複雑化しやすく解きにくくなるため、式をシンプルにできる**比の性質を使った解法を使いこなせるかどうかが、速さの分野を攻略するうえでのポイント**となります。それぞれ例を参考にしてください。

① 速さが等しい場合

　速さが等しい場合、「移動時間の比」と「距離の比」は正比の関係になります。

例　AとBがともに時速10 kmの速さで、Aは2時間、Bは3時間移動した。
　⇒　「ともに時速10 km」とあるので、2人の速さが等しい場合に当たることがわかります。2人が移動した距離を公式で求めると、Aは（10×2＝）20 km移動し、Bは（10×3＝）30 km移動したことになります。

　AとBの移動時間の比は、（Aの移動時間）：（Bの移動時間）＝2：3となり、AとBの距離の比は、（Aの距離）：（Bの距離）＝20：30＝2：3となります。

　このように、**速さが等しい場合、常に（移動時間の比）＝（距離の比）の関係**になります。

② 移動時間が等しい場合

　移動時間が等しい場合、「距離の比」と「速さの比」は正比の関係になります。

例　CとDがともに2時間かけて、Cは30 km移動し、Dは60 km移動した。
　⇒　「ともに2時間」とあるので、2人の移動時間が等しい場合に当たることがわかります。2人の速さを公式で求めると、Cは（30÷2＝）時速15 km、Dは（60÷2＝）時速30 kmとなります。

　このとき、CとDの距離の比は、（Cの距離）：（Dの距離）＝30：60＝1：2となり、CとDの速さの比は、（Cの速さ）：（Dの速さ）＝15：30＝1：2となります。

　このように、**移動時間が等しい場合、常に（距離の比）＝（速さの比）の関係**になります。

1　速さ　139

③ 距離が等しい場合

距離が等しい場合、「速さの比」と「移動時間の比」は逆比の関係になります。

例 Eが時速12 km、Fが時速15 kmで、ともに60 km移動した。
⇒ 「ともに60 km移動した」とあるので、距離が等しい場合に当たることがわかります。2人の移動時間を公式で求めると、Eの移動時間は（60÷12＝）5時間、Fの移動時間は（60÷15＝）4時間となります。

このとき、EとFの速さの比は、（Eの速さ）：（Fの速さ）＝12：15＝4：5となり、EとFの移動時間の比は、（Eの移動時間）：（Fの移動時間）＝5：4となります。

このように、**距離が等しい場合、常に（速さの比）と（移動時間の比）は逆比の関係になります。**

(2) 連 比　　重要!

比が複数出てくる問題では、**連比**を使って解くことがあります。第2章で学習した、複数の比を連比にまとめる方法を復習しておきましょう。

例題　（Aの速さ）：（Bの速さ）＝5：3、（Bの速さ）：（Cの速さ）＝4：5のとき、（Aの速さ）：（Cの速さ）を比で表せ。

Bの速さの比の値を**3と4の最小公倍数「12」でそろえる**と、
（Aの速さ）：（Bの速さ）＝20：12
（Bの速さ）：（Cの速さ）＝12：15
となります。つまり、
（Aの速さ）：（Bの速さ）：（Cの速さ）＝20：12：15
となるので、
（Aの速さ）：（Cの速さ）＝20：15＝**4：3**
とわかります。

140

4 その他の解法テクニック

(1) 数直線を用いる　**重要！**

基本的な問題であれば、**距離を数直線に表す**と把握しやすくなることがあります。

例　右図は、「AがPからQへ移動したとき」を図で示したものです。

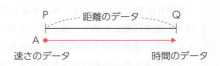

(2) 「等しいもの」を探す

方程式と比のいずれで解く場合も、**「等しいもの」を探す**ことが重要です。

例題1　Aは自宅と学校の間を、往路を時速4 km、復路を時速3 kmで移動した。往路と復路の移動時間の比はいくらか。

往復するので、往路の距離と復路の距離は等しいことがわかります。距離が等しいとき、速さの比と移動時間の比は逆比の関係になります。題意より、

（往路の速さ）：（復路の速さ）= 4 : 3

なので、これを逆比にしたものが移動時間の比です。つまり、

（往路の移動時間）：（復路の移動時間）= 3 : 4

となります。

例題2　ある一本の道があり、一方の端にAが、もう一方の端にBがいる。いま、A、Bの2人が同時に出発した。Aは時速4 kmで、Bは時速5 kmで歩いたところ、やがて2人は出会った。このとき、2人の出会うまでの移動距離の比はいくらか。

2人は同時に出発しているので、出会うまでの2人の移動時間は等しいことがわかります。移動時間が等しいとき、速さの比と距離の比は正比の関係になります。題意より、

（Aの速さ）：（Bの速さ）= 4 : 5

なので、

（Aの距離）：（Bの距離）= 4 : 5

となります。

例題3 A、Bの2人が学校から駅へ向かった。BはAが出発してから3分後に学校を出発し、5分歩いたところでAに追いついた。このとき、2人の速さの比はいくらか。

　BがAに追いついたとき、AとBはどちらも「学校」から「BがAに追いついた地点」まで移動したので、**AとBの移動距離は等しい**ことがわかります。距離が等しいとき、速さの比と移動時間の比は**逆比の関係**になります。

　そこでAとBの移動時間を考えると、AはBより3分早く出発しており、Aの移動時間がBより3分多いことになります。つまり、

　　（Aの移動時間）＝（Bの移動時間）＋3［分］

となります。Bは、出発してからAに追いつくまでに5分かかっているので、Aの移動時間は5＋3＝8［分］です。

　よって、

　　（Aの移動時間）：（Bの移動時間）＝8：5

となるので、これを逆比にしたものが2人の速さの比になります。つまり、

　　（Aの速さ）：（Bの速さ）＝**5：8**

です。

142

解法 ナビゲーション

　あるランナーは、通常、平坦な道24 kmを2時間40分で走る。このランナーが、ある山の頂上から麓まで12 kmの道のりを下り、折り返して頂上まで12 kmの道のりを上る全長24 kmのコースを走った。下りの平均速度は通常の速度（平坦な道での平均速度）より6 km/h速く、上りの平均速度は通常の速度より6 km/h遅かった。このコースを完走するのに要した時間はいくらか。

国専2010

❶　2時間08分
❷　2時間24分
❸　2時間40分
❹　3時間45分
❺　4時間48分

着眼点

　公式を使って通常の速さを求めます。時間の単位に「分」が含まれていますが、速さの単位が時速なので、速さの単位にそろえましょう。

【解答・解説】

正解 **5**

まず、このランナーの通常の速度（平坦な道での平均速度）を求めます。問題文の 6 km/h（時速 6 km）より、**速さの単位は「時間」と「km」なので、問題文中の「分」を「時間」に変換します。** 40分を「時間」に変換すると、

$$\frac{40}{60} = \frac{2}{3} \ [時間]$$

になります。題意より、このランナーは24 kmの距離を 2 時間40分、つまり、

$$2 + \frac{2}{3} = \frac{8}{3} \ [時間]$$

で走ります。したがって、速さの公式より、このランナーの通常の速度は、

$$24 \div \frac{8}{3} = 9 \ [km/h]$$

となります。

　山の頂上から麓まで12 kmを下るとき、このランナーの速度は通常の速度よりも 6 km/h速くなるので、

$$9 + 6 = 15 \ [km/h]$$

となります。したがって、速さの公式より、下るのにかかる時間は、

$$12 \div 15 = \frac{4}{5} \ [時間]$$

となり、$\frac{4}{5}$ 時間を「分」に変換すると $\frac{4}{5} \times 60 = 48$ より、48分かかることがわかります（①）。

　また、折り返して頂上まで12 kmを上るとき、このランナーの速度は通常の速度よりも 6 km/h遅くなるので、

$$9 - 6 = 3 \ [km/h]$$

となります。したがって、速さの公式より、上るのにかかる時間は $12 \div 3 = 4$ [時間] になります（②）。

　よって、①、②より、コースを完走するのに要した時間は、下りの48分と上りの 4 時間を合わせて 4 時間48分となるので、正解は **5** となります。

過去問にチャレンジ

問題 1 ★★
▶解説は別冊 p.57

A、Bの2人が自転車に乗ってそれぞれ一定の速さで進んでおり、Bの速さはAの速さよりも1 m/sだけ速い。Aが全長90 mのトンネルに進入した4秒後にBもトンネルに入り、Aがトンネルを抜けた3秒後にBもトンネルを抜けたとすると、Aの速さは何m/sか。

地上 2011

❶ 5 m/s
❷ 6 m/s
❸ 7 m/s
❹ 8 m/s
❺ 9 m/s

問題 2 ★★
▶解説は別冊 p.58

地点Aから地点Bまでが上り坂、地点Bから地点Cまでが下り坂の一本道がある。地点Aを自転車で出発し、地点Cで15分間の休憩後、折り返し、復路の地点Bで8分間の休憩後、地点Aに戻ったところ1時間15分かかった。地点Aから地点Cまでの距離はどれか。ただし、上り坂は時速6 km、下り坂は時速20 kmで走行する。

区Ⅰ 2017

❶ 3,250 m
❷ 3,500 m
❸ 3,750 m
❹ 4,000 m
❺ 4,250 m

旅人算・周回算

> **学習のポイント**
> ・旅人算の解法は、速さに関する他の出題ジャンルでも必要になる考え方なので、しっかり身につけるようにしましょう。
> ・周回算は頻出ですが、難解な問題も多いので、公式と周回数の比を使いこなせるように学習しておきましょう。

1 旅人算

　旅人算とは、**複数のもの（人や乗り物など）が移動する速さの問題**であり、お互いに反対の方向に移動する場合（出会い算）と、お互いに同じ方向に移動する場合（追い掛け算）があります。
　解法についても距離に着目して解く場合と速さに着目して解く場合があります。

(1) 出会い算

　出会い算は、**複数のものが正反対の方向に移動する問題**です。

① 距離に着目する場合

　問題文で与えられる距離の要素に着目すると、次のような解法になります。

例　P地点とQ地点は 2 km 離れていて、P地点からQ地点へ向かってAが、Q地点からP地点へ向かってBが移動し始め、やがて出会った。

⇒　この場合について図に示すと、右のようになります。
　　図より、
　　　（Aの距離）＋（Bの距離）＝（片道の距離）
　となることがわかります。つまり、この場合、
　　　（Aの距離）＋（Bの距離）＝ 2 [km]
　です。

② 速さに着目する場合

出会い算では、二つの速さを足し算すると「近づく速さ」または「離れる速さ」を求めることができます。

例 32 kmの道の両端にAとBがいる。Aは時速5 km、Bは時速3 kmで向かい合って同時に出発し、出会うまで移動した。

⇒ この場合について図に示すと、右のようになります。

　図において、時間を1時間だけ進めると、Aだけで5 km進み、Bだけで3 km進むので、2人合わせて1時間につき8 km近づきます。これを「**近づく速さが時速8 km**」と考えれば、

　　（近づく速さ）×（近づく時間）＝（近づく距離）

が成り立つので、2時間で8×2＝16［km］近づき、3時間で8×3＝24［km］近づくことがわかります。つまり、この場合は、

　　（近づく距離）÷（近づく速さ）＝（近づく時間）

より、AとBが出会うまでにかかった時間は32÷8＝4［時間］となります。

　なお、AとBが近づく速さを求める式は、

　　（Aの速さ）＋（Bの速さ）＝（近づく速さ）

となります。

例 AとBが同じ地点に背中合わせに立っており、Aは時速5 km、Bは時速3 kmで同時に歩き始めた。

⇒ この場合について図に示すと、右のようになります。

　この図より、時間を1時間だけ進めると、Aだけで5 km進み、Bだけで3 km進むので、2人合わせて1時間に8 km離れます。これを「**離れる速さが時速8 km**」と考えると、

　　（離れる速さ）×（離れる時間）＝（離れる距離）

が成り立つので、例えば5時間移動すれば、8×5＝40［km］離れることがわかります。

　AとBが離れる速さを求める式も、

　　（Aの速さ）＋（Bの速さ）＝（離れる速さ）

となります。

以上のことから、反対方向に進むときは、以下の式が成り立ちます。

2　旅人算・周回算

> 【出会い算】
> AとBが正反対の方向に移動するとき、
> (Aの速さ)+(Bの速さ)=(近づく速さ、または、離れる速さ)

(2) 追い掛け算

追い掛け算は、複数のものが同じ方向に移動する問題です。

① 距離に着目する場合

問題文で与えられる距離の要素に着目すると、次のような解法になります。

例 AがP地点を出発した3分後にBがP地点を出発してAを追い掛けた。5分後にQ地点でBがAに追いついた。

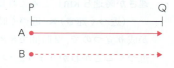

⇒ この場合について図に示すと、右のようになります。

この図より、

　　(Aの距離)=(Bの距離)

が成り立ちます。

② 速さに着目する場合

追い掛け算では、**二つの速さを引き算すると「近づく速さ」または「離れる速さ」**を求めることができます。

例 Aが10 km先にいるBを追い掛けた。Aは時速5 km、Bは時速3 kmで進む。

⇒ この場合を図で示すと、右のようになります。

この図において、時間を1時間だけ進めると、Bだけで3 km進み、Aだけで5 km進むので、2人の間隔は、1時間につき2 kmずつ近づきます。これを「**近づく速さが時速2 km**」と考えれば、

　　(近づく速さ)×(近づく時間)=(近づく距離)

より、2時間で2×2=4［km］近づき、3時間で2×3=6［km］近づくことがわかります。つまり、この場合は、

　　(近づく距離)÷(近づく速さ)=(近づく時間)

より、10÷2=5［時間］で、AがBに追いつくことになります。

なお、「追い掛け算での近づく速さ」を求める式は、
　　（Aの速さ）－（Bの速さ）＝（近づく速さ）
となります。

例　Bが10 km先にいるAを追い掛けた。Aは時速5 km、Bは時速3 kmで進む。

⇒　離れる場合も同様で、例えば右の状態で離れる速さを求めると、Aは1時間で5 km進み、Bは1時間で3 km進むので、1時間につき2 kmずつ離れます。これを「**離れる速さが時速2 km**」と考えると、
　　（離れる速さ）×（離れる時間）＝（離れる距離）
より、例えば4時間移動すれば、$2×4＝8$［km］離れることがわかります。
この「追い掛け算での離れる速さ」を求める式も、
　　（Aの速さ）－（Bの速さ）＝（離れる速さ）
となります。

以上のことから、同じ方向に進むときは、以下の式が成り立ちます。

> 【追い掛け算】
> 　AとBが同じ方向に移動するとき、
> 　　　（Aの速さ）－（Bの速さ）＝（近づく速さ、または、離れる速さ）

2 周回算

周回算とは、**同じルートを周回し続ける速さについての問題**です。
周回算には、「**出会い型**」と「**追い掛け型**」の二つのタイプがあり、どちらも**同じスタート地点から出発する**という制限があります。

(1) 出会い型

出会い型の周回算とは、同じスタート地点から反対方向に回る場合を考えるものです。

AとBが同じスタート地点から出発し、反対方向に回るとき、1回目に出会うまでの2人の移動距離を考えてみます。
右図より、
　　（2人の移動距離の和）＝（1周分の距離）
となっています。これは2回目以降も同様になります。

2　旅人算・周回算

つまり、2回目に出会うまでなら、（2人の移動距離の和）＝（2周分の距離）となり、3回目に出会うまでなら、（2人の移動距離の和）＝（3周分の距離）となるので、以下の公式が成り立ちます。

【周回算の公式❶】

　AとBが n 回出会うとき、

（Aの距離）＋（Bの距離）＝（n 周分の距離）

---

(2) 追い掛け型

　追い掛け型の周回算とは、同じスタート地点から同じ方向に回る場合を考えるものです。

　AとBが同じスタート地点から出発し、同じ方向に回るとき、AがBに1回目に追いつくまでの移動距離を考えます。

　右図より、

　　（2人の移動距離の差）＝（1周分の距離）

となっています。これは、2回目以降も同様になります。

　つまり、2回目に追いつくまでなら、（2人の移動距離の差）＝（2周分の距離）となり、3回目に追いつくまでなら、（2人の移動距離の差）＝（3周分の距離）となるので、以下の公式が成り立ちます。

【周回算の公式❷】

　AがBに n 回追いつくとき、

（Aの距離）－（Bの距離）＝（n 周分の距離）

150

解法 ナビゲーション

　　A、B２台の自動車が、１周５kmのコースを同一の地点から同じ向きに同時に走り出すとAは15分ごとにBを追い越し、逆向きに同時に走り出すとAとBは３分ごとにすれ違う。このときのAの速さはどれか。

区Ⅰ 2005

❶ 0.8 km/分
❷ 0.9 km/分
❸ 1.0 km/分
❹ 1.1 km/分
❺ 1.2 km/分

　　複数のものが同一のコースを周回するので旅人算と周回算の要素があります。周回する方向に注意して、旅人算の公式と周回算の公式を使いましょう。

【解答・解説】　　　　　　　　　　　　　　　　　　　　　正解 ❸

❶　旅人算として解く

　AとBの2台の自動車が移動しているので旅人算と考えます。旅人算では2台の速さを足し算・引き算する必要があるので、（Aの速さ）＝a［km/分］、（Bの速さ）＝b［km/分］とおきます（①）。なお、速さの単位は選択肢を考慮してあります。

　追い掛け算の速さの公式より、**同じ向きに進んだときのAとBが近づく速さは、$(a-b)$［km/分］**となります。AはBを15分ごとに追い越すので、周回算の公式より、**Aは15分で1周分の距離、つまり5kmだけBに近づいた**ことになります。したがって、近づく速さは$(a-b)$［km/分］、近づいた時間は15［分］、近づいた距離は5［km］なので、（速さ）×（時間）＝（距離）より、$(a-b)×15＝5$が成り立ちます。この式を整理すると、

$$3a-3b＝1　　……②$$

となります。

　次に、逆向きに周回したときを考えると、AとBは出会い算の関係になります。**逆向きに進んだときのAとBが近づく速さは、**①より、**$(a+b)$［km/分］**となります。AとBは3分ごとにすれ違うので、周回算の公式より、**AとBは3分で1周分の距離、つまり5km近づいた**ことになります。したがって、近づく速さは$(a+b)$［km/分］、近づいた時間は3［分］、近づいた距離は5［km］なので、（速さ）×（時間）＝（距離）より、$(a+b)×3＝5$が成り立ちます。この式を整理すると、

$$3a+3b＝5　　……③$$

となります。

　ここで、①、②を連立方程式として解きます。求めるものはaですので、加減法を使って①＋②を行い、bを消すと、次のようになります。

$$
\begin{array}{r}
3a-3b＝1 \\
+)\ \underline{3a+3b＝5} \\
6a\quad\ \ ＝6 \\
a＝1\ ［km/分］
\end{array}
$$

　よって、Aの速さは1［km/分］となるので、正解は❸です。

❷　周回算として解く

　AとBの2台が周回しているので、周回算と考えます。周回算では2台の移動距離を求めるので、2台の速さが必要です。そこで、（Aの速さ）＝a［km/分］、（Bの速さ）＝b［km/分］とおきます。なお、速さの単位は選択肢を考慮してあります。

152

同じ向きに進んだとき、周回算の追い掛け型となり、公式より、**AがBを1回追い越すまでの距離の関係**は、

(Aの距離)－(Bの距離)＝(1周分の距離) ……①

となります。そこで、1回追い越すまでの2台の移動距離を求めます。Aの距離について考えると、(Aの速さ)＝a［km/分］、1回追い越すまでの時間は15分ですので、(速さ)×(時間)＝(距離) より、

(Aの距離)＝$a×15＝15a$［km］

となります。同様に、(Bの速さ)＝b［km/分］、1回追い越されるまでの時間は15分ですので、(速さ)×(時間)＝(距離) より、

(Bの距離)＝$b×15＝15b$［km］

となります。1周分の距離は5kmなので、①より、$15a－15b＝5$ が成り立ち、この式を整理すると、

$3a－3b＝1$ ……②

となります。

次に、逆向きに進んだとき、周回算の出会い型となり、公式より、**2人が1回出会うまでの距離の関係**は、

(Aの距離)＋(Bの距離)＝(1周分の距離) ……③

となります。そこで、1回出会うまでの2人の移動距離を求めます。Aの距離について考えると、(Aの速さ)＝a［km/分］、1回出会うまでの時間は3分なので、(速さ)×(時間)＝(距離) より、

(Aの距離)＝$a×3＝3a$［km］

となります。同様に、(Bの速さ)＝b［km/分］、1回出会うまでの時間は3分なので、

(Bの距離)＝$b×3＝3b$［km］

となります。1周分の距離は5kmなので、③より、

$3a＋3b＝5$ ……④

が成り立ちます。

ここで、②、④を連立方程式として解きます。求めるものはaですので、加減法を使って①＋②を行い、bを消すと、次のようになります。

$$
\begin{array}{r}
3a－3b＝1 \\
+)\ \ 3a＋3b＝5 \\
\hline
6a\ \ \ \ \ \ ＝6 \\
\end{array}
$$

$$a＝1\ ［km/分］$$

よって、Aの速さは1［km/分］となるので、正解は❸です。

153

過去問にチャレンジ

問題1
★
▶解説は別冊 p.59

A～Cの3人が、X町からY町へ同じ道を通って行くことになった。まずAが徒歩で出発し、次に30分遅れてBがランニングで出発し、最後にCがBより1時間遅れて自転車で出発した。その結果、Cが、出発後30分でAを追い越し、さらにその30分後にBを追い越したとき、AとCとの距離が6kmであったとすると、Bの速さはどれか。ただし、3人の進む速さは、それぞれ一定とする。

区Ⅰ 2007

❶ 時速7km
❷ 時速8km
❸ 時速9km
❹ 時速10km
❺ 時速11km

問題2
★★
▶解説は別冊 p.60

A地点とB地点とを結ぶ道のり126mの一本道を、甲と乙の2人がそれぞれ一定の速さで走って繰り返し往復したときの状況は、次のア～ウのとおりであった。

ア 甲がA地点からB地点に向かって出発してから10秒後に、乙はB地点からA地点に向かって出発した。

イ 乙が出発してから27秒後に、甲と乙は初めてすれ違った。

ウ 甲はB地点を、乙はA地点をそれぞれ1回折り返した後、甲と乙が再びすれ違ったのは、2人が初めてすれ違ってから63秒後であった。

このとき、甲が走った速さとして、正しいのはどれか。

地上 2010

❶ 1.4 m/s
❷ 1.6 m/s
❸ 1.8 m/s
❹ 2.0 m/s
❺ 2.2 m/s

問題3 ★★
▶解説は別冊 p.61

A〜Cの3人が、スタートから20 km走ったところで折り返し、同じ道を戻ってゴールする40 kmのロードレースを行った。今、レースの経過について、次のア〜ウのことが分かっているとき、CがゴールしてからBがゴールするまでに要した時間はどれか。ただし、A〜Cの3人は同時にスタートし、ゴールまでそれぞれ一定の速さで走ったものとする。

区Ⅰ 2014

ア　Aは、16 km走ったところでCとすれ違った。
イ　Bが8 km走る間に、Cは24 km走った。
ウ　AとBは、スタートから3時間20分後にすれ違った。

❶ 5時間20分
❷ 5時間40分
❸ 6時間
❹ 6時間20分
❺ 6時間40分

問題4 ★
▶解説は別冊 p.63

A、Bの2人が図のような一周200 mの運動場のトラック上におり、Aの100 m後方にBが位置している。この2人がトラック上をそれぞれ反時計回りの方向に同時に走り出した。2人が走る速さはそれぞれ一定で、Aは毎分125 mの速さで、Bは毎分150 mの速さであった。Aが何周か走ってスタート地点に到達して止まったとき、BはAより20 m前方にいた。

考えられるAの周回数として最も少ないのはどれか。

国般2013

❶ 3周
❷ 5周
❸ 8周
❹ 10周
❺ 13周

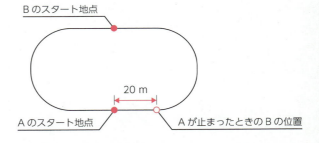

問題5 ★★

▶解説は別冊 p.64

図のような池の周りの歩道をA、B、Cの3人がP地点から同時にそれぞれ矢印の方向へ走り始めた。Cは出発してから15分後にQ地点でAと最初に出会い、さらに、3分後にR地点でBと出会った。Aの速さを時速14.4 km、Bの速さを時速9 kmとすると、CはBと出会ってから何分後にP地点に着くか。

ただし、A、B、Cはそれぞれ一定の速さで走り続けるものとする。

国般2001

❶ 7分
❷ 8分
❸ 9分
❹ 10分
❺ 11分

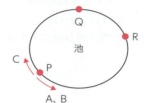

3 流水算

学習のポイント

・ 頻出の問題パターンですが、似たような出題が多いので繰り返し解き方を練習することで克服できるジャンルです。

1 流水算とは

流水算とは、**流れの上を移動するときに、速さが変動する問題**です。

典型的には川の上を移動する船の問題がありますが、人が動く歩道の上を移動する場合なども考えられます。この場合、「動く歩道」を「川」、「歩く人」を「船」と置き換えて解くことができます。

2 流水算の公式

船が川の上を移動するとき、川の流れと逆の方向に進む（**上り**）場合は、船は、船本来の速さ（**静水時の速さ**）で進むことはできません。流れが船を押し戻すからです。

例えば、流れのないところ（**静水時**）であれば時速10 kmで進むことのできる船があり、流れの速さ（**流速**）が時速 2 kmの川を上り方向に進むとすると、船は 1時間に10 km進みますが、流れによって 2 km押し戻されるので、10－2＝8より、1時間に 8 kmずつしか進めません。つまり、この場合の**船の「上りの速さ」は時速 8 km**と考えることができます。

これは、下りの場合も同様で、時速10 kmの船が流速 2 kmの川の上を川の流れと同じ方向に進む（**下り**）場合は、船は 1時間に10 km進み、さらに流れによって2 km押し出されるので、10＋2＝12より、この**船の「下りの速さ」は時速12 km**と考えることができます。

以上のことから、次の図のように考えることができます。

3 流水算 157

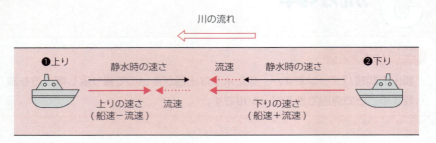

この図から、以下の公式が成り立ちます。

【流水算の公式Ⅰ】
❶ （上りの速さ）＝（静水時の速さ）－（流速）
❷ （下りの速さ）＝（静水時の速さ）＋（流速）

また、❶と❷を連立方程式として変形すると、次の式も成り立ちます。

【流水算の公式Ⅱ】
❸ （静水時の速さ）＝$\dfrac{（上りの速さ）＋（下りの速さ）}{2}$
❹ （流速）＝$\dfrac{（下りの速さ）－（上りの速さ）}{2}$

3 その他のポイント　重要！

　流水算は、決まった経路を往復する場合が出題されることが多いです。
　往復する場合は、**(上りの距離)＝(下りの距離)** になります。つまり、(速さ)×(時間)を使って距離を求めて解くか、等しい距離を移動するので、「時間の比」と「速さの比」が逆比になることを使って解くことが考えられます。

解法 ナビゲーション

　川の上流に地点Ａ、下流に地点Ｂがあり、船がその間を往復している。船の先頭が、Ａを通過してから川を下ってＢを通過するまで25分かかり、また、船の先頭が、Ｂを通過してから川を上ってＡを通過するまで30分かかる。このとき、静水時の船の速さと川の流れの速さの比はいくらか。
　ただし、静水時の船の速さ及び川の流れの速さは一定であるものとする。

国般2020

　　　　船　川
❶　　10：1
❷　　11：1
❸　　12：1
❹　　13：1
❺　　14：1

着眼点

　地点Ａと地点Ｂの往復なので、上りと下りの距離が等しくなります。すると距離が等しい場合に当たりますから、時間の比から速さの比を求めることを考えます。

【解答・解説】

正解 ❷

　上流の地点Aから下流の地点Bへ進むときは、流れと同じ向きに進むので「下り」とし、下流の地点Bから上流の地点Aへ進むときは、流れと逆の向きに進むので「上り」として解説します。

　下りの時間と、上りの時間が与えられており、**下りと上りは距離が等しいので、比を使って速さを求めます。**

　距離が等しいとき、「時間の比」と「速さの比」は逆比になります。したがって、

　　（下りの時間）：（上りの時間）＝ 25：30 ＝ 5：6

より、

　　（下りの速さ）：（上りの速さ）＝ 6：5 となります。

　そこで、（下りの速さ）＝ $6x$、（上りの速さ）＝ $5x$ とおきます（①）。なお、速さの単位は設定しなくても解けるので、今回は省略してあります。

　　公式の （静水時の速さ）＝ $\dfrac{（上りの速さ）＋（下りの速さ）}{2}$ に①を代入すると、

　　（静水時の速さ）＝ $\dfrac{5x + 6x}{2} = 5.5x$

となります。ここで、流水算の公式より、**静水時の速さの $5.5x$ が、例えば下りのときには $6x$ になるのは、流速の分だけ速くなったため**なので、流速は、

　　$6x - 5.5x = 0.5x$

となります。

　よって、静水時の船の速さと川の流れの速さの比は、

　　$5.5x : 0.5x = 11 : 1$

となりますので、正解は❷です。

　また、公式を中心に解くこともできます。

　（静水時の速さ）＝ x、（流速）＝ y とおくと、公式より、

　　（下りの速さ）＝ $(x + y)$

　　（上りの速さ）＝ $(x - y)$

となります。

　次に、往復の距離を求めます。下りの速さで進んだときは、AからBで25分かかるので、（速さ）×（時間）＝（距離）より、

　　$(x + y) \times 25 ＝$（AからBの距離）

が成り立ちます。同様に、上りの速さで進んだときは、BからAで30分かかるので、

160

（速さ）×（時間）＝（距離）より、

$(x-y) \times 30 = （BからAの距離）$

が成り立ちます。

（AからBの距離）と（BからAの距離）は等しいので、

$(x+y) \times 25 = (x-y) \times 30$

が成り立ちます。この式を整理すると、$55y = 5x$ より、$11y = x$ となります。

この式より、静水時の速さは、流速の11倍となるので、静水時の速さと流速の比は、11：1 となり、正解は❷ とわかります。

過去問にチャレンジ

問題1 ★
▶解説は別冊 p.66

ある通路に動く歩道があり、動く歩道の歩道面の始点から終点までの距離は72mで、歩道面は一定の速さで動いている。この歩道面の上を、犬が始点から終点まで18秒で走り抜け、終点から始点まで24秒で走り抜けた。この歩道面の動く速さとして、正しいのはどれか。ただし、犬は、動く歩道の歩道面に対し、常に一定の速さで走った。

地上2010

❶ 0.5 m/s
❷ 0.7 m/s
❸ 0.8 m/s
❹ 1.0 m/s
❺ 1.2 m/s

問題2 ★★
▶解説は別冊 p.66

ある川に沿って、20km離れた上流と下流の2地点間を往復する船がある。今、上流を出発した船が、川を下る途中でエンジンが停止し、そのまま24分間川を流された後、再びエンジンが動き出した。この船が川を往復するのに、下りに1時間、上りに1時間を要したとき、川の流れる速さはどれか。ただし、静水時における船の速さは一定とする。

区Ⅰ2014

❶ 5 km/時
❷ 6 km/時
❸ 7 km/時
❹ 8 km/時
❺ 9 km/時

問題3
★★
▶解説は別冊 p.68

静水面での速さが一定の模型の船を、円形の流れるプールで水の流れと反対の方向に一周させると、水の流れる方向に一周させた場合の2倍の時間を要した。今、模型の船の速さを$\frac{1}{2}$にして水の流れる方向にプールを一周させるのに5分を要したとき、この速さで水の流れと反対の方向に一周させるのに要する時間はどれか。ただし、プールを流れる水の速さは、一定とする。

区Ⅰ 2007

① 10分
② 15分
③ 20分
④ 25分
⑤ 30分

4 通過算

> **学習のポイント**
>
> ・通過算は、出題頻度こそ低いものの難易度も低い問題が多いので、公式をしっかり覚えておくとよいでしょう。

1 通過算とは

　通過算は、列車や自動車などが橋やトンネルなどを**通過するときの速さについて扱った問題**です。列車や自動車などの「通過するもの」にも、橋やトンネルなどの「通過されるもの」にも**長さがある**点がポイントです。通過算では、移動距離を移動するものの長さを使って求めます。

2 通過算の公式

　例えば「列車が橋を渡る」というケースであれば、**列車の1か所だけに着目して移動距離を考えます**。

　列車が橋に差し掛かってから完全に渡り切るまでの間の移動距離（**通過する間の移動距離**ともいいます）を求めるときには、次の図のように、**列車の先頭だけに着目**します。すると、

　　　（移動距離）＝（橋の長さ）＋（列車の長さ）

で求められることがわかります。

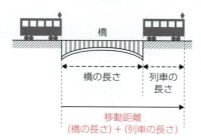

橋に差し掛かってから完全に渡り切るまでの間

【通過算の公式】
　列車が橋を通過するとき、
（橋を通過するときの列車の移動距離）＝（橋の長さ）＋（列車の長さ）

なお、着目するのは先頭でなければならないわけではありません。**最後尾に着目するほうが理解しやすい場合もある**ので、問題の設定どおりに図を描いて、わかりやすい場所に着目すればよいでしょう。

通過算では、速さ、時間、距離に関する情報が多く与えられている問題が多いので、上記の公式を使うほうが解きやすい問題が多いです。

例題　長さ140 mの列車が、秒速20 mで長さ600 mのトンネルを通過し始めてから通過し終わるまでにかかる時間を求めよ。

通過する対象が橋でもトンネルでもコツは同じです。問題の状況を図に表し、列車の先頭が移動した距離（つまり、列車の移動距離）を求めると、次のようになります。

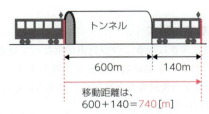

移動距離は、
600＋140＝740 [m]

上図より、列車の移動距離は740 mであり、列車の速さは20 m/秒なので、
　（距離）÷（速さ）＝（移動時間）
より、移動時間は740÷20＝37 [秒] となります。

3　移動するものどうしの通過算　　重要!

通過算では、移動するものどうしがすれ違ったり、一方が他方を追い越したりする問題が多くあります。列車の問題を例に、すれ違いや追い越しのプロセスを詳し

く確認してみましょう。

(1) 列車どうしがすれ違う

　横から見ていて、逆向きに走る二つの列車が重なって見える間を、「**列車どうしがすれ違っている間**」と表現します。つまり、先頭どうしが重なって見えるときから、最後尾どうしが重なって見えるまでの間になります。

　例えば、二つの列車がすれ違う間の動きを図にすると、次の図1～3のようになります。

　通常の通過算のように、列車の1か所に着目します。二つの列車それぞれの先頭に「赤い点線」と「赤い実線」をつけると、図1では同じ地点にあった2本の線が、図3では二つの列車の長さの合計だけ離れていることがわかります。

　つまり、

　　（二つの列車が離れた距離）＝（二つの列車の長さの合計）

となります。

(2) 列車Aが列車Bを追い越す

　横から見ていて、同じ向きに走る二つの列車が重なって見える間を、「**速いほうの列車Aが遅いほうの列車Bを追い越す間**」と表現します。つまり、列車Aの先頭が列車Bの最後尾と重なって見えるときから、列車Aの最後尾が列車Bの先頭と重なって見えるまでの間になります。

　例えば、列車Aが列車Bを追い越す間の動きを図にすると、次の図4～6のようになります。

ここでも列車の1か所に着目します。列車Aの最後尾に「赤い点線」を、列車Bの先頭に「赤い実線」をつけると、図4では離れていた2本の線が、図6では同じ地点にあることがわかります。図4では、2本の線は二つの列車の長さだけ離れていたのが、図6ではAの線がBの線に追いついたと考えることができます。
　つまり、

　　（二つの列車が近づいた距離）＝（二つの列車の長さの合計）

になります。

> **例題**　時速84 kmで走る長さ160 mの列車Aが、時速78 kmで走る長さ140 mの列車Bに追いついてから完全に追い抜くまでにかかる時間は何分か。
>
> 　列車Aの先頭が列車Bの最後尾に追いついたとき、列車Aの最後尾と列車Bの先頭は160 + 140 = 300［m］離れています。
>
>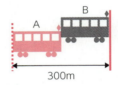
>
> 　列車Aが列車Bを完全に追い抜くときには、列車Aの最後尾と列車Bの先頭が重なっているので、距離は0［m］となります。
>
>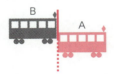
>
> 　列車Aの最後尾と列車Bの先頭が近づく速さは、列車Aと列車Bの速さの差で求めることができるので、
>
> 　　84 − 78 = 6［km/時］
>
> となり、1時間当たり6 kmの速さで近づくことがわかります。
>
> 　300 m（= 0.3 km）近づくのにかかる時間は、（時間）＝（距離）÷（速さ）で求められるので、
>
> 　　0.3 ÷ 6 = 0.05［時間］
>
> となります。これを「分」に直すには60を掛ければよいので、
>
> 　　0.05 × 60 = 3［分］
>
> となります。

橋やトンネルのように、「通過する対象」が動かないものばかりではなく、この例題のように「動いているもの」が「違った速度で動いているもの」を通過するタイプの問題もあります。この場合、複数のものが動いているので、旅人算の考え方を当てはめて解くことになります。

解法ナビゲーション

　直線の道路を走行中の長さ18 mのトラックを、トラックと同一方向に走行中の長さ2 mのオートバイと長さ5 mの自動車が、追い付いてから完全に追い抜くまでに、それぞれ $\frac{8}{3}$ 秒と $\frac{46}{5}$ 秒かかった。オートバイの速さが自動車の速さの1.4倍であるとき、オートバイの時速として、正しいのはどれか。ただし、トラック、オートバイ、自動車のそれぞれの速さは、走行中に変化しないものとする。

都Ⅰ 2020

❶　45 km/時
❷　54 km/時
❸　63 km/時
❹　72 km/時
❺　81 km/時

　着眼点

　例えばトラックをオートバイが追い抜く過程を考えるときは、トラックとオートバイのそれぞれ1か所に印を付けて、印の動きを確認します。トラックとオートバイの両方が動いているので、旅人算として考えて解きます。
　トラックを自動車が追い抜く過程についても同様です。

【解答・解説】

正解 ❸

まず、移動するものであるトラック、オートバイ、自動車の長さが与えられているので通過算となります。また、複数のものが同時に動いているので旅人算でもあります。本問は、同じ方向に進む場合のみなので、追い掛け算となります。したがって、本問は、通過算と追い掛け算の複合問題として解きます。

問題文「オートバイの速さが自動車の速さの1.4倍である」より、

$$（自動車の速さ）= x \,[\text{m}/秒]$$

とおくと、

$$（オートバイの速さ）= 1.4x \,[\text{m}/秒] \quad \cdots\cdots ①$$

と表すことができます。さらに、

$$（トラックの速さ）= y \,[\text{m}/秒] \quad \cdots\cdots ②$$

とおきます。

そこで、オートバイがトラックを追い抜く場合を図で確認すると、次の図1のようになります。なお、トラックの先頭に赤い実線、オートバイの最後尾に赤い点線をつけてあります。

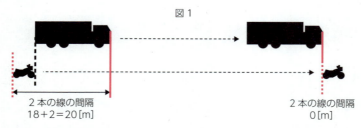

図1

図1より、はじめは赤い実線と赤い点線の間隔は20 mですが、最終的に赤い実線と赤い点線は同じ位置に並ぶので、その間隔は0 mです。つまり、**赤い実線と赤い点線は20 m近づいた**ことになります。題意より、そのときにかかった時間は $\dfrac{8}{3}$ 秒なので、（近づく距離）÷（近づく時間）=（近づく速さ）より、近づく速さは、

$$20 \div \dfrac{8}{3} = \dfrac{15}{2} \,[\text{m}/秒]$$

となります。

ここで、（トラックとオートバイの近づく速さ）=（オートバイの速さ）-（トラックの速さ）と①、②より、（近づく速さ）= $1.4x - y \,[\text{m}/秒]$ となるので、

170

$$1.4x - y = \frac{15}{2} \quad \cdots\cdots ③$$

となります。

　次に、自動車がトラックを追い抜く場合を図で表すと、次の図2となります。なお、トラックの先頭に赤い実線、自動車の最後尾に赤い点線をつけてあります。

　図2より、はじめは赤い実線と赤い点線の間隔は23 mですが、最終的に赤い実線と赤い点線は同じ位置に並ぶので、その間隔は0 mです。つまり、**赤い実線と赤い点線は23 m近づいた**ことになります。題意より、そのときにかかった時間は$\frac{46}{5}$秒なので、（近づく距離）÷（近づく時間）＝（近づく速さ）より、近づく速さは、

$$23 \div \frac{46}{5} = \frac{5}{2} \ [\text{m}/秒]$$

となります。

　ここで、**（トラックと自動車の近づく速さ）＝（自動車の速さ）－（トラックの速さ）**と①、②より、（近づく速さ）＝$x - y$ [m/秒] となるので、

$$x - y = \frac{5}{2} \quad \cdots\cdots ④$$

となります。

　③、④を連立方程式として解くと、③－④より、$0.4x = 5$となるので、

$$x = \frac{25}{2} \ [\text{m}/秒] \quad \cdots\cdots ⑤$$

となります。

　求めるのはオートバイの速さなので、①、⑤より、

$$（オートバイの速さ）= 1.4 \times \frac{25}{2} = 17.5 \ [\text{m}/秒]$$

となりますが、選択肢の単位はkm/時ですので、単位を変換します。17.5m/秒は1秒に17.5 m進む速さなので、1時間＝3600秒に進む距離を考えると、

$$17.5 \times 3600 = 63000 \ [\mathrm{m}]$$

となります。63000 m＝63 kmですので、1時間に63 km進む速さ、つまり、63 km/時となります。

よって、正解は❸です。

過去問にチャレンジ

問題1
★
▶解説は別冊 p.69

階段と時速1.8 kmで動いている上りのエスカレーターが並んでいる通路で、エスカレーターに乗っている人が、階段を降りてきた5人の列とすれ違った。このとき、1人目から5人目まですれ違うのに5秒かかった。また、この5人の列は、時速720 mで階段を降りている人を10秒かかって追い越したとすると、5人の列の長さはどれか。ただし、列の長さは一定とする。

区Ⅰ 2006

① 3 m
② 5 m
③ 7 m
④ 9 m
⑤ 11 m

問題2
★ ★
▶解説は別冊 p.70

長さ50 m、時速50 kmで走行する列車Aが、並走する線路を後ろから走ってきた時速75 kmの列車Bに追い越された。その際、列車Bの先頭が列車Aの最後尾に追いつき、列車Bの最後尾が列車Aの先頭を抜き去る瞬間までに14秒かかった。この2本の列車が反対方向からすれ違う場合、先頭どうしがすれ違う瞬間から最後尾どうしがすれ違う瞬間までに要する時間は何秒か。

裁判所 2018

① 2.8秒
② 2.9秒
③ 3.0秒
④ 3.1秒
⑤ 3.2秒

第3章 速さ

173

問題3
★★
▶解説は別冊 p.72

ある鉄道において、時速140kmの上りの特急列車は時速40km
の下りの普通列車と3分おきに出会った。このとき、時速80kmの
上りの準急列車が下りの普通列車とすれ違い終わってから次の普通列
車と出会うまでの時間として正しいのはどれか。

なお、上りの準急列車と下りの普通列車の長さはそれぞれ250m
である。

国専2001

❶ 4分
❷ 4分15秒
❸ 4分30秒
❹ 4分45秒
❺ 5分

174

5 ダイヤグラム

> **学習のポイント**
> ・2地点間の移動を図形的に把握するのがダイヤグラムです。まずは描き方を押さえたうえで、等しい距離の移動にかかる時間の比に着目した解法をマスターしましょう。

1 ダイヤグラムとは

ダイヤグラムとは、時間を横軸、距離を縦軸にとって異なる地点間の移動の様子を表したグラフです。

(1) ダイヤグラムの描き方

例えば「AがX地点から出発し、一定の速度で歩いてY地点に到着した」という状況をダイヤグラムにすると、右の図1のようになります。

X地点とY地点は平行な2直線で表し、Aの移動の様子を矢印で表します。

矢印の向きがAの移動方向を表します。

また、**矢印の縦方向の長さが「距離」を表し、横方向の長さが「移動時間」を表します。**

なお、Aの速さが**速くなれば矢印の傾きは急になり、遅くなれば矢印の傾きは緩やかになります。**

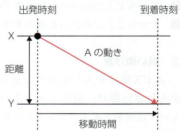
図1：ダイヤグラムの描き方

例 AがX地点からY地点へ向かい、BがY地点からX地点へ向かって同時に出発し、目的地に着いた。
⇒ この状況をダイヤグラムで表すと、右の図2のようになります。

図2の矢印どうしの交点は、AとBが出会ったポイントになります。この交点

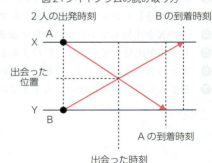
図2：ダイヤグラムの読み取り方

に補助線を引くと、**出会った時刻や出会った位置を確認できます。**

(2) ダイヤグラムの読み取り方
① 出会い算

「AがX地点からY地点へ、BがY地点からX地点へ向かって同時に出発し、目的地に着いた」という状況をダイヤグラムで表したものが図3です。

図3の❶〜❻が距離と時間の情報を表します。

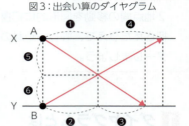

図3：出会い算のダイヤグラム

❶ Aが、Xを出発してからBと出会うまでの時間
❷ Bが、Yを出発してからAと出会うまでの時間
❸ Aが、Bと出会ってからYに到着するまでの時間
❹ Bが、Aと出会ってからXに到着するまでの時間
❺ Xから2人が出会った地点までの距離
❻ Yから2人が出会った地点までの距離

② 追い掛け算

「AがX地点からY地点へ出発した後、BがAを追い掛け、途中でAを追い抜いた」という状況をダイヤグラムで表したものが図4です。

図4の❶〜❼が距離と時間の情報を表します。

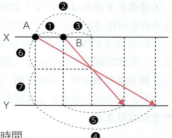

図4：追い掛け算のダイヤグラム

❶ AとBの出発時刻の差
❷ Aが出発してから、Bに追い抜かれるまでの時間
❸ Bが出発してから、Aを追い抜くまでの時間
❹ AがXを出発してからYに到着するまでにかかった時間
❺ BがXを出発してからYに到着するまでにかかった時間
❻ XからBがAに追いついた地点までの距離
❼ BがAに追いついた地点からYまでの距離

2 ダイヤグラムの問題の解法 　　　　　　　　　　　　重要!

ダイヤグラムの問題は、**等しい距離での移動時間の比**を使うことが基本です。

例えば、以下の図5の❶の距離に着目すると、Aが❶を移動したときの時間とBが❶を移動したときの時間の比は $a:b$ となります。

また、❷の距離に着目すると、Aが❷を移動したときの時間とBが❷を移動したときの時間は $d:c$ となります。

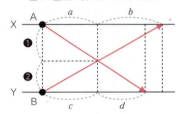

図5：出会い算のダイヤグラム

$a:b$ は等しい距離をAとBが移動したときの時間の比なので、AとBの速さの比は $b:a$ となります。同様に $d:c$ は等しい距離をAとBが移動したときの時間の比なので、AとBの速さの比は $c:d$ となります。

A、Bともに❶、❷の距離を通じて一定の速さで移動しているので、

　$b:a=c:d$

となり、つまり、

　$a:b=d:c$

が成り立つことがわかります。

解法 ナビゲーション

　甲駅と乙駅を結ぶ道路を、Aは甲駅から乙駅に向かって、Bは乙駅から甲駅に向かって、それぞれ一定の速さで歩く。2人が同時に出発してから途中で出会うまでにかかる時間は、Aが甲駅を出発してから乙駅に到着するまでにかかる時間に比べると4分短く、Bが乙駅を出発してから甲駅に到着するまでにかかる時間に比べると9分短い。Bが乙駅を出発してから甲駅に到着するまでにかかる時間はいくらか。

国般2013

❶　11分
❷　12分
❸　13分
❹　14分
❺　15分

 着眼点

　ダイヤグラムを描き、等しい距離での時間の比を使って式を二つ立てます。問題文をしっかり読み、2人が出会った後のそれぞれの移動時間を求めます。

【解答・解説】

正解 ❺

まず、時間の情報を整理します。問題文「2人が同時に出発してから途中で出会うまでにかかる時間は、Aが甲駅を出発してから乙駅に到着するまでにかかる時間に比べると4分短く」より、（2人が同時に出発してから途中で出会うまでにかかる時間）＝ t ［分］とおくと、Aが甲駅を出発してから乙駅に到着するまでの時間は $(t+4)$ 分となります。つまり、**Aは、Bと出会った後4分かけて乙駅に着いた**ことになります。

同様に考えると、Bが出発してから途中でAと出会うまでの時間は、Bが出発してから甲駅に到着するまでの時間より9分短いので、**Bは、Aと出会った後9分かけて乙駅に着いた**ことになります。

これらをもとにダイヤグラムを描くと、右図のようになります。なお、出会ったポイントをMとします。

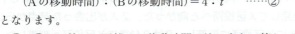

甲からMまでの距離を移動したとき、

　（Aの移動時間）：（Bの移動時間）＝ $t:9$　……①

となります。

次に、乙からMまでの距離を移動したとき、

　（Aの移動時間）：（Bの移動時間）＝ $4:t$　……②

となります。

①、②は、等しい距離での移動時間の比であり、等しい距離では移動時間の比と速さの比が逆比になるので、①、②ともAとBの速さの比の逆比になります。したがって、①＝②が成り立つので、

　$t:9 = 4:t$

となります。（内項の積）＝（外項の積）より、$36 = t^2$ となることから、$t = \pm 6$ となります。t は時間ですので負の数にはなりませんから、$t = 6$ ［分］となります。

求めるのは、Bが乙駅を出発してから甲駅に到着するまでにかかる時間であり、ダイヤグラムより、$t+9$ ［分］となります。これに $t=6$ ［分］を代入すると、$6+9=15$ ［分］となるので、正解は❺です。

過去問にチャレンジ

問題1

★

▶解説は別冊 p.74

AとBは同一地点から30km先の目的地に向けて出発することにした。AはBより15分早く自転車で出発したが、移動の途中でバイクに乗ったBに追い越され、結局、AはBより目的地に10分遅れて到着することとなった。

Bのバイクの速さがAの自転車の速さの1.5倍であったとするとAの速さは時速何kmか。

ただし、二人とも同じ経路を終始一定の速さで走り続けたものとする。

国般 2005

- ❶ 時速 12 km
- ❷ 時速 16 km
- ❸ 時速 20 km
- ❹ 時速 24 km
- ❺ 時速 28 km

問題2

★

▶解説は別冊 p.75

X区役所とY区役所を結ぶ道路がある。この道路を、Aは徒歩でX区役所からY区役所へ向かい、BはAの出発の10分後に自転車でY区役所を出発してX区役所へと向かった。2人が出会った時点から、Aは25分後にY区役所に到着し、Bは8分後にX区役所へ到着した。2人が出会ったのは、AがX区役所を出発した時点から何分後か。ただし、2人の速度は常に一定とする。

区Ⅰ 2011

- ❶ 15分後
- ❷ 20分後
- ❸ 25分後
- ❹ 30分後
- ❺ 35分後

6 時計算

> **学習のポイント**
> ・時計算は出題頻度が低く、似たような問題が繰り返し出題されます。
> ・過去問を繰り返し解くだけでも学習効果が高いので、公式などをしっかり覚えておくようにしましょう。

1 時計算とは

　時計には長針と短針があり、絶えず規則的に動いています。この長針と短針がなす角度は常に変化しており、これらが特定の角度をなすタイミングを問うものなど、時計を題材に採った速さの問題が**時計算**です。

　時計算では、速さの公式における「距離」の代わりに角度を使って計算します。

> **補足**
> 　なお、時計算での時計の針は、一定間隔でカチカチと動くのではなく、常に同じ速さで回転していくと考えます。
> 　そのため、「1時5$\frac{5}{11}$分」や「2時間10$\frac{10}{11}$分後」というような半端な時刻や時間が登場することもあります。

2 長針・短針の角速度

　時計算においては、長針や短針が1時間当たり、または1分当たりに進む速さ（**角速度**）の知識が必要となります。

(1) 短針の角速度

　短針は12時間で360°回るので、次のことがわかります。

① 1時間の角速度

　短針は1時間に30°回ります（**時速30°**）。

> **ヒント**
>
> なお、このことから、文字盤に書かれた数字と数字の間は30°開いていることがわかります。
> 　例えば時計の文字盤の「1」と「2」は30°開いており、文字盤の「12」と「5」は150°開いていることになります。

②　1分間の角速度

短針は1分間に0.5°回ります（分速0.5°）。

(2)　長針の角速度

長針は60分で360°回るので、1分間に6°回ることがわかります（分速6°）。

3 時計算の解法

(1)　追い掛け算として捉える

短針と長針は同じ方向に回るので、追い掛け算として考えます。

つまり、追い掛け算ということは、速さを引き算すれば、近づく速さ、または離れる速さを求められます。短針と長針の角速度について、分速で引き算をすると、

　　　（長針の角速度）－（短針の角速度）＝ 6 － 0.5 ＝ 5.5 ［°］　分速5.5°

となります。つまり、**短針と長針は、1分間に5.5°ずつ近づく、または離れる**ということになります。

(2)　時計算の公式　　　　　　　　　　　　　　　　　　　　　　　重要！

以下の公式を覚えておくと時間短縮できる場合があります。出題頻度の高い分野ではないので、余裕があれば覚えるくらいの学習でよいでしょう。

> **【時計算の公式Ⅰ】**
>
> 短針と長針が重なる時刻は、
>
> $$0時ちょうどから\frac{12}{11}時間（約1時間5分27秒）おき$$
>
> になる。

　例　0時ちょうどから3時と4時の間で短針と長針が重なるまでの、短針と長針の重なる時刻をすべて求めると、以下のようになります。

⇒ $\dfrac{12}{11}$時 = 1時 + $\dfrac{1}{11}$時 = 1時$\dfrac{60}{11}$分 = 1時5$\dfrac{5}{11}$分 　　（約1時5分27秒）

　$\dfrac{24}{11}$時 = 2時 + $\dfrac{2}{11}$時 = 2時$\dfrac{120}{11}$分 = 2時10$\dfrac{10}{11}$分 　（約2時10分54秒）

　$\dfrac{36}{11}$時 = 3時 + $\dfrac{3}{11}$時 = 3時$\dfrac{180}{11}$分 = 3時16$\dfrac{4}{11}$分 　（約3時16分22秒）

【時計算の公式Ⅱ】
　短針と長針が、文字盤の「12時」と「6時」を結んだ縦線に対して左右対称になる時刻（例：右図）は、

0時ちょうどから$\dfrac{12}{13}$時間（約55分23秒）おき

になる。

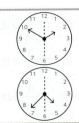

　ただし、この計算では、6時ちょうどは含めないので、左右対称になった回数を求めるときは注意しましょう。

例　0時ちょうどから1時と2時の間で短針と長針が左右対称になるまでの、短針と長針が左右対称になる時刻をすべて求めると、次のようになります。

⇒ $\dfrac{12}{13}$時 = 0時 + $\dfrac{720}{13}$分 = 0時55$\dfrac{5}{13}$分 　　　　　（約0時55分23秒）

　$\dfrac{24}{13}$時 = 1時 + $\dfrac{11}{13}$時 = 1時 + $\dfrac{660}{13}$分 = 1時50$\dfrac{10}{13}$分 　（約1時50分46秒）

解法 ナビゲーション

　午前0時と正午に短針と長針とが正確に重なり、かつ、針が滑らかに回転し、誤差なく動いている時計がある。この時計が2時ちょうどをさした後、最初に短針と長針のなす角度が90度になるのは何分後か。

都Ⅰ 2014

❶　$27\dfrac{1}{11}$ 分後

❷　$27\dfrac{3}{11}$ 分後

❸　$27\dfrac{5}{11}$ 分後

❹　$27\dfrac{7}{11}$ 分後

❺　$27\dfrac{9}{11}$ 分後

着眼点

　短針と長針のはじめの位置と最後の位置で、それぞれ角度を求めます。近づく角度、または離れる角度を求めて、追い掛け算として計算します。

【解答・解説】

正解 ❷

　2時ちょうどのときに、短針は文字盤の「2」を指し、長針は文字盤の「12」を指しています。時計の文字盤の「12」と「2」は60°離れているので、**長針が短針より60°後ろにいる**、と考えることができます。

　この状態から短針と長針のなす角度が90°になるには、**速さの速い長針が、速さの遅い短針に60°近づいて追いつき、さらに、追い越した後90°離れる**、ということと同じです。

　近づく速さ、または離れる速さは分速5.5°なので、長針が短針に60°近づいて重なるまでの時間を求めます。**時計算では、距離の代わりに角度を使うので、公式は、(近づく時間)＝(近づく角度)÷(近づく速さ) という形で使用します。**公式に、近づいた角度60°、近づく速さ分速5.5°を入れると、

$$（近づく時間）＝\frac{60}{5.5}　［分］\qquad ……①$$

となるので、短針と長針が重なるまでに $\dfrac{60}{5.5}$ 分かかることになります。さらに、長針が短針と90°離れる時間を求めます。(離れる時間)＝(離れる角度)÷(離れる速さ) より、

$$（離れる時間）＝\frac{90}{5.5}　［分］\qquad ……②$$

となります。

　したがって、求める時間は、①＋②となるので、$\dfrac{60}{5.5}+\dfrac{90}{5.5}=\dfrac{150}{5.5}$ 分となります。

$\dfrac{150}{5.5}$ 分を $\dfrac{1500}{55}$ 分として約分すると $\dfrac{300}{11}$ 分となるので、これを整理すると、$27\dfrac{3}{11}$ 分となります。

　よって、正解は❷です。

過去問にチャレンジ

問題1

★

▶解説は別冊 p.75

午前0時と正午に短針と長針とが正確に重なり、かつ、針がなめらかに回転し、誤差なく動いている時計がある。この時計が5時ちょうどをさした後、最初に短針と長針とが重なるのは何分後か。

都Ⅰ 2006

❶ $26 + \dfrac{10}{11}$ 分後

❷ 27 分後

❸ $27 + \dfrac{1}{11}$ 分後

❹ $27 + \dfrac{2}{11}$ 分後

❺ $27 + \dfrac{3}{11}$ 分後

186

問題2 次の図のように、6時から7時の間で、時計の長針と短針の位置が文字盤の6の目盛りを挟んで左右対称になる時刻はどれか。

★★

▶解説は別冊 p.76

区Ⅰ 2004

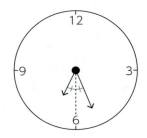

❶ 6時27分

❷ 6時27$\frac{3}{13}$分

❸ 6時27$\frac{6}{13}$分

❹ 6時27$\frac{9}{13}$分

❺ 6時27$\frac{12}{13}$分

第4章

場合の数・確率

場合の数の基礎

場合の数の応用

確率の基礎

確率の応用

1 場合の数の基礎

学習のポイント

・「場合の数」は、判断推理の問題を解く際に使う場合分けの考え方などにもつながる知識です。

・公式を丸暗記するだけでなく、細かいルールや定義をしっかり覚えるようにしましょう。

1 場合の数

(1) 「場合の数」とは

場合の数とは、「ある条件」を満たすものが何通りあるか（「条件を満たす場合」の「数」）を考える問題です。具体例を示して説明します。

> **例題1**
>
> ❶ サイコロ1個を1回振るとき、目の出方は何通りか。
>
> ❷ 当たり1本を含む10本のくじから1本引くとき、結果は何通りあるか。

場合の数の問題では、単純に、何通りの結果があるかを考えます。

❶は「1が出る」、「2が出る」、…、「6が出る」の6通りとなります。

❷は、当たりくじ1本、はずれくじ9本からくじを1本引きますが、「10本のくじがあれば10通りの引き方がある」としては誤りです。ここでは9本のはずれくじの1本1本を区別せず「結果が何通りあるか」ということだけを考えるので、結果だけであれば、「当たり」と「はずれ」の2通りしかありません。よって、「2通り」が正解になります。

(2) 場合の数の問題の解法

「場合の数」が問われる問題の解法には、書き出し、樹形図、公式の3種類があります。

① 書き出し

条件を満たすものを書き出していくシンプルな解法です。本試験では、条件が複雑で混乱しやすい設定になっている問題が多いので、注意が必要です。

例題2 1桁の自然数2数の合計が10となる組合せは何通りあるか。

「書き出し」を使うと、(1,9)、(2,8)、(3,7)、(4,6)、(5,5) の **5通り** あることがわかります。

② 樹形図

　基本的には「書き出し」と同じく、条件を満たすものを書き出していく解法ですが、数字やアルファベットなど、混乱しやすい記号などが題材になっている場合に、重複や漏れのないように整理整頓して書き出す解法です。

例題3 黒と紺のスーツに、青、赤、緑のネクタイを組み合わせるとき、何通りの組合せがあるか。

　樹形図を使って数えてみます。樹形図は、混乱を防ぐために、**一部を固定し、残ったものを場合分けして、すべて書き出していきます。** そこで、今回は「スーツ」の色を「黒」の場合と「紺」の場合でそれぞれ固定して、ネクタイ3色との組合せを実際に書き出します。具体的には以下の図となり、組合せは合計 **6通り** とわかります。

③ 公　式

　公式に代入して計算する解法です。順列や組合せの公式など、いくつかの公式があるのでそれを覚えればよいのですが、ちょっとした条件によって、公式を使える問題・使えない問題に分かれるので、公式の条件をしっかり覚える必要があります。
　このあと説明する「**順列**」と「**組合せ**」の公式が最も重要なので、よく区別して把握しておきましょう。

「場合の数」の問題では、上記3通りの解法を、単独で、または複数組み合わせて解きます。どのような問題のときにどの解法が使いやすいか、実際に問題を解きながら慣れていきましょう。

2 順　列

(1) 順列とは

順列とは、「異なる n 個のものから r 個を選んで1列に並べる」ときの場合の数をいいます。選ぶものそれぞれに、**異なる肩書き（ラベル）を付ける選び方**であり、選ぶ順番を入れ替えると、必ず異なる選び方になります。

例　A～Dの4人から部長と副部長の2人を選ぶ。
⇒　このとき、「部長にA、副部長にBを選んだ場合」と、選んだ2人を入れ替えて「部長にB、副部長にAを選んだ場合」は、異なる場合として数えます。

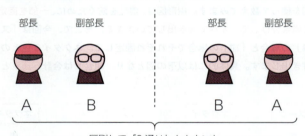

区別して「2通り」とカウント

補足

この例では、4人の人物に「A～D」という記号が振られることで、各人物を区別して取り扱うべきことが示されていますが、このような区別がなく、「4人の人物の中から部長と副部長の2人を選ぶ」という問題であったとしても考え方は同じです。

つまり、人物は必ず個性のある、区別して扱うべき個体と考えて検討します。

(2) 順列の公式

「異なる n 個のものから、r 個のものを順列で選ぶ」場合の数は、${}_n\mathrm{P}_r$ 通りです。${}_n\mathrm{P}_r$ の計算方法は以下のようになります。なお、n は選ぶ範囲全体の個数、r は選ぶ個数と考えるとわかりやすいでしょう。

> 【順列の公式】
>
> 　異なる n 個のものから、r 個のものを順列で選ぶ場合の数
>
> $$_nP_r$$
>
> n から始めて 1 ずつ減らした数字を掛け算する
>
> $$_4P_2 = 4 \times 3 = 12 [通り]$$
>
> 2 個の数字を並べる
>
> 式に並べる数字の個数を r 個にする

例　A ～ D の 4 人から部長と副部長の 2 人を選ぶときの場合の数

　⇒　「4 人のうち 2 人を異なる肩書きで選ぶ」と考え、順列の公式「$_4P_2$」で計算します。

$$_4P_2 = 4 \times 3 = 12 [通り]$$

　順列は、「**1 列に並べる場合**」に使うことが多いです。問題文が直接「…を 1 列に並べる場合の並べ方は何通りか」という問い方になっていなくても、「1 列に並べる場合の数を問われているのと同じだ」と読み替えられるようにしましょう。

例　A ～ C の 3 人を 1 列に並べる

　⇒　「1 番目に並ぶ人」、「2 番目に並ぶ人」、「3 番目に並ぶ人」というように、3 人それぞれに異なる肩書きを付けて選ぶのと同じなので、順列になります。この場合は、3 人の中から 3 人を異なる肩書きで選ぶので、

$$_3P_3 = 3 \times 2 \times 1 = 6 [通り]$$

　となります。

例　1 ～ 4 の 4 個の数字から 3 個を選んで 3 桁の自然数を作る

　⇒　「百の位の数」、「十の位の数」、「一の位の数」というように、3 個の数字それぞれに異なる肩書きを付けて選ぶのと同じなので、順列になります。この場合は、4 個の数字の中から 3 個を異なる肩書きで選ぶので、

$$_4P_3 = 4 \times 3 \times 2 = 24 [通り]$$

　となります。

第 4 章　場合の数・確率

1　場合の数の基礎　193

3 組合せ

(1) 組合せとは

組合せは、「異なる n 個のものから r 個を選ぶ」ときの場合の数をいいます。選ぶものすべてに、**同じ肩書き（ラベル）を付ける選び方**であり、入れ替えても必ず同じ選び方と考えます。

(2) 組合せの公式

「異なる n 個のものから、r 個のものを組合せで選ぶ」場合の数は、$_nC_r$ 通りです。$_nC_r$ の計算方法は以下のようになります。なお、このときも順列のときと同様に、**n は選ぶ範囲全体の個数、r は選ぶ個数**と考えるとわかりやすいでしょう。

【組合せの公式 I】

異なる n 個のものから、r 個のものを組合せで選ぶ場合の数

$$_nC_r$$

分子：**n から始めて 1 ずつ減らした**数字を掛け算する

分母：**r から始めて 1 ずつ減らした**数字を掛け算する

$$_④C_② = \frac{④ \times 3}{② \times 1} = 2 \times 3 = 6 \,[通り]$$

②個の数字を並べる

分母・分子に並べる**数字の個数は r 個**にする

例 A ～ D の 4 人から日直の 2 人を選ぶときの場合の数

⇒ 「4 人のうち 2 人を同じ肩書きで選ぶ」と考え、組合せの公式「$_4C_2$」で計算します。

$$_4C_2 = \frac{4 \times 3}{2 \times 1} = 6 \,[通り]$$

また、次のことも覚えておきましょう。

【組合せの公式 II】

$$_mC_n = {_mC}_{(m-n)}$$

例 A ～ C の 3 人のうち 2 人を代表に選ぶときの場合の数

⇒ 「3 人のうち 2 人を同じ肩書きで選ぶ」と考えて $_3C_2 = 3\,[通り]$ となります。

この 3 通りは、AB、AC、BC となりますが、それぞれの場合で、代表にならな

いのは、代表がABのときはC、ACのときはB、BCのときはAの3通りとなります。このとき、代表にならない1人の選び方は、$_3C_1 = 3$ 通りなので、$_3C_2 = {}_3C_1$ が成り立つことがわかります。つまり、**「選ぶものが何通りあるか」** を求めても、**「選ばれないものが何通りあるか」** を求めても、計算結果は同じなのです。なお、公式 $_mC_n = {}_mC_{(m-n)}$ の $(m-n)$ は、「選ばないものの場合の数」となります。

例えば、10人のうち8人を代表に選ぶのであれば、代表にならない2人を選んでも同じ計算結果になるので、$_{10}C_8 = {}_{10}C_2$ が成り立ちます。このとき、計算量は $_{10}C_2$ のほうが少なくなるので、$_{10}C_2$ で計算すると速く解けます。

4 和の法則・積の法則

和の法則、積の法則は、場合の数やこの後学習する確率の問題を検討するのに幅広く用いるので、しっかり理解しておくことが重要です。

(1) 和の法則

和の法則 とは、AとBが両方は起こらず、Aが起こる場合が m 通り、Bが起こる場合が n 通りあるとき、AまたはBが起こる場合は $(m+n)$ 通りになる、という法則です。

重要なのは、**両方は起こらない事象を合わせて数えるとき** に使用するということです。「AまたはBは何通りあるか」というときに使われることが多いので、**「または」の法則** と呼ばれることもあります。その場合、Aの場合とBの場合がそれぞれ何通りあるかを数えて、**足し算をして数値をまとめます**。

例題1 サイコロ1個を1回振るとき、3の倍数が出る場合は何通りあるか。

求めるのは、「3が出る」**または**「6が出る」とき（サイコロ1個を1回振ったとき、「3が出る」ことと「6が出る」ことが両方起こることはありません）なので、それぞれの場合を数えた後で、「または」の法則である **「和の法則」** を使います。

まず、サイコロ1個を1回振って、「3が出る」を満たすのは1通り、「6が出る」を満たすのは1通りです。

次に、それぞれの場合の数を求められたので「和の法則」より、

$$1 + 1 = 2 \ [通り]$$

となります。

（2） 積の法則

　積の法則とは、Aが起こる場合がm通りあり、そのそれぞれについてBが起こる場合がn通りあるとき、AとBが起こる場合は（$m \times n$）通りになる、という法則です。

　こちらは和の法則と違い、両方起こる事象を合わせて数えるときに使用します。「AさらにBは何通りあるか」というときに使われることが多いので、「さらに」の法則と呼ばれることもあります。その場合、Aの場合とBの場合がそれぞれ何通りあるかを数えて、掛け算をして数値をまとめます。

例題2 サイコロ1個を2回振るとき、ともに奇数が出る場合は何通りあるか。

　求めるのは、「1回目に奇数が出る」さらに「2回目に奇数が出る」とき（サイコロ1個を2回振るとき、「1回目に奇数が出る」ことと「2回目に奇数が出る」ことは両方起こり得ます）なので、「さらに」の法則である「積の法則」を使います。

　まず、1回目にサイコロ1個を振って「奇数が出る」を満たすのは、1、3、5が出たときの3通りです。同様に、2回目にサイコロ1個を振って「奇数が出る」を満たすのも3通りです。

　次に、それぞれの場合の数を求められたので「積の法則」より、

$$3 \times 3 = 9 \ [通り]$$

となります。

5 場合の数の問題の解法　　重要！

（1） 制限の厳しいところに着目する

　問題文で与えられている状況から、制限の厳しいところを見つけ、そこを糸口に検討することを意識すると解きやすくなります。例題で実践してみましょう。

例題1 1〜5の数字が一つずつ書かれた5枚のカードから異なる2枚を選び、書かれた数で2桁の奇数を作るとき、何通りの整数を作ることができるか。

　2桁の奇数を作るので、「十の位」と「一の位」に分けて考えます。奇数という制限があるので、「十の位」には制限はありませんが、「一の位」には1、3、5の3通りという制限があるので、「一の位」で場合分けをして解きます。
　「一の位」が1のとき、「十の位」は2、3、4、5の4通り考えられます。
　「一の位」が3のとき、「十の位」は1、2、4、5の4通り考えられます。
　「一の位」が5のとき、「十の位」は1、2、3、4の4通り考えられます。
　以上をまとめると、「一の位」が1の場合、または3の場合、または5の場合を求めたので、和の法則より、
　　4 + 4 + 4 = 12 [通り]
となります。

　例題で示したとおり、制限の厳しいところに着目して検討するのは、そこから手を付けたほうが場合分けが少なくなり、作業を進めやすくなるためです。例えば「十の位」に着目して検討すると、1〜5のすべての数について対応する一の位の数を書き出さなければならなくなります。

(2) **条件を満たさないものを全体から引く解法**　　　　　　　　　　　　**重要！**
　「少なくとも」というキーワードを含む問題は、(全体) − (条件を満たさないもの) として引き算で解くと検討しやすくなります。例題で確認してみましょう。

例題2 サイコロ1個を3回振るとき、少なくとも1回は6の目が出る場合は何通りあるか。

　「少なくとも」があるので、(全体) − (条件を満たさないもの) で計算します。
　まず、全体の場合の数を求めます。サイコロ1個を1回振ると目の出方は6通りあります。2回目、3回目も6通りです。サイコロを1回目、さらに2回目、さらに3回目と振るので、積の法則より、
　　6 × 6 × 6 = 216 [通り]
の目の出方があります。

次に、条件を満たさない場合を考えます。問題文「少なくとも1回は6の目が出る」より、条件を満たす場合は「6の目が1回出る場合」、「6の目が2回出る場合」、「6の目が3回出る場合」です。これらを満たさない場合は、「6の目が0回出る場合」、つまり「6の目以外（1～5の目）が3回とも出る場合」となります。

　1～5の目が出るのは1回につき5通りなので、「1回目に1～5の目が出る」さらに「2回目に1～5の目が出る」さらに「3回目に1～5の目が出る」場合と考えれば、積の法則より、

　　　5 × 5 × 5 = 125 ［通り］

となります。

　最後に引き算をします。（全体）−（条件を満たさないもの）より、

　　　216 − 125 = 91 ［通り］

となります。

　同様に、「…以上となる場合は何通りか」という問題であれば、それを満たさない「…未満である場合」を考えて全体から引いたほうが簡単な場合があります。

　特に、「一つ以上である場合は何通りか」という問い方であれば、これを満たさないのは「0である場合」のみとなるため、検討しやすい場合があります。

解法 ナビゲーション

　1の位、10の位、100の位が、いずれも1から5までの数である3桁の数で、3の倍数となるのは全部でいくつあるか。

裁判所 2009

1. 39個
2. 40個
3. 41個
4. 42個
5. 43個

着眼点

　まず、倍数の知識を使って3の倍数となる数字3個の組合せを考えてから、その組合せの中での数字の並べ方が何通りあるかを考えます。

【解答・解説】

正解 ❸

まず、倍数の知識を使って、使う3個の数字の組合せだけを考えます。**3の倍数は、各位の数を1桁ずつに分けて合計すると3の倍数になる**ので、これを満たす3個の数字を、3個の数字の和が3になる場合から順に書き出すと次のようになります。

❶ 和が3になる場合　　　：(1, 1, 1)
❷ 和が6になる場合　　　：(1, 1, 4)、(1, 2, 3)、(2, 2, 2)
❸ 和が9になる場合　　　：(1, 3, 5)、(1, 4, 4)、(2, 2, 5)、(2, 3, 4)、
　　　　　　　　　　　　　(3, 3, 3)
❹ 和が12になる場合　　　：(2, 5, 5)、(3, 4, 5)、(4, 4, 4)
❺ 和が15になる場合　　　：(5, 5, 5)

次に、どの桁にどの数字を入れるのか、それぞれの組合せにおいて考えます。

(1, 1, 1)、(2, 2, 2)、(3, 3, 3)、(4, 4, 4)、(5, 5, 5) の5組は、**3個とも同じ数字で構成されています。**この場合、作れる3桁の数字はそれぞれ1通りずつです。したがって、5組で5個の整数を作ることができます（①）。

次に、(1, 1, 4)、(1, 4, 4)、(2, 2, 5)、(2, 5, 5) の4組は、**同じ数字を2個含んでいます。**この場合、1個しかない数字を「一の位」に入れた場合、「十の位」に入れた場合、「百の位」に入れた場合のそれぞれで異なる数字になるので、3通りの整数を作ることができます。つまり、1組につき3通り、4×3＝12［個］の整数を作ることができます（②）。

最後に、(1, 2, 3)、(1, 3, 5)、(2, 3, 4)、(3, 4, 5) の4組は、いずれも**3個の異なる数字で構成されています。**この場合、3個の異なる数字を3個とも1列に並べた分だけ整数を作ることができるので、**順列で計算できます。**順列の公式より、

$$_3P_3＝3×2×1＝6 ［通り］$$

です。したがって、1組につき6通りの数字を作ることができるので、4×6＝24［個］の整数を作ることができます（③）。

以上より、①または②または③のときに条件を満たすので、和の法則より、

$$5＋12＋24＝41 ［個］$$

となります。よって、正解は❸です。

200

過去問にチャレンジ

問題1
★
▶解説は別冊 p.79

ある国の自動車のナンバープレートには4桁の数のみが書かれており、一の位と百の位の数の和は必ず偶数に、十の位と千の位の数の和は必ず奇数になるようにしてある。

この国の警察が、ある事件現場から逃走した1台の自動車を目撃した人達から、この自動車のナンバープレートに書かれていた数について聞き取りしたところ、次のことが分かったが、これらを満たす数は全部で何通りか。

国専 2005

○　4は二つあったが、これらは隣り合っていなかった。
○　最も大きい数は7であった。
○　両端の数のうちの一つは、2か7であった。

❶　4通り
❷　6通り
❸　8通り
❹　10通り
❺　12通り

問題2
★
▶解説は別冊 p.80

家電量販店で買い物をし、一万円紙幣3枚、五千円紙幣6枚、千円紙幣6枚、五百円硬貨8枚のうち、いずれかを組み合わせて、ちょうど32,000円を支払うとき、紙幣及び硬貨の組合せは全部で何通りあるか。

都Ⅰ 2019

❶　24通り
❷　25通り
❸　26通り
❹　27通り
❺　28通り

第4章　場合の数・確率

問題3 男性7人、女性5人の中から代表を4人選びたい。女性が2人以上含まれる選び方は何通りあるか。

★

▶解説は別冊 p.80

裁判所 2011

❶ 165通り

❷ 219通り

❸ 285通り

❹ 420通り

❺ 495通り

問題4 祖母、両親、子ども2人の5人で暮らしている家族が、買い物に外出する場合、外出のしかたは何通りあるか。ただし、子どもだけでは外出あるいは留守番はできないものとする。

★

▶解説は別冊 p.82

区Ⅰ 2014

❶ 22通り

❷ 25通り

❸ 28通り

❹ 31通り

❺ 34通り

問題5

★

▶解説は別冊 p.83

ある地方に駅の数が21の新交通システムがある。この新交通システムの各駅では、他のすべての駅への切符を売っている。ただし、例えば、A駅からB駅へ行く切符と、B駅からA駅へ行く切符は同じ種類の切符として売られている。

この度、路線の延長に伴い新しい駅が複数建設され、販売される切符の種類の総数は全部で351となった。新設された駅の数はいくつか。

国般2001

❶　4
❷　5
❸　6
❹　7
❺　8

第4章　場合の数・確率

場合の数の応用

> **学習のポイント**
> ・この節では、場合の数の応用論点を紹介しますが、いずれも重要な知識です。
> ・はじめは理解しにくいと感じるかもしれませんが、繰り返し復習すれば必ず使いこなせるようになるので、時間をかけて習得しましょう。

1 特殊な順列

(1) 同じものを含む順列

順列を使って並べる対象の中に、同じもの（他と区別できないもの）が一部含まれているときの場合の数を問う問題です。

Aをp個、Bをq個含む合計n個のものを**すべて1列に並べるとき**の場合の数は、次の式で求めることができます。

【同じものを含む順列の公式】

Aをp個、Bをq個、Cをr個…含む合計n個のものすべてを1列に並べるときの場合の数

$$\frac{n!}{p! \times q! \times r! \cdots}$$

$n!$：nの階乗（nから1までのすべての整数の積）

> 🍎 **ヒント**
> これまでの順列のようにn個の中から一部を選んで並べる場合の数ではなく、n個のもの**すべてを並べるときのみ使えます**ので、注意しましょう。

例題1 ＡＡＡＢＢＣＣＤの8文字をすべて1列に並べるとき、何通りの並べ方があるか。

Aが3個、Bが2個、Cが2個含まれているので、これらすべてを公式の分母で計算する必要があります。なお、**1個しかないDは、分母の計算には含みません**。

公式より、

$$\frac{8!}{3! \times 2! \times 2!} = \frac{8 \times 7 \times 6 \times 5 \times 4 \times 3 \times 2 \times 1}{(3 \times 2 \times 1) \times 2 \times 1 \times 2 \times 1} = 1680 \,[通り]$$

となります。

(2) 特定のものをセットにする

例えば複数人のグループを1列に並べる際に、特定の2人が隣り合っているという条件が加えられることがあります。「隣り合っている」ということは、**「隣り合う人どうし」をいったん合わせて1人と考えて順列を計算すればよい**ことになります。

このように、特定のものがセットになるよう条件が付けられている場合の解法を具体的に見ていきましょう。

例題2 A〜Eの5人が1列に並ぶとき、AとBが隣り合う場合は何通りあるか。

まず、隣り合うAとBをセットにして1人とし、合計4人を並べる問題として考えます(右の図)。

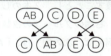

上の図のように
4人として並べ替えれば
AとBは常に隣り合う

4人を1列に並べるので、順列で計算することができます。

$_4P_4 = 4! = 4 \times 3 \times 2 \times 1 = 24\,[通り]$

次に、セットにしたAとBを2人に戻します。ABを合わせて1人としたときの並べ方24通りは、A、Bを2人に戻すときに、「左にA、右にB」の場合と、「左にB、右にA」の2通りずつに分かれます(右図参照)。

上の図のように
4人とした並べ方を
5人に戻すとき、
1通りにつき、
2通りずつになる

よって、並べ方は、24 × 2 = 48 [通り] になります。

2 場合の数の応用　205

2 「しきり」を用いた解法

区別のできない複数のものを、区別のできるものに対して分ける・配分する問題では、「**しきり**」の解法を使います。これも具体例で確認しましょう。

> **例題** 区別できない5枚のコインをA〜Cの3人の子どもに配る場合、何通りの配り方があるか。ただし、1枚もコインをもらえない子どもがいてもよいものとする。

コインは「区別できない」と問題文にありますが、それを配る相手である子どもは区別できるものであることがわかります。

まず、5枚のコインを1列に並べ、三つのグループに分けるために「しきり」を2本用意します。この2本を、1列に並べた5枚のコインの間にはさむと、コインを三つのグループに分けることができます。このとき、左端のグループの枚数をAに渡すこととし、2本のしきりに挟まれた中央のグループの枚数をBに渡すこととし、右端のグループの枚数をCに渡すと考えます。

例えば、次の図1は、「Aに1枚、Bに2枚、Cに2枚」配ることを意味し、図2は、「Aに2枚、Bに3枚、Cに0枚」配ることを意味します。

この図1や図2は、「○」を5個と「｜」を2本、**合わせて7個の図形を1列に並べるのと同じこと**です。その並べ方を計算するときは、次の2通りの方法で計算することができます。これは、自分に合った方法を使えばよいでしょう。

❶ 組合せによる解法

次のように、「○○○○○｜｜」の7個の図形をおくマス目を7マス用意します。

この7マスから、しきり（｜）を2本入れるための2マスを選びます。このとき、2本のしきりに区別はないので、「①と②にしきりを入れた場合」と、選んだものを入れ替えた「②と①にしきりを入れた場合」は、どちらも同じ結果になるので、**組合せと考えることができます**。したがって、その選び方は、

$$_7C_2 = \frac{7 \times 6}{2 \times 1} = 21 \text{［通り］}$$

となります。

さらに、残り5マスにコイン（○）を5枚入れますが、残り5マスのうち5マスを選ぶのは1通りです。

よって、「○○○○○｜｜」の7個の図形の並べ方は、積の法則より、

21 × 1 = 21 ［通り］

となるので、コインの分け方は21通りです。

なお、「○」5個を入れるマスを選ぶ計算については、「｜」を入れた後の残りの5マスすべてに入れるだけあり、必ず1通りとなるので、通常は、計算せずに省略されて解説されることがほとんどです。

❷ 同じものを含む順列による解法

「○○○○○｜｜」の7個の図形をすべて1列に並べるときの並べ方を考えます。「○」どうしや「｜」どうしは同一のものなので、同じものを含む順列として計算します。並べる個数は合計7個、「○」は5個、「｜」は2個なので、同じものを含む順列の公式より、次のように計算できます。

$$\frac{7!}{5! \times 2!} = \frac{7 \times 6 \times 5 \times 4 \times 3 \times 2 \times 1}{5 \times 4 \times 3 \times 2 \times 1 \times 2 \times 1} = 21 \text{［通り］}$$

よって、コインの分け方は21通りとなります。

補足

この解法を使えるのは、区別できるものに対して分ける個数が0個であってもよい場合だけです。例題では、「1枚もコインをもらえない子どもがいてもよい」という条件があったためこの解法を使うことができました。

ヒント

「しきり」の数は、（分けたいグループの数 − 1）で求められます。

3グループに分けるなら、「しきり」は 3 − 1 = 2 ［本］必要になります。同様に、4グループに分けるなら、「しきり」は 4 − 1 = 3 ［本］必要となります。

3 図形の個数

問題文にある図に含まれる図形の個数を、場合の数の知識を使って数える問題があり、独特な知識を必要とする場合もあります。

例題 下の図に含まれる四角形の個数はいくつか。

図は、縦線4本、横線3本でできています。このとき、以下の三つの図に示したように、縦線4本のうちの2本、横線3本のうちの2本を選ぶと、その4本に囲まれた部分に四角形ができることがわかります（着色部）。

このとき、**縦線、横線の選び方を変えると、4本の線に囲まれた四角形は、必ず異なる四角形になります**。したがって、「縦線4本のうち2本を選び、さらに横線3本のうち2本を選ぶ」と考えれば、計算で図形の個数を数えられます。

縦線4本のうち2本を選ぶと、

$$_4C_2 = \frac{4 \times 3}{2 \times 1} = 6 \text{［通り］}$$

になります。また、横線3本のうち2本を選ぶと、

$$_3C_2 = {}_3C_1 = 3 \text{［通り］}$$

となります。

よって、積の法則より、

$$6 \times 3 = 18 \text{［通り］}$$

となり、これがそのまま四角形の個数となります。

解法ナビゲーション

黄、赤、青、緑、白色の5個の玉を次の条件で横一列に並べるとき、並べ方は何通りあるか。

国専2013

○黄色の玉は端に置く。
○赤色の玉と青色の玉は隣り合うように置く。
○緑色の玉は中央（左右それぞれの端から三つ目）に置かない。

❶ 16
❷ 20
❸ 24
❹ 28
❺ 32

第4章 場合の数・確率

🍄 着眼点

赤色の玉と青色の玉が「隣り合う」とあるので、2個の玉をいったん合わせて1個として扱って、具体的な並びを書き出します。
また、「左端が黄色の場合」を求めれば、「右端が黄色の場合」もわかります。

209

【解答・解説】

正解 ❷

まず、一つ目の条件より、黄色は並べる場所が端に決まっているので、左端に固定し、以下のような表に並べ方を書き入れて考えていきます。

左からの順序	1	2	3	4	5
	黄				

二つ目の条件より、赤色と青色の玉は「隣り合う」という条件があるので、赤色と青色の2個の玉を合わせて1個の玉と考えて、（赤青）と表し、（赤青）、（緑）、（白）の3個の玉を1列に並べる、と考えると、3個の玉を自由に1列に並べるので、順列で計算できます。つまり、並べ方は、

$$_3P_3 = 3 \times 2 \times 1 = 6 \; [通り]$$

となり、表に書き出すと、次の❶～❻のようになります。

左からの順序	1	2	3	4	5
❶	黄	（赤青）		緑	白
❷	黄	（赤青）		白	緑
❸	黄	緑	（赤青）		白
❹	黄	白	（赤青）		緑
❺	黄	緑	白	（赤青）	
❻	黄	白	緑	（赤青）	

上の6通りのうち、**❻は、緑色が中央になるので、三つ目の条件を満たしません。**したがって、この段階では❶～❺だけが条件を満たします。

最後に、（赤青）を分けます。（赤青）は、「左から赤、青の順」または「左から青、赤の順」の2通りに分けることができるので、❶～❺をそれぞれ分けると、

$$5 \times 2 = 10 \; [通り]$$

になります。

この10通りは、「黄色が左端の場合」なので、一つ目の条件より、「黄色が右端の場合」も考えると、それは❶～❺の左右を逆にしたものとなるので、「黄色が右端の場合」も10通りとなります。よって、「黄色が左端の場合」または「黄色が右端の場合」より、和の法則で、

$$10 + 10 = 20 \; [通り]$$

となり、正解は❷となります。

過去問にチャレンジ

ＴＯＫＵＢＥＴＵの８文字を並べるとき、２つのＴの間に他の文字が１つ以上入る並べ方は何通りあるか。

▶解説は別冊 p.84

区Ⅰ 2019

❶　1260通り
❷　2520通り
❸　7560通り
❹　8820通り
❺　10080通り

Ａ～Ｊの10人が飛行機に乗り、次のような３人掛け・４人掛け・３人掛けの横一列の席に座ることになった。

▶解説は別冊 p.85

窓　□□□　通路　□□□□　通路　□□□　窓

この10人の座り方について、次のようにするとき、座り方の組合せはいくつあるか。
　○　Ａ、Ｂ、Ｃの３人は、まとまった席にする。
　○　ＤとＥは席を隣どうしにしない。
　○　ＡとＦは窓際の席にする。
なお、通路を挟んだ席は隣どうしの席ではないものとする。

国専 2011

❶　1122通り
❷　1212通り
❸　1221通り
❹　2112通り
❺　2211通り

211

問題3

★

▶解説は別冊 p.87

同じ鉛筆が全部で6本ある。これをA、B、Cの3人に残らず配る場合の配り方は全部で何通りか。ただし、鉛筆を1本ももらえない人がいてもよいとする。

国専 2012

❶ 22通り
❷ 24通り
❸ 26通り
❹ 28通り
❺ 30通り

問題4

★

▶解説は別冊 p.87

8個のキャラメルをA、B、Cの3人で分けるとき、その分け方は何通りあるか。ただし、3人とも1個以上受け取るものとする。

区Ⅰ 2005

❶ 15通り
❷ 18通り
❸ 21通り
❹ 24通り
❺ 27通り

問題5 次の図のように、平行四辺形を3本の斜めの平行線、7本の横の平行線で区切ったとき、その中にできるすべての平行四辺形の数はどれか。

▶解説は別冊 p.88

区Ⅰ 2006

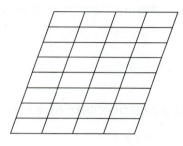

❶ 180
❷ 270
❸ 360
❹ 450
❺ 540

3 確率の基礎

学習のポイント

・ 確率は頻出の出題分野です。

・ 基本的な問題は解きやすいので基礎をおろそかにしがちですが、本試験レベルの問題を解くために、基礎から丁寧に学習しておきましょう。

1 確率とは

確率とは、ある事象が起こることについての確からしさをいい、$\dfrac{\text{条件を満たす場合の数}}{\text{全体の場合の数}}$

で求められる値ということができます。

例題

サイコロ1個を1回振るとき、3の倍数が出る確率はいくらか。

サイコロ1個を1回振るとき、目の出方は「1が出る」〜「6が出る」の6通りとなり、これが全体の場合の数です。そのうち、条件を満たすのは、「3が出る」と「6が出る」の2通りです。よって、求める確率は、

$$\dfrac{2\text{通り}}{6\text{通り}} = \dfrac{1}{3}$$

となります。

補足

確率は割合なので、例題の答えのように分数や百分率、小数で表されます。

2 確率の留意事項

(1) 場合の数との違い

確率の問題では、同じものが複数ある場合でも別々に数えます。

例題 1 当たり 1 本を含む 10 本のくじから 1 本引くとき、当たる確率はいくらか。

10 本のくじがあるので、くじを引く場合は、全体で 10 通りです。また、当たりくじは 1 本だけですので、当たりを引く場合は 1 通りとなります。したがって、当たる確率は $\dfrac{1}{10}$ です。

ここで注意すべきは、分母「くじを引く場合は全部で 10 通り」と考える点です。結果が何通りあるかを数えるだけなら 9 本のはずれくじを区別しないので、「当たり」か「はずれ」の 2 通りと数えますが、**確率を考えるときには、9 本のはずれくじをそれぞれ異なるものとして 9 通り**と数えます。この違いを意識して学習する必要があります。

例題 2
❶ サイコロ 1 個を 2 回振るとき、1 回目に「1」、2 回目に「2」が出る確率はいくらか。
❷ サイコロ 1 個を 2 回振るとき、1 回目に「2」、2 回目に「1」が出る確率はいくらか。
❸ サイコロ 1 個を 2 回振るとき、「1」と「2」が 1 回ずつ出る確率はいくらか。

❶ 1 回目に「1 の目」が出る確率は $\dfrac{1}{6}$ であり、さらに 2 回目に「2 の目」が出る確率は $\dfrac{1}{6}$ なので、積の法則より求める確率は、

$$\dfrac{1}{6} \times \dfrac{1}{6} = \dfrac{1}{36}$$

となります。

❷ 1 回目に「2 の目」が出る確率は $\dfrac{1}{6}$ であり、さらに 2 回目に「1 の目」が出る確率は $\dfrac{1}{6}$ なので、積の法則より求める確率は、

$$\dfrac{1}{6} \times \dfrac{1}{6} = \dfrac{1}{36}$$

第 4 章 場合の数・確率

3 確率の基礎 215

となります。

❸ 　1回目、2回目を問わず、「1の目」と「2の目」が1回ずつ出る確率を求めるので、❶と❷のどちらも条件を満たすことになります。つまり、「❶または❷」として計算することになるので、和の法則より求める確率は、

$$\frac{1}{36}+\frac{1}{36}=\frac{1}{18}$$

となります。

　他にも、くじを引く問題では、例えば2回くじを引いたときに、「1回目に当たりを引き、2回目にはずれを引いた場合」と「1回目にはずれを引き、2回目に当たりを引く場合」は、どちらも1回だけ当たりを引いたことになりますが、異なる場合として、それぞれ計算します。

　この点は、サイコロを2回振って、1回目に「1」、2回目に「2」が出た場合と1回目に「2」、2回目に「1」が出た場合とを別々に数えるという、前節での考え方と同じです。

　このように、**少しでも異なれば別々に数える**、と考えておくとよいでしょう。

　また、**順列・組合せ**の公式や**和の法則・積の法則**は場合の数と同じように使えます。

🫘補足

　例題で実践しているように、和の法則、積の法則で確率を計算する際は、確率の値そのものの和・積を計算することができます。

(2) 条件を満たさないものを全体から引く解法

　場合の数と同様に、**「少なくとも」**というキーワードがある問題は、**(全体の確率)－(条件を満たさない確率)** として計算します。

例題3 　当たりくじ2本を含む10本のくじから2本引くとき、少なくとも1回は当たる確率を求めよ。

　条件を満たす場合は、「少なくとも1回は当たる場合」なので、「1回だけ当たる場合」と「2回とも当たる場合」があります。さらに、「1回だけ当たる場合」は、「1回目だけ当たる場合」と「2回目だけ当たる場合」に分けて計算するので、

（1回目，2回目）＝（当たり，当たり），（当たり，はずれ），（はずれ，当たり）
の3通りが条件を満たす場合となります。

しかし、条件を満たさない場合は、

（1回目，2回目）＝（はずれ，はずれ）

の1通りのみとなるので、条件を満たさない場合を活かして解くほうが、計算が単純になります。

そこで、（全体の確率）－（条件を満たさない確率）を計算します。全体の確率は1となるので、条件を満たさない確率を求めると、1回目にはずれる確率は、10本中8本のはずれくじを引くので$\dfrac{8}{10}$となり、2回目にはずれる確率は、残り9本中7本のはずれくじを引くので$\dfrac{7}{9}$となります。「1回目にはずれる」さらに「2回目にはずれる」確率を求めるので、積の法則より、

$$\dfrac{8}{10} \times \dfrac{7}{9} = \dfrac{28}{45}$$

となります。

よって、（全体の確率）－（2回ともはずれる確率）より、

$$1 - \dfrac{28}{45} = \dfrac{17}{45}$$

となります。

3 出題類型ごとの解法

ここからは、よく出題される類型ごとに解答のポイントを見ていきます。

(1) サイコロ

サイコロを振って、出る目について何らかの確率を問う出題では、条件を満たすような目の出方を**単純に書き出す**のが有効であることが多いです。

これは、サイコロの性質上、「書き出す」という方法を採ってもそれほど場合分けが多くならないケースが多いことによります。例題で確認してみましょう。

3　確率の基礎　　217

例題1 サイコロ1個を2回振るとき、出た目の和が4の倍数になる確率を求めよ。

　まず、確率の分母「全体の場合の数」を求めると、サイコロ1個の目の出方は6通りなので、「1回目を振る」、さらに「2回目を振る」と考えると、積の法則より、2回合わせた目の出方は、

　　6×6＝36［通り］

となります。

　次に、確率の分子「条件を満たす場合の数」を求めます。出た目の和が4の倍数のときに条件を満たすので、混乱を防ぐために、出た目の和が「4の場合」、「8の場合」、「12の場合」に分けて求めます。出た目の和が4になる場合の目の出方は、

　　（1回目，2回目）＝（1，3），（2，2），（3，1）

の3通りです。また、出た目の和が8になる場合の目の出方は、

　　（1回目，2回目）＝（2，6），（3，5），（4，4），（5，3），（6，2）

の5通りです。さらに、出た目の和が12になる場合の目の出方は、

　　（1回目，2回目）＝（6，6）

の1通りです。したがって、条件を満たす場合は、

　　3＋5＋1＝9［通り］

となります。

　よって、求める確率は、

$$\frac{9\,通り}{36\,通り}=\frac{1}{4}$$

となります。

⑵　くじ引き

　くじ引きの問題では、くじを引く順序を考慮します。例えば「A、Bの2人が、A→Bの順番で1本ずつくじを引いたとき、1人だけが当たる確率」を求めるときは、❶「Aが当たり、さらにBがはずれる確率」または❷「Aがはずれ、さらにBが当たる確率」が条件を満たす、と考えます。したがって、和の法則より、❶＋❷として計算します。

　また、1人がくじを引くと、くじの総本数と、当たりくじ・はずれくじのいずれかの本数が少なくなります。**2本目以降のくじを引くときの、残ったくじの本数に注意しましょう。** くじを連続して引くときは、「1本目を引く、さらに2本目を引く、

さらに…」と考えて、それぞれの確率を積の法則で掛け合わせます。

例題2 当たり1本を含む10本のくじから2本引いて、2本ともはずれる確率
はいくらか。

1本目にはずれを引く確率は、10本中9本のはずれくじを引くので$\dfrac{9}{10}$となり、

2本目にはずれを引く確率は、9本中8本のはずれくじを引くので$\dfrac{8}{9}$となります。

したがって、「1本目にはずれを引き」、さらに「2本目もはずれを引く」ので、積
の法則より、その確率は、

$$\dfrac{9}{10} \times \dfrac{8}{9} = \dfrac{4}{5}$$

となります。

このように、くじを引くときは、引くときの「くじ全体の本数」や「当たりくじ・
はずれくじの本数」を意識することが重要です。

補足

複数本のくじを引く問題の場合、「同時に複数本引く」、「1本ずつ順に複数回引く」はどちら
も確率の計算結果が等しくなります。例えば「2本のくじを同時に引いた」といった設定があっ
たとしても、1本ずつ順番に引いたものと読み替えるとわかりやすくなります。

(3) 球を取り出す問題

異なる色に着色された何種類かの球から特定の球を取り出す確率を求める問題
は、くじ引きに置き換えて考えることもできます。

例 「白球5個と赤球3個がある場合」
⇒ 白球を当たりくじとして考えると、「当たりくじ5本とはずれくじ3本の合
計8本のくじがある場合」と同じように解くことができます。

また、白球、赤球のどちらを「当たりくじ」と考えてもよいので、赤球を当たり
くじとして「当たりくじ3本とはずれくじ5本の合計8本のくじがある場合」と考

第4章

場合の数・確率

3 確率の基礎　219

えて解いても答えは同じです。

⑷　じゃんけん

①　じゃんけんの問題の解法

　複数人でじゃんけんをして、特定の結果になる確率を問う問題では、特に条件がなければ各人が「グー」、「チョキ」、「パー」を出す確率はそれぞれ等しく、$\dfrac{1}{3}$ ずつになります。

　それぞれが「グー」、「チョキ」、「パー」のどの手を出したかについて、細かく分けて計算するようにします。

例題3　A～Cの3人でじゃんけんしたとき、いずれか1人が勝つ確率を求めよ。

　A～Cの3人でじゃんけんしたとき、1人だけが勝つ場合を考えると、「Aだけが勝つ場合」、「Bだけが勝つ場合」、「Cだけが勝つ場合」の3通りあります。さらに、「Aだけが勝つ場合」については、「Aがグーで勝つ場合」、「Aがチョキで勝つ場合」、「Aがパーで勝つ場合」の3通りあります。「Aがグーで勝つ確率」は、

　　　(A，B，C)＝(グー，チョキ，チョキ)

となる確率であり、これは「Aがグーを出す」さらに「Bがチョキを出す」さらに「Cがチョキを出す」確率なので、

$$\frac{1}{3} \times \frac{1}{3} \times \frac{1}{3} = \frac{1}{3^3}$$

となります。同様に、「Aがチョキで勝つ確率」は、

　　　(A，B，C)＝(チョキ，パー，パー)

となる確率なので、

$$\frac{1}{3} \times \frac{1}{3} \times \frac{1}{3} = \frac{1}{3^3}$$

となり、「Aがパーで勝つ確率」は、

　　　(A，B，C)＝(パー，グー，グー)

となる確率なので、

$$\frac{1}{3} \times \frac{1}{3} \times \frac{1}{3} = \frac{1}{3^3}$$

となります。

　したがって、「Aだけが勝つ確率」は、和の法則より、

$$\frac{1}{3^3} + \frac{1}{3^3} + \frac{1}{3^3} = \frac{1}{3^3} \times 3 = \frac{1}{3^2}$$

となります。

さらに、「Bだけが勝つ確率」、「Cだけが勝つ確率」も、それぞれ「Aだけが勝つ確率」と等しくなるので、それぞれの確率は $\frac{1}{3^2}$ となります。

よって、1人だけが勝つ確率は、「Aだけが勝つ」または「Bだけが勝つ」または「Cだけが勝つ」となるので、和の法則より、

$$\frac{1}{3^2} + \frac{1}{3^2} + \frac{1}{3^2} = \frac{1}{3^2} \times 3 = \frac{1}{3}$$

となります。

② じゃんけんの確率についての知識

じゃんけんの問題では、以下の知識を覚えておくと無駄な計算を省けることがあります。

【A・Bの2人でじゃんけんを1回するときの確率】

❶ Aが勝つ確率は $\frac{1}{3}$ である

❷ Bが勝つ確率は $\frac{1}{3}$ である

❸ あいこになる確率は $\frac{1}{3}$ である

【3人でじゃんけんを1回するときの確率】

❶ 3人のうち、いずれか1人だけが勝つ確率は $\frac{1}{3}$ である

❷ 3人のうち、いずれか2人が勝つ確率は $\frac{1}{3}$ である

❸ あいこになる確率は $\frac{1}{3}$ である

---

3 確率の基礎　　221

解法ナビゲーション

30本のくじの中に、1等の当たりくじが1本、2等の当たりくじが2本、3等の当たりくじが7本入っている。ここから同時に4本を引いたとき、1等、2等及び3等の当たりくじがそれぞれ1本のみ含まれている確率として、正しいのはどれか。

都Ⅰ 2014

❶ $\dfrac{2}{3915}$

❷ $\dfrac{4}{3915}$

❸ $\dfrac{8}{3915}$

❹ $\dfrac{2}{783}$

❺ $\dfrac{8}{783}$

🍄 着眼点

　くじ引きを題材にした確率の問題です。当たりくじ、はずれくじを引く順序を考慮して検討します。また、「同時に4本を引いた」とありますが、検討過程では1本ごとの確率を順番に検証していきます。

222

【解答・解説】

正解 ❺

　まず、条件を満たす場合を求めます。条件を満たすのは、くじを4本引いて、1等、2等、3等、はずれを1本ずつ引いた場合です。**くじを引いた順序を考慮する必要がある**ので、例えば、「1等→2等→3等→はずれ」の順にくじを引いた場合と、「1等→2等→はずれ→3等」の順にくじを引いた場合は、どちらも条件を満たす異なる場合と考えます。他にも「はずれ→3等→2等→1等」など、「1等、2等、3等、はずれ」を1本ずつ引いた場合の、順序を入れ替えたものすべてが条件を満たす、と考えます。したがって、条件を満たす場合は、**「1等」「2等」「3等」「はずれ」の四つを1列に並べたときの場合の数と等しくなる**ので、順列として計算でき、

$$_4\mathrm{P}_4 = 4 \times 3 \times 2 \times 1 = 24 \ [通り]$$

より、条件を満たす場合は24通りとなります。

　次に、24通りそれぞれの確率を求めます。「1等→2等→3等→はずれ」の場合の確率を求めると、1本目は、30本中1本の1等を引くので、その確率は$\frac{1}{30}$です。同様に、2本目に29本中2本の2等を引く確率は$\frac{2}{29}$、3本目に28本中7本の3等を引く確率は$\frac{7}{28}$、そして4本目に27本中20本のはずれを引く確率は$\frac{20}{27}$となるので、この場合の確率は、

$$\frac{1}{30} \times \frac{2}{29} \times \frac{7}{28} \times \frac{20}{27} = \frac{1 \times 2 \times 7 \times 20}{30 \times 29 \times 28 \times 27} \qquad \cdots\cdots ①$$

となります。

　また、例えば「1等→2等→はずれ→3等」の場合は、

$$\frac{1}{30} \times \frac{2}{29} \times \frac{20}{28} \times \frac{7}{27} = \frac{1 \times 2 \times 20 \times 7}{30 \times 29 \times 28 \times 27}$$

となり、**①と同じ計算結果**になります。同様に、「はずれ→3等→2等→1等」など、**①以外の23通りの確率は、いずれも①と等しくなる**ことがわかります。したがって、24通りの確率は、それぞれ$\frac{1 \times 2 \times 7 \times 20}{30 \times 29 \times 28 \times 27}$となります。

　よって、和の法則より、求める確率は、

$$\frac{1 \times 2 \times 7 \times 20}{30 \times 29 \times 28 \times 27} \times 24 = \frac{8}{783}$$

となるので、正解は❺となります。

第4章　場合の数・確率

223

過去問にチャレンジ

問題1 ★
▶解説は別冊 p.89

立方体のサイコロを2回振ったとき、出た目の数の和が素数になる確率として、正しいのはどれか。

都Ⅰ 2010

① $\dfrac{5}{12}$

② $\dfrac{7}{12}$

③ $\dfrac{5}{18}$

④ $\dfrac{7}{18}$

⑤ $\dfrac{5}{36}$

問題2 ★
▶解説は別冊 p.90

20本のくじの中に3本の当たりくじがある。この20本の中から同時に2本のくじを引くとき、当たりくじが1本以上ある確率はいくらか。

国専 2009

① $\dfrac{33}{190}$

② $\dfrac{39}{190}$

③ $\dfrac{49}{190}$

④ $\dfrac{26}{95}$

⑤ $\dfrac{27}{95}$

問題 3 ★
▶解説は別冊 p.90

A〜Zまでの異なるアルファベットが1つずつ書かれた26枚のカードが箱に入っている。箱から1枚取り出して、また元に戻すという作業を4回繰り返す。このとき、取り出した4枚のカードの中に同一のアルファベットが書かれたカードが含まれている確率に最も近いのは、次のうちどれか。

裁判所 2002

❶　5 %
❷　9 %
❸　13%
❹　17%
❺　21%

問題 4 ★★
▶解説は別冊 p.91

1回の射撃で標的に命中する確率が0.2であるときに、独立に5発撃って、少なくとも2回命中する確率に最も近いものは、次のうちどれか。

裁判所 2003

❶　0.1
❷　0.25
❸　0.5
❹　0.75
❺　0.9

問題5 ★
▶解説は別冊 p.93

3人がじゃんけんをして敗者が抜けていくこととしたとき、2回目のじゃんけんにより勝者が1人に決まる確率はいくらか。
ただし、あいこの場合も1回と数えるが、抜ける者はいないものとする。また、グー、チョキ、パーを出す確率はそれぞれ $\frac{1}{3}$ で、他の人の出す手は予測できないものとする。

国般2006

❶ $\frac{1}{9}$

❷ $\frac{2}{9}$

❸ $\frac{1}{3}$

❹ $\frac{4}{9}$

❺ $\frac{2}{3}$

問題6 ★★
▶解説は別冊 p.95

箱の中に同じ大きさの7個の玉があり、その内訳は青玉が2個、黄玉が2個、赤玉が3個である。この中から玉を1個ずつ取り出して左から順に横一列に7個並べるとき、色の配置が左右対称となる確率はいくらか。

国般2019

❶ $\frac{1}{105}$

❷ $\frac{2}{105}$

❸ $\frac{1}{35}$

❹ $\frac{4}{105}$

❺ $\frac{1}{21}$

問題7 ★★
▶解説は別冊 p.97

次の図のような道路がある。A地点からC地点へ車で行くには、橋を渡る直行ルートと、B地点を経由する山岳ルートがある。直行ルートの橋は100日に1日の割合で増水のため通行止めになり、A地点からB地点までは40日に1日、B地点からC地点までは13日に1日の割合でそれぞれ濃霧のため通行止めになるとすると、A地点からC地点へ行けなくなる確率はどれか。

区Ⅰ 2004

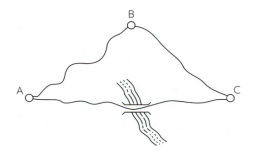

❶ $\dfrac{1}{500}$

❷ $\dfrac{1}{1000}$

❸ $\dfrac{1}{1200}$

❹ $\dfrac{1}{1500}$

❺ $\dfrac{1}{2000}$

問題8
★★
▶解説は別冊 p.98

テニスの大会の第1次予選において、A、Bの2人が最大で5回の試合を行い、どちらかが3勝した時点でそれ以上の試合は行わず、勝者は第2次予選に進むこととした。試合において、AがBに勝つ確率が$\frac{2}{3}$であり、BがAに勝つ確率が$\frac{1}{3}$であるとき、この2人が5回まで試合を行う確率はいくらか。

国専 2020

❶ $\frac{14}{81}$

❷ $\frac{8}{27}$

❸ $\frac{10}{27}$

❹ $\frac{32}{81}$

❺ $\frac{37}{81}$

 問題9
★★
▶解説は別冊 p.99

Aは、BとCを交互に対戦相手として、卓球の試合を3試合することになった。AがBに勝つ確率が$\frac{2}{5}$、AがCに勝つ確率が$\frac{3}{5}$であるとき、Aが2回以上連続で勝つ確率は、最初にどちらと対戦するほうが高いか。また、その時の確率はいくらか。

国般 2007

	最初の対戦相手	2回以上連続で勝つ確率
❶	B	$\dfrac{42}{125}$
❷	B	$\dfrac{48}{125}$
❸	C	$\dfrac{42}{125}$
❹	C	$\dfrac{48}{125}$
❺	C	$\dfrac{54}{125}$

問題10 ★★
▶解説は別冊 p.100

袋の中に6枚のカードがあり、そのうち3枚は両面とも白色、2枚は表面が白色で裏面が赤色、1枚は両面とも赤色である。この袋の中からカードを同時に2枚取り出して机の上に置いたとき、2枚とも白色の面が現れる確率はいくらか。

なお、カードの各面が現れる確率はそれぞれ等しいものとする。

国専2011

❶ $\dfrac{2}{3}$

❷ $\dfrac{4}{9}$

❸ $\dfrac{5}{12}$

❹ $\dfrac{1}{3}$

❺ $\dfrac{7}{24}$

確率の応用

> **学習のポイント**
> ・この節では、本試験で出題される複雑な問題に対応するための、確率問題の応用論点を扱います。
> ・いずれも頻出分野なので、基礎をしっかり理解した後に学習しましょう。

1 複雑な操作をする問題　重要！

問題文で与えられる条件に従って操作を行った場合に、特定の結果となる確率を問うものです。その「特定の結果」となるのはどのようなことが起こったときか、というように考えて確率を求めていきます。

> **例題**　図のように、1列に並んだ五つのマス目があり、右端のマス目にコマを置いた。サイコロを振って、出た目が3の倍数であれば左へ2マス移動させ、それ以外の目が出たら左へ1マス移動させるものとする。サイコロを2回振ったとき、コマが左から2マス目（着色部）に移動する確率はいくらか。
>
>

まず、条件を満たす場合を求めます。コマの移動は、「左へ1マス」か「左へ2マス」なので、2回の移動で左から2マス目（着色部）に移動する場合を書き出すと、❶「左へ1マス→左へ2マス」または❷「左へ2マス→左へ1マス」の2通りになります。

次に、それぞれの確率を求めます。題意より、左へ2マス進むのは3か6が出た場合なので、その確率は $\frac{2}{6}=\frac{1}{3}$ となります。左へ1マス進むのは1、2、4、5が出た場合なので、その確率は $\frac{4}{6}=\frac{2}{3}$ となります。したがって、❶、❷の確率をそれぞれ求めると、次のようになります。

　　❶「左へ1マス→左へ2マス」の場合の確率　：$\frac{2}{3} \times \frac{1}{3} = \frac{2}{9}$

❷「左へ２マス→左へ１マス」の場合の確率 ： $\frac{1}{3} \times \frac{2}{3} = \frac{2}{9}$

求めるのは❶または❷の確率なので、和の法則より、

$$\frac{2}{9} + \frac{2}{9} = \frac{4}{9}$$

となります。

2 他の分野の知識を使う問題　　重要！

他の分野の知識をからめて確率を求めなければならない問題です。典型的なものとして、図形の知識を使う問題があります。

例題　以下の図のように、２本の直線上に点が三つずつ、合計六つの点A〜Fがある。これらのうち三つの点を選び、それぞれの点を直線で結んだとき、三角形になる確率を求めよ。

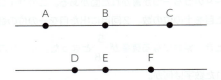

通常、３点を選んで直線で結べば三角形ができるはずです。本問では６点中３点を選ぶので、その組合せは、

$$_6C_3 = \frac{6 \times 5 \times 4}{3 \times 2 \times 1} = 20 \text{［通り］}$$

となりますが、３点を選んで三角形にならない場合もあります。それは、選んだ３点が直線上に並んでいる場合です。そこで、３点を選んで三角形にならない場合が何通りあるか求めると、A、B、Cの３点を選んだ場合か、D、E、Fの３点を選んだ場合の２通りになります。つまり、６点中３点を選んで三角形になる場合は、３点を自由に選んだ20通りから、三角形にならない２通りを引いて、18通りとなります。

したがって、６点中３点を選んで三角形になる確率は、

$$\frac{18}{20} = \frac{9}{10}$$

となります。

> **ヒント**
>
> 　例題のように、図形の知識を使って解く問題が出題されることがありますが、そのときに使われる図形の知識は基本的なものばかりです。
>
> 　三角形の成立条件としては、例題で示した「3点が同一直線上にないこと」のほかに、「どの辺の長さも他の2辺の長さの合計より短いこと」も押さえておきましょう。

3 確率から場合の数を逆算する問題　　　　　　　重要！

　検討過程で先に確率が示され、確率の分母の値などから全体の場合の数を逆算的に推理することが求められる問題があります。

> **例題**　立方体のサイコロがあり、サイコロには1～5の数字が一つ書かれた5面と、6～9のうち一つが書かれた面がある。このサイコロを2回振り、1回目に出た目を十の位の数、2回目に出た目を一の位の数として2桁の整数を作ったとき、素数になる確率が $\dfrac{5}{18}$ となった。6～9のうち、サイコロの面に書かれた数字は何か。

　まず、全体の場合の数を求めると、サイコロは6面あるので、1回の目の出方は6通り、さらに2回目も6通りなので、積の法則より、

　　$6 \times 6 = 36$［通り］

となります。

　次に、条件を満たす場合を考えると、最終的に確率は $\dfrac{5}{18} = \dfrac{10}{36}$ なので、この分数の分子より、条件を満たす場合は10通り（①）であることがわかります。

　条件を満たすのは、1～5ともう一つの数字を使って作る2桁の数が素数になる場合です。1～5だけで2桁の数を作り、素数になる場合を書き出すと、11、13、23、31、41、43、53の7通りです。①より、さらに6～9の数字を含めて合計10通りにする必要があるので、素数が3通り増えるような数字を考えます。

　6を加えた場合、1～5と組み合わせて素数になるのは、61の1通りのみなので、不適となります。

7を加えた場合、1〜5と組み合わせて素数になるのは、17、37、47、71、73 の5通りとなるので、不適となります。

　8を加えた場合、1〜5と組み合わせて素数になるのは、83の1通りのみなので、不適となります。

　9を加えた場合、1〜5と組み合わせて素数になるのは、19、29、59の3通りとなり、1〜5だけの7通りと合わせて10通りとなり、条件を満たします。

　よって、サイコロの面に書かれた数字は 9 です。

4 ある変化が発生する確率　　重要！

　例えば、赤色の花の種から咲く花の色が再び赤になる確率を求める問題などがあります。

> **例題**　ある植物は、赤色の花の種を植えて花を咲かせたときに、咲く花が赤色になる確率が80％、ピンク色になる確率が20％である。また、ピンク色の花の種を植えて花を咲かせたときに、咲く花が赤色になる確率が40％、ピンク色になる確率が60％である。いま、赤色の花の種を植え、花を咲かせた。その新しく咲いた花から種を取り、それを植えて花を咲かせたとき、咲いた花が赤色になる確率はいくらか。

　まず、条件を満たす場合を考えます。この植物の赤色の花の種を植えて花を咲かせたとき、花の色は赤色かピンク色の2通りです。さらに咲いた花の種を植え、花を咲かせて赤色になればよいので、条件を満たす場合は、咲いた花の色が「赤→赤→赤」または「赤→ピンク→赤」の2通りです。

　次に、この2通りについて、それぞれ確率を求めます。

　「赤→赤→赤」の場合、題意より、「赤→赤」は80％の確率で発生するので、「赤→赤」さらに「赤→赤」という変化が起こればよいことになります。したがって、その確率は、積の法則より、

$$0.8 \times 0.8 = 0.64$$

となります。

「赤→ピンク→赤」の場合、題意より、「赤→ピンク」は20%の確率で発生し、「ピンク→赤」は40%の確率で発生するので、「赤→ピンク」さらに「ピンク→赤」という変化が起こればよいことになります。したがって、その確率は、積の法則より、

$$0.2 \times 0.4 = 0.08$$

となります。

求めるのは「赤→赤→赤」または「赤→ピンク→赤」の確率なので、和の法則より、

$$0.64 + 0.08 = 0.72$$

となります。したがって、求める確率は **72%** です。

ヒント

例題では「%」を小数で計算しましたが、分数で計算しても同じ結果になります。小数で計算するか、分数で計算するかは、選択肢に合わせて決めるとよいでしょう。

5 条件付き確率　　　　　　　　　重要!

通常、全体の確率は100%、つまり1となります。しかし、条件付き確率の問題では、ある制限があるために、**全体の確率が100%にはならない**、と考えて解く場合があります。

例題

❶ サイコロ1個を2回振って、出た目の積が奇数になる確率はいくらか。

❷ サイコロ1個を2回振って出た目を確認したところ、出た目の積が奇数になった。このとき、2回目に出た目が1であった確率はいくらか。

❶ これは通常の確率の問題です。

サイコロ1個を2回振るとき、目の出方は1回目だけで6通り、2回目だけで6通りなので、2回合わせて目の出方は、

$$6 \times 6 = 36 \text{［通り］}$$

となります。これが全体の場合の数（確率の分母）、つまり100%に当たるものになります。

次に、二つの整数の積が奇数になるのは、（奇数）×（奇数）のときだけです。

そこで、その確率を求めると、1回目に奇数になるのは3通り、2回目に奇数が出るのは3通りなので、積の法則より、

3×3＝9［通り］

となり、これが条件を満たす場合の数（確率の分子）になります。
　したがって、求める確率は、

$$\frac{9}{36} = \frac{1}{4}$$

となります。

❷　通常であれば、❶と同様に、全体の場合の数は36通りになりますが、本問では、出た目の積が奇数と決まっています。つまり、本問では、**全体の場合の数（100％に当たるもの）が、通常の「36通り」とは異なります**。本問における全体の場合の数は、出た目の積が奇数となる**（1回目，2回目）＝（1，1）、（1，3）、（1，5）、（3，1）、（3，3）、（3，5）、（5，1）、（5，3）、（5，5）の9通り**となります。つまり、36通りが100％になるのではなく、この9通りで100％と考えます。

　このうち、条件を満たす場合、つまり2回目に「1」の目が出た場合は、（1，1）、（3，1）、（5，1）の3通りなので、求める確率は $\frac{3}{9} = \frac{1}{3}$ となります。

　このような条件付き確率の問題では、必ず**問題文中に「全体に制限がある」ということを示す部分がある**ので、それを見逃さないようにしましょう。
　上の例題の❷であれば、「サイコロ1個を2回振って出た目を確認したところ、出た目の積が奇数になった」の部分から、通常の全体の場合の数36通りが100％になるのではなく、出た目の積が奇数になる9通りのみが全体の場合の数として100％に当たる、と読み取ることができます。

　また、複雑な問題では、「全体の場合の数」や「条件を満たす場合の数」を場合の数として「何通り」というように求めることが難しいものがあります。その場合は、「全体の確率」を分母に、「条件を満たす確率」を分子において計算することができます。

解法 ナビゲーション

　同じ形の3つの缶A、B、Cがある。缶Aには赤玉2個と白玉3個が、缶Bには赤玉3個と白玉7個が、缶Cには赤玉4個と白玉2個が入っており、玉はすべて同じ大きさであるとする。
　ある人が目隠しをして、1つの缶を選び、その缶の中から1個取り出した玉が赤玉であったとき、この人の選んだ缶がAである確率に最も近いのはどれか。

裁判所 2009

❶　0.30
❷　0.32
❸　0.34
❹　0.36
❺　0.38

　「1個取り出した玉が赤玉であったとき」とあることから、「全体」に当たるものに制限がある「条件付き確率」の問題であるとわかります。
　缶を選ぶときも確率を計算する必要があるので、気をつけましょう。

【解答・解説】

正解 ❶

　単に三つの缶から赤玉を取り出す確率を求めるのであれば、「取り出した玉が赤玉の場合」と「取り出した玉が白玉の場合」を合わせて全体の場合、つまり100％になるはずです。しかし、本問では、問題文の後半に「取り出した玉が赤玉であったとき」という制限があるので、取り出した玉が白玉である場合はあり得ません。つまり、**「取り出した玉が赤玉の場合」だけを全体、つまり100％と考える**ことになります。

　そこで、本問での全体に当たる「赤玉を取り出す場合」の確率を求めます。赤玉を取り出す場合は、❶「缶Aを選び、さらに赤玉を取り出す場合」、❷「缶Bを選び、さらに赤玉を取り出す場合」、❸「缶Cを選び、さらに赤玉を取り出す場合」の3通りが考えられます。なお、缶A～Cは同じ形なので、それぞれの缶を選ぶ確率はいずれも$\frac{1}{3}$と考えます。

　それぞれの確率を求めると、❶の確率は、

$$\frac{1}{3} \times \frac{2}{5} = \frac{2}{15} \quad \cdots\cdots ①$$

となり、❷の確率は、

$$\frac{1}{3} \times \frac{3}{10} = \frac{1}{10}$$

となり、❸の確率は、

$$\frac{1}{3} \times \frac{4}{6} = \frac{2}{9}$$

となります。したがって、全体の確率は❶または❷または❸の場合なので、和の法則より、

$$\frac{2}{15} + \frac{1}{10} + \frac{2}{9} = \frac{41}{90} \quad \cdots\cdots ②$$

となります。

　次に、条件を満たすのは、「缶Aである確率」なので、❶～❸のうち、缶Aであるのは❶「缶Aを選び、さらに赤玉を取り出す確率」です。❶の確率は、①より、$\frac{2}{15}$なので、これが条件を満たす確率です（③）。

　したがって、「全体の確率」を分母、「条件を満たす確率」を分子におくと、②、

第4章

場合の数・確率

237

③より、$\dfrac{\dfrac{2}{15}}{\dfrac{41}{90}}$ となります。これは $\dfrac{2}{15} \div \dfrac{41}{90}$ と同じことなので、

$$\dfrac{2}{15} \times \dfrac{90}{41} = \dfrac{12}{41}$$

となり、

$$12 \div 41 \fallingdotseq 0.292\cdots$$

より、約0.29となります。これに最も近い選択肢を見ると、正解は❶となります。

過去問にチャレンジ

問題1

★★

▶解説は別冊 p.102

　　数直線上の原点にPがある。サイコロを投げ、1または2の目が出たら点Pは正の方向へ1動き、3または4の目が出たら点Pは負の方向へ1動き、5または6の目が出たら点Pは動かないものとする。3回サイコロを投げたとき、点Pが＋1の点で止まる確率として正しいものはどれか。

裁判所 2020

❶ $\dfrac{1}{27}$

❷ $\dfrac{2}{27}$

❸ $\dfrac{1}{9}$

❹ $\dfrac{2}{9}$

❺ $\dfrac{1}{3}$

問題 2
★★
▶解説は別冊 p.103

図のような正方形がある。頂点Aに駒をおき、さいころを振り、出た目に応じ辺にそって隣の頂点に駒を移動させる。さいころの目が1か2であれば上下に1つ移動させ、出た目が3から6であれば左右に1つ移動させる。サイコロを4回振って移動させたときに、駒が頂点Bにある確率はいくらか。

裁判所 2012

❶ $\dfrac{16}{81}$

❷ $\dfrac{24}{81}$

❸ $\dfrac{32}{81}$

❹ $\dfrac{40}{81}$

❺ $\dfrac{48}{81}$

図のように、円周上に等間隔に並んだ12個の点から異なる3点を無作為に選んで三角形をつくるとき、得られた三角形が正三角形になる確率はいくらか。

▶解説は別冊 p.104

国般2012

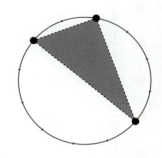

❶ $\dfrac{1}{110}$

❷ $\dfrac{1}{55}$

❸ $\dfrac{1}{33}$

❹ $\dfrac{1}{12}$

❺ $\dfrac{1}{11}$

問題4 ★★
▶解説は別冊 p.105

1〜6の6個の整数から重複のないように無作為に三つの整数を選んだとき、各整数を辺の長さとする三角形ができる確率はいくらか。

国専 2007

❶ $\dfrac{1}{5}$

❷ $\dfrac{1}{4}$

❸ $\dfrac{3}{10}$

❹ $\dfrac{7}{20}$

❺ $\dfrac{2}{5}$

問題5 ★★★
▶解説は別冊 p.106

立方体のサイコロがある。各面には1から9までのうち、異なる数が1つ書かれている。このサイコロを1回振って5以下の目が出る確率は $\dfrac{1}{2}$ である。また、2回振って出た目の合計が9となる確率は $\dfrac{1}{6}$ である。サイコロの面に書かれている数だけからなる組合せはどれか。

裁判所 2015

❶ 1、2
❷ 3、5
❸ 4、5
❹ 4、7
❺ 8、9

問題6
★★★
▶解説は別冊 p.107

7枚のカードがあり、それぞれのカードには数が1つずつ書かれている。書かれている数は、1から13までの中の6つの奇数と、2から12までの中の1つの偶数であり、互いに異なる。この7枚から無作為に2枚取り出したカードに書かれている数の和について次のア〜ウのことが分かっている。このとき、カードに書かれていない奇数とカードに書かれている偶数はどれか。

裁判所 2013

ア　和が12以下の偶数となる確率は $\dfrac{2}{7}$ である。

イ　和が18以上の偶数となる確率は $\dfrac{4}{21}$ である。

ウ　和が19以下の奇数となる確率は $\dfrac{4}{21}$ である。

❶　5と8
❷　5と10
❸　5と12
❹　7と10
❺　7と12

問題7 ★★
▶解説は別冊 p.109

ある地域の稲作統計によると、豊作年の翌年も豊作である確率は0.3であり、平年作である確率は0.4であった。また、平年作の翌年は豊作である確率は0.4であり、平年作である確率は0.4であった。さらに、不作年の翌年は豊作である確率は0.6であり、平年作である確率は0.3であった。

今年が豊作であったとすると、2年後が豊作である確率として妥当なのはどれか。

ただし、作柄は、豊作、平年作、不作の三つのみとする。

国専2006

1. 0.35
2. 0.37
3. 0.39
4. 0.41
5. 0.43

問題8 ★★
▶解説は別冊 p.110

ある格付け会社は企業をA、B、C、D（ランク外）の4段階で格付けしている。表は、この格付け会社によってA、B、Cに格付けされた企業が1年後にどのような格付けになるかの確率を示したものである。これによれば、現在Aに格付けされている企業が4年以内にD（ランク外）の格付けになる確率はいくらか。ただし、いったんD（ランク外）の格付けになった企業が再びA、B、Cの格付けを得ることはないものとする。

国般2013

現在の格付け ＼ 1年後の格付け	A	B	C	D（ランク外）
A	90%	10%	0%	0%
B	10%	80%	10%	0%
C	5%	10%	80%	5%

1. 0.1%
2. 0.125%
3. 0.15%
4. 0.175%
5. 0.2%

問題9 ★★
▶解説は別冊 p.111

X選手はマラソンをするとき、距離やコース、その他のコンディションにかかわらず各給水所で確率$\frac{1}{3}$で水分を補給する。ある日、X選手は、スタートから順にA、B、Cという三つの給水所が設置されたマラソン大会に参加して完走した。この大会でX選手が少なくとも一度は水分を補給したことが確かだとすると、B給水所で初めて水分を補給した確率はいくらか。

国専2003

❶ $\frac{1}{3}$

❷ $\frac{2}{9}$

❸ $\frac{6}{19}$

❹ $\frac{4}{27}$

❺ $\frac{19}{27}$

問題10

★★

▶解説は別冊 p.113

　ある感染症に感染しているか否かを判定するための検査法Tは、感染している人に適用すると90％の確率で「感染している」という正しい判定結果が出て、また、感染していない人に適用すると10％の確率で「感染している」という誤った判定結果が出る。

　いま、5％の人が感染している集団から無作為に抽出した一人に検査法Tを適用したところ、「感染している」という判定結果が出た。このとき、この人が本当に感染している確率はいくらか。

国総 2010

❶ $\dfrac{7}{50}$

❷ $\dfrac{9}{28}$

❸ $\dfrac{81}{100}$

❹ $\dfrac{29}{34}$

❺ $\dfrac{9}{10}$

第 5 章

図形の計量

図形の基礎
図形の相似・三平方の定理
円
立体の知識と面積・体積の応用

1 図形の基礎

> **学習のポイント**
> ・図形の問題では、ひととおりの公式や知識が頭に入っていることを前提に、それをどのように活用して解くかが問われることになります。
> ・頭に入っていないと使えないですし、使いながらでないとなかなか身につきませんから、はじめのうちは公式や知識を参照しながら問題を解くようにするとよいでしょう。

1 図形の基礎

(1) 対頂角、同位角、錯角

図形の問題では、問題文で与えられる図形を観察して、辺の長さや角度が等しいところ、または一定の比で表されるところを見つけるのが第一歩となります。

ここで紹介する対頂角、同位角、錯角はすべて角度が等しくなる組合せです。

図のように、直線 l と m が平行であるとき、❶～❸は角度がすべて等しくなります。

① 対頂角

❶と❷のように、2本の直線が交わるとき、互いに向かい合う角を**対頂角**といいます。

対頂角の角度は等しくなります（❶＝❷）。

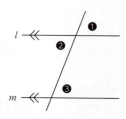

② 同位角

平行な2直線と別の直線が交わってできる角のうち、❶と❸のように、平行な2直線に対して同じ位置関係をなす角を**同位角**といいます。

同位角の角度は等しくなります（❶＝❸）。

③ 錯角

平行な2直線と別の直線が交わってできる角のうち、❷と❸のように、斜め向かいの位置関係をなす角を**錯角**といいます。

錯角の角度は等しくなります（❷＝❸）。

補足
同様に、同位角、錯角の関係があれば、直線 l と m は平行であるともいえます。

(2) 多角形の内角・外角

多角形の内側にできる角を **内角** といい、外側にできる角を **外角** といいます。

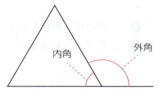

多角形の内角・外角についての次の公式を覚えておきましょう。

【多角形の内角・外角の公式】
❶ (n 角形の内角の和) $= (n - 2) \times 180°$
❷ (n 角形の外角の和)は 常に $360°$

例題 正八角形の内角一つと外角一つの角度はそれぞれいくらか。

n 角形の内角の和の公式より、正八角形の内角の和は、

$(8 - 2) \times 180 = 1080 \ [°]$

となります。正多角形では、すべての内角の角度は等しいので、正八角形の一つの内角の角度は、

$1080 \div 8 = 135 \ [°]$

となります。

また、何角形であっても外角の和は $360°$ であり、正多角形では、それぞれの外角の角度が等しいので、

$360 \div 8 = 45 \ [°]$ となります。

なお、何角形であっても内角一つと外角一つの合計は常に $180°$ になるので、内角一つが $135°$ とわかれば、

$180 - 135 = 45 \ [°]$

として求めることもできます(右図)。

1 図形の基礎 249

2 三角形

　三角形が何らかの形で題材になっている問題は非常に多く出題されます。その性質についてはしっかり把握しておきましょう。

(1) 二等辺三角形・直角三角形・正三角形の性質
① 二等辺三角形

❶ **2辺の長さ**が等しい
❷ **2角の角度**が等しい

② 直角三角形

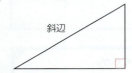

❶ 一つの角が**直角**（90°）である
❷ **斜辺**（両端が直角でない辺）が最も長い

③ 正三角形

❶ **3辺の長さ**が等しい
❷ 内角はすべて **60°** である

(2) 三角形の内心・外心・重心
① 内　心

　それぞれの**角の二等分線**（角を二等分する直線）の**交点**を**内心**といいます。

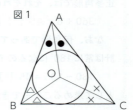

図1

　図1を見ると、三角形の内部に円が描かれており、この円は、三角形の3辺それぞれと1点で接しています。この円を内接円といいますが、**内心は三角形の内接円の中心**となります（図1のO）。

　また、内接円の半径は、△OAB、△OBC、△OCAの高さとして考えることができます。

② 外　心

それぞれの**辺の垂直二等分線**（辺を二等分し、辺に対して垂直に交わる直線）**の交点を外心**といいます。

図2を見ると、三角形の外側に円が描かれており、この円は三角形の3頂点それぞれと1点で接しています。この円を外接円といいますが、**外心は三角形の外接円の中心**となります（図2のO）。

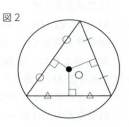

図2

③ 重　心

それぞれの**中線**（三角形の頂点から対辺の中点に引いた直線）**の交点を重心**といいます。例えば、図3のGが重心となります。

また、**重心は中線を2：1に分割します**。よって、

AG：EG＝BG：FG＝CG：DG＝2：1

が成り立ちます。

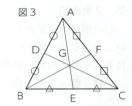

図3

> 補足
>
> **正三角形**において、**内心、外心、重心は同一の点**となります。

(3) 三角形の面積

三角形の面積は次の式で求めることができます。特に、正三角形の面積を求める公式は使いこなせるようにしておきましょう。

【三角形の面積】

❶ （三角形の面積）＝（底辺）×（高さ）×$\dfrac{1}{2}$

❷ （1辺の長さが a である正三角形の面積）＝$\dfrac{\sqrt{3}}{4}a^2$

例　1辺2cmの正三角形の面積は、$\dfrac{\sqrt{3}}{4}\times 2^2 = \sqrt{3}$ ［cm²］

(4) その他の三角形の性質

① 各辺の長さ

三角形のどの1辺についても、その長さは他の2辺の長さの合計よりも短いとい

う性質があります。

例えば、△ABCの頂点A、B、Cを3か所の地点、3辺を道と見立てて、BからCへ向かうとします。

右図のように、辺BCは直進ルートと考えられ、辺BAと辺ACを通るルートは、Aを経由する迂回ルートと考えることができます。

当然ながら、迂回ルートは直進ルートよりも距離が長くなります。よって、BC＜(AB＋AC) が成り立つことがわかります。

② 2角の和

右の図は、対頂角をなす二つの線分を使って、左右に2個の三角形を作ったものです。この図において、2個の三角形はそれぞれの内角の和が180°であるため、

❶＋❷＝180°－❸

であり、

❺＋❻＝180°－❹

となります。

❸、❹は対頂角であるので、❸＝❹より、❶＋❷＝❺＋❻ が成り立ちます。

③ 辺の比と面積比

(ア) 辺の比と面積比 I

右図のように、△ABCの頂点Aから、辺BC上の点Dに直線を引いたとき、次の式が成り立ちます。

(△ABDの面積)：(△ACDの面積)＝BD：CD

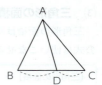

(イ) 辺の比と面積比 II

右図のように、辺AEを共通とする△ABEと△ACEがあり、AEの延長線とBCの交点を点Dとしたとき、次の式が成り立ちます。

(△ABEの面積)：(△ACEの面積)＝BD：CD

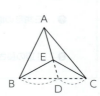

(ウ) 辺の比と面積比 III

右図のように、△ABCの辺AB上に点P、辺AC上に点Qを取って△APQを作るとき、次の式が成り立ちます。

(△ABCの面積)：(△APQの面積)＝AB×AC：AP×AQ

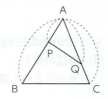

なお、点P、Qを結ぶ直線は、一つの頂点付近に三角形を作るような直線であれば、特に条件や制限はありません。

④ 角の二等分線と辺の比

右の図において、**ADが∠BACの二等分線であるとき**、次の式が成り立ちます。

AB：AC＝BD：CD

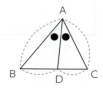

3 四角形

(1) 四角形の性質

主な四角形の性質を以下にまとめています。

① 台　形

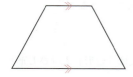

❶ **1組の対辺**（向かい合う2辺）**が平行**
❷ 平行な2辺を底辺（上底と下底）という

② 平行四辺形

❶ 2組の対辺がそれぞれ平行
❷ 対辺の長さが等しい
❸ 台形の一種
❹ 向かい合う二つの内角の角度がそれぞれ等しい
❺ **対角線2本が、互いに中点で交わる**

③ ひし形

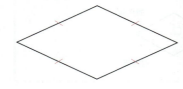

❶ 2組の対辺がそれぞれ平行
❷ **4辺の長さがすべて等しい**
❸ 台形や平行四辺形の一種
❹ 向かい合う二つの内角の角度がそれぞれ等しい
❺ **対角線2本が、互いに中点で交わる**
❻ **対角線2本が、直角に交わる**

④ **長方形**

❶ 2組の対辺がそれぞれ平行
❷ 対辺の長さが等しい
❸ 台形や平行四辺形の一種
❹ 内角はすべて直角
❺ 対角線2本の長さが等しい
❻ 対角線2本が、互いに中点で交わる

⑤ **正方形**

❶ 2組の対辺がそれぞれ平行
❷ 4辺の長さがすべて等しい
❸ 台形、平行四辺形、ひし形、長方形の一種
❹ 内角はすべて直角
❺ 対角線2本の長さが等しい
❻ 対角線2本が、互いに中点で交わる

(2) 四角形の面積

四角形の面積の公式はすべて重要ですが、特に重要な公式は「台形」と「ひし形」です。

【台形の面積】

$\{(上底)+(下底)\} \times (高さ) \times \dfrac{1}{2}$

【ひし形の面積】

$(対角線) \times (対角線) \times \dfrac{1}{2}$

解法ナビゲーション

平らな地面で直進と方向転換だけが可能なロボットが移動した跡として図のような4通りの多角形A、B、C、Dを得た。ロボットが方向転換した際にできる角の一方を、それぞれ図に記してある。各多角形について、印がついている角の大きさの総和に関する記述として最も適当なのはどれか。

裁判所2011

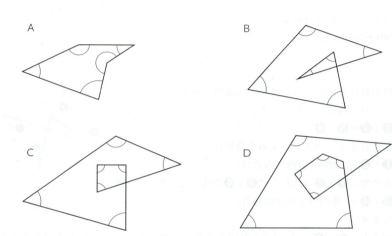

1. 多角形Aと多角形Bについてだけ、その値は一致する。
2. 多角形Aと多角形Cについてだけ、その値は一致する。
3. 多角形Cと多角形Dについてだけ、その値は一致する。
4. 多角形B、C、Dの3つについてだけ、その値は一致する。
5. 4つの多角形のいずれについても、その値は一致しない。

着眼点

複雑な多角形を見たら、三角形や四角形などの単純な形に分割できないかと考えてみます。角度についての知識、三角形、四角形の知識をいつでも使えるように訓練しましょう。

【解答・解説】

正解 ❷

多角形Aに右図のように補助線（赤線）を引き、三角形と四角形に分けると、三角形と四角形の二つの内角の合計が、そのまま多角形Aの角度の総和となります。

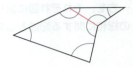

よって、多角形Aの角度は、
　　$180 + 360 = 540$［°］
です。

多角形Bに右図のように補助線（赤線）を引き、太枠の二つの三角形に着目すると、
　　❶＋❷＝❸＋❹
が成り立ちます。つまり、求める角度は、
　　❶＋❷＋（他四つの角度の合計）
となるので、❶＋❷の代わりに❸＋❹を使うと、求める角度は、
　　❸＋❹＋（他四つの角度の合計）
となります。

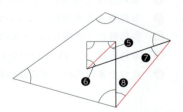

右図より、❸＋❹＋（他四つの角度の合計）は四角形の内角と等しくなることがわかるので、多角形Bの角度は360°です。

多角形Cに右図のように補助線（赤線）を2本引くと、多角形C内部の四角形を二つの三角形に分けることができます。二つの三角形のうち右側の三角形と、右の補助線によってできた三角形を見ると、
　　❺＋❻＝❼＋❽
が成り立つことがわかります。したがって、求める角度は、多角形C内部の左側の三角形の内角の合計と、❼、❽と外側の四つの角度を合わせた四角形の内角の合計になるので、
　　$180 + 360 = 540$［°］
となります。

この時点で、多角形Aと多角形Cの角度が等しくなるので、正解は❷になります。

多角形Dは、多角形Cと同じように補助線（赤線）を引けば、

❾＋❿＝⓫＋⓬

となるので、多角形Dの角度の総和は、四角形二つの内角の合計として計算できます。つまり、多角形Dの角度は、

$360 + 360 = 720 \ [°]$

となります。

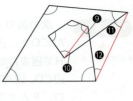

過去問にチャレンジ

問題1
★
▶解説は別冊 p.115

次の図のような、辺AB＝13cm、辺BC＝16cmとする長方形ABCDと、辺AB、辺BC、辺CD、辺AD上の点E、点F、点G、点Hで囲まれた四角形EFGHがある。今、点E、点F、点G、点Hから辺CD、辺AD、辺AB、辺BCに垂線を引き、それぞれの交点をQ、R、O、Pとすると、EO＝5cm、FP＝6cmとなった。このとき、四角形EFGHの面積はどれか。

区Ⅰ 2014

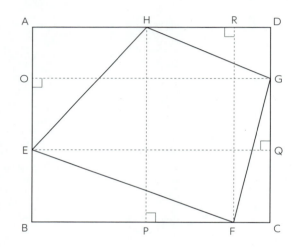

❶　104 cm^2
❷　119 cm^2
❸　124 cm^2
❹　134 cm^2
❺　149 cm^2

258

問題2
★★
▶解説は別冊 p.116

下の図のように、三角形ABCは、AB＝ACの二等辺三角形であり、辺AB上に点D、Fが、辺AC上に点E、Gが置かれ、線分DE、EF、FG、GBによって五つの三角形に分割されている。この五つの三角形のそれぞれの面積が全て等しいとき、ADの長さとAEの長さの比として、正しいのはどれか。

都Ⅰ 2019

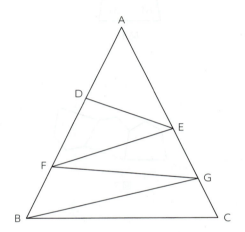

	AD	:	AE
❶	5	:	7
❷	9	:	13
❸	15	:	22
❹	45	:	62
❺	45	:	64

問題3 図1のような五角形の将棋の駒を、図2の実線部分のように3枚を
★★★　1組として、角どうしが接するように並べ続けたとき、環状になるた
▶解説は別冊 p.120　めに必要な駒の枚数として、正しいのはどれか。

都Ⅰ 2013

図1

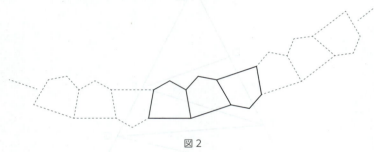

図2

❶　48枚
❷　54枚
❸　60枚
❹　66枚
❺　72枚

図形の相似・三平方の定理

> **学習のポイント**
> ・図形の相似、三平方の定理は、どちらも他の分野でも使われる重要な知識です。
> ・問題演習を繰り返して、基本的な問題だけでも解けるようにしておくとよいでしょう。

1 相 似

(1) 相似と合同

① 相 似

　二つの図形の**形が同じ**である場合、その二つの図形は**相似**の関係になります。このとき、形さえ同じであれば大きさは問いません。

② 合 同

　二つの図形の**形が同じ**であり、**かつ大きさが同じ**である場合、その二つの図形は**合同**の関係になります。
　合同は相似の一種であり、「相似であり、かつ相似比が1：1である図形」として考えることもできます。

　「合同」は二つの図形を重ねるとぴったり一致する関係、「相似」は一方の図形を拡大・縮小するともう一方の図形とぴったり一致する関係です。
　数的推理の問題では、図形の中に相似の関係をうまく見つけることを求められる場面が多くあります。

(2) 三角形の相似条件

　二つの三角形が相似であるためには、以下の三角形の相似条件のうち、いずれか一つを満たしていることが必要です。特に❶の条件の成立が問題になることが多く、重要です。

2　図形の相似・三平方の定理　261

【三角形の相似条件】

❶ **2組**（または3組）**の内角が等しい**

❷ 2組の辺の比とその間の角がそれぞれ等しい

❸ 3組の辺の比がすべて等しい

> 😎 **補足**
>
> **正 n 角形どうしは必ず相似になります**（検証する必要はありません）。例えば、正三角形が二つあれば、それらは必ず相似になります。これは、正方形どうしや正五角形どうしでも同様です。また、円についても同じであり、**円**が二つあれば、それらは相似となります。
>
> 　立体でも、**正多面体**と呼ばれる正四面体、正六面体（立方体）、正八面体、正十二面体、正二十面体において、同様のことがいえます。例えば、正六面体（立方体）が二つあれば、それらは必ず相似になります。また、**球**についても同様で、球が二つあればそれらは必ず相似になります。

⑶　三角形の合同条件

　二つの三角形が合同であるためには、以下の三角形の合同条件のうち、いずれか一つを満たしていることが必要です。

【三角形の合同条件】

❶ 1組の辺とその両端の角がそれぞれ等しい

❷ 2組の辺とその間の角がそれぞれ等しい

❸ 3組の辺がそれぞれ等しい

⑷　相似比と面積比・体積比

　相似の関係にある二つの図形では、**相似比**（対応する部分の長さの比）がわかれば、**面積比や体積比を求めることができます。**

①　相似比と面積比の関係

　ある二つの平面図形が相似であり、**相似比が $a:b$** であるとき、その二つの平面図形の**面積比は $a^2:b^2$** となります。

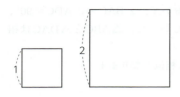

> 例　左の図のように、1辺の長さが1の正方形と1辺の長さが2の正方形があるとき、二つの正方形は相似であり、その相似比は1：2となります。
> 　　このとき面積比は、$1^2:2^2=1:4$です。

② 相似比と体積比の関係

　ある二つの立体図形が相似であり、**相似比が$a:b$**であるとき、その二つの立体図形の**体積比は$a^3:b^3$**となります。

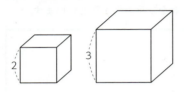

> 例　左の図のように、1辺の長さが2の立方体と1辺の長さが3の立方体があるとき、二つの立方体は相似であり、その相似比は2：3となります。
> 　　このとき体積比は、$2^3:3^3=8:27$です。

(5) 三角形の相似の基本形

　相似の関係にある三角形の基本的なパターンをいくつか紹介します。これらについては形を覚えておくことが重要です。

① 錯角で2組の内角が等しい

　　AB//CDである左の図の△OABと△ODCにおいて、∠OAB＝∠ODC（錯角）、∠OBA＝∠OCD（錯角）で2角が等しいので、△OABと△ODCは相似の関係になります。

② 同位角で2組の内角が等しい

　　AB//CDである左の図の△OABと△OCDにおいて、∠OAB＝∠OCD（同位角）、∠OBA＝∠ODC（同位角）で2角が等しいので、△OABと△OCDは相似の関係になります。

③ 直角三角形で直角と別の1角が等しい

　　∠BAC＝90°、∠ADB＝90°である左の図の△ABCと△DBAにおいて、∠BAC＝∠BDA＝90°、∠ABC＝∠DBAで2角が等しいので、△ABCと△DBAは相似の関係になります。

2　図形の相似・三平方の定理　　263

また、△ABCと△DACにおいて、∠BAC＝∠ADC＝90°、∠ACB＝∠DCAで2角が等しいので、△ABCと△DACは相似の関係になります。

よって、△DBAと△DACも相似となります。

2 三平方の定理

(1) 三平方の定理

直角三角形において、直角を挟む2辺をそれぞれa、bとし、斜辺をcとしたとき、a、b、cの長さについて次の定理が成り立ち、これを**三平方の定理**といいます。

【三平方の定理】

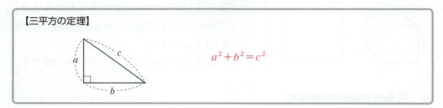

$$a^2 + b^2 = c^2$$

(2) 頻出の直角三角形

典型的ないくつかの直角三角形では、辺の比を覚えておくと検討がスムーズに進みます。下に掲げるものは頭に入れておきましょう。

① 30°・60°・90°の直角三角形

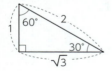

30°、60°、90°の直角三角形の場合、辺の比が**1：2：$\sqrt{3}$**になります。逆に、辺の比が1：2：$\sqrt{3}$であれば、斜辺の両端の角度がそれぞれ30°、60°と考えることもできます。

② 45°・45°・90°の直角三角形

45°、45°、90°の直角二等辺三角形の場合、辺の比が**1：1：$\sqrt{2}$**になります。逆に、辺の比が1：1：$\sqrt{2}$であれば、斜辺の両端の角度がともに45°と考えることもできます。

③ 3辺の長さの比が3：4：5の直角三角形

3辺の比が**3：4：5**になる直角三角形があります。

例 直角を挟む2辺の比が3：4であれば、残る斜辺の比は5であることがわかり、このように未知の辺の長さを確定させられることがあります。

補足

直角三角形の辺の比においては、$\sqrt{2}$ や $\sqrt{3}$ などの平方根を扱います。このとき、計算過程において分母に根号を含む式が残ってしまった場合はそのままにせず、有理化を行ってこれを除きます。

例 $\dfrac{1}{\sqrt{3}} = \dfrac{1}{\sqrt{3}} \times \dfrac{\sqrt{3}}{\sqrt{3}} = \dfrac{\sqrt{3}}{3}$

$\dfrac{1}{\sqrt{3}+1}$ の分母を有理化する（根号を消す）とき、分母と分子に $\sqrt{3}$ のみを掛けても分母の根号は消えません（$\dfrac{1}{\sqrt{3}+1} \times \dfrac{\sqrt{3}}{\sqrt{3}} = \dfrac{\sqrt{3}}{3+\sqrt{3}}$ となり、これ以上整理できません）。また、分母と分子に（$\sqrt{3}+1$）を掛けても、やはり分母の根号は消えません（$\dfrac{1}{\sqrt{3}+1} \times \dfrac{\sqrt{3}+1}{\sqrt{3}+1} =$

$\dfrac{\sqrt{3}+1}{4+2\sqrt{3}}$ となり、これ以上整理できません）。

この分数を有理化するには、分母のプラスマイナスを逆にした（$\sqrt{3}-1$）を分母と分子に掛けます。そうすると、

$$\dfrac{1}{\sqrt{3}+1} \times \dfrac{\sqrt{3}-1}{\sqrt{3}-1} = \dfrac{\sqrt{3}-1}{(\sqrt{3})^2 - 1^2} = \dfrac{\sqrt{3}-1}{2}$$

となり、有理化することができます。

例 $\dfrac{5+\sqrt{3}}{2-\sqrt{3}} = \dfrac{5+\sqrt{3}}{2-\sqrt{3}} \times \dfrac{2+\sqrt{3}}{2+\sqrt{3}} = \dfrac{13+7\sqrt{3}}{4-3} = 13+7\sqrt{3}$

解法 ナビゲーション

下の図のような台形の高さ h として、正しいのはどれか。

都Ⅰ 2018

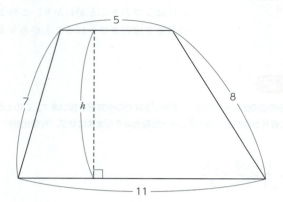

❶ $\dfrac{7\sqrt{3}}{2}$

❷ $\dfrac{7\sqrt{15}}{4}$

❸ $\dfrac{3\sqrt{21}}{2}$

❹ $\dfrac{5\sqrt{39}}{4}$

❺ $\dfrac{3\sqrt{30}}{2}$

🍄 着眼点

上底から下底へ垂線を引き、二つの直角三角形を作ります。左右にできる二つの直角三角形は高さ h が共通しているので、三平方の定理を使って h を求める式を二つ立て、連立させて解くことを考えます。

【解答・解説】

正解 ❷

以下の図のように、台形の各頂点をA〜Dとおきます。さらに、点Aと点Dから、辺BCに向けてそれぞれ垂線を引き、これらの垂線と辺BCの交点をE、Fとおきます。

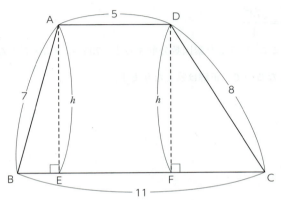

上図より、直角三角形ABEと直角三角形DCFを得ます。そこで、三平方の定理より、hに関する式を立てます。上図より、AD＝EF＝5となるので、BE＝xとおくと、

$$CF = 11 - x - 5 = 6 - x$$

とおくことができます。

△ABEにおいて、三平方の定理より、

$$h^2 = 7^2 - x^2 = (49 - x^2) \quad \cdots\cdots ①$$

となります。同様に、△DCFにおいて、三平方の定理より、

$$h^2 = 8^2 - (6 - x)^2 = 64 - (36 - 12x + x^2) = (28 + 12x - x^2) \quad \cdots\cdots ②$$

となります

①、②より、

$$(49 - x^2) = (28 + 12x - x^2)$$

が成り立つので、これを解くと、

$$49 - x^2 = 28 + 12x - x^2$$

より、21＝12xとなるので、

$$x = \frac{7}{4} \quad \cdots\cdots ③$$

となります。

求めるのは h なので、③を①または②に代入します。ここでは①に代入して解説します。①より、

$$h^2 = 49 - \left(\frac{7}{4}\right)^2 = 49 - \frac{49}{16} = \frac{784 - 49}{16} = \frac{735}{16}$$

となるので、

$$h = \sqrt{\frac{735}{16}} = \frac{\sqrt{735}}{4}$$

となります。ここで、735を素因数分解すると、$735 = 3 \times 5 \times 7^2$ となることから、$\frac{\sqrt{735}}{4} = \frac{7\sqrt{15}}{4}$ となるので、正解は❷となります。

過去問にチャレンジ

問題1 ★
▶解説は別冊 p.121

辺AB＝6、辺AD＝10とする長方形ABCDにおいて、BCを2：3に分ける点をEとし、ACとDEの交点をFとする。このとき三角形AEFの面積は次のどれか。

裁判所2008

① 11.21
② 11.25
③ 11.27
④ 11.30
⑤ 11.33

問題2 ★★
▶解説は別冊 p.122

下の図のように∠BAC＝75°の△ABCを、線分DEを折り目として点Aが辺BC上の点A′に来るように折り返す。∠BA′D＝90°、線分AD＝6、線分BA′＝$2\sqrt{3}$とするとき、辺BCの長さはいくらか。

裁判所2017

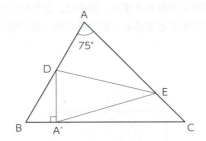

① $10\sqrt{3}$
② $6+8\sqrt{3}$
③ $8+6\sqrt{3}$
④ $9+5\sqrt{3}$
⑤ $12+2\sqrt{3}$

問題3 ★★★
▶解説は別冊 p.124

　Ｋビルの１階からは、建設中のＳタワーは、ＫビルとＳタワーの間にある高さ34 mのＤビルに隠れて、見ることができない。Ｋビルの高さ29 mの位置からは、Ｓタワーの高さが534 mになったとき、初めてその最上部を見ることができた。Ｓタワーの高さが634 mになったとき、その最上部をＫビルから見ることができる位置の中で、最も低い高さはどれか。ただし、Ｋビル、Ｄビル、Ｓタワーの高さの基点は同じ水平面上にあるものとする。

区Ⅰ 2012

❶ 24 m
❷ 25 m
❸ 26 m
❹ 27 m
❺ 28 m

問題4 ★★
▶解説は別冊 p.126

　図のように、一辺の長さが１の正方形Ａに内接し、かつ、30°傾いた正方形を正方形Ｂとする。同様に、正方形Ｂに内接し30°傾いた正方形を正方形Ｃとすると、正方形Ｃの一辺の長さ c として正しいのはどれか。

国般 2003

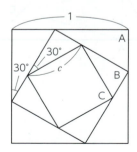

❶ $\sqrt{\dfrac{2}{3}}$

❷ $\dfrac{3}{4}$

❸ $\sqrt{3}-1$

❹ $\dfrac{1}{\sqrt{2}}$

❺ $4-2\sqrt{3}$

問題5 ★★
▶解説は別冊 p.128

次の図のように、直角三角形ABCの∠BACの二等分線と辺BCとの交点をDとする。ABを2、BDを1とするとき、直角三角形ABCの面積はどれか。

区Ⅰ 2012

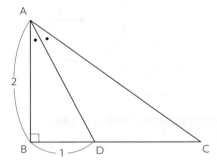

❶ $\dfrac{11}{3}$

❷ $\dfrac{10}{3}$

❸ 3

❹ $\dfrac{8}{3}$

❺ $\dfrac{7}{3}$

3 円

> **学習のポイント**
> ・円は頻出分野です。空間把握で活かせる知識でもあるので、必ず使いこなせるようにしておきましょう。

1 円とおうぎ形の公式

円とおうぎ形の円周や面積を求める公式は、必ず覚えて使えるようにしておきましょう。

【円の公式】
半径 r の円において、円周率$=\pi$ とすると、次の式が成り立ちます。

❶ （円周の長さ）$=2\pi r$
❷ （円の面積）$=\pi r^2$

【おうぎ形の公式】
半径 r、中心角 $x°$ のおうぎ形において、円周率$=\pi$ とすると、次の式が成り立ちます。

❶ （おうぎ形の弧の長さ）$=2\pi r \times \dfrac{x}{360}$
❷ （おうぎ形の面積）$=\pi r^2 \times \dfrac{x}{360}$

2 円と接線の関係

円と直線が1点で接しているとき、この円と接している直線を接線といい、接している点を接点といいます。
円と接線には次のような関係が成立します。

(1) **円の中心と接点を結んだ線と接線との関係**

円が接線 l と P で接しているとき、円の中心と接点を結ぶ直線 OP と接線 l がなす角は**直角**になります。

(2) **円外の1点から2点の接点までの距離**

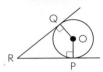

円周上の異なる2点P、Qに対して接線を引き、その2本の接線の交点をRとするとき、**PR＝QR**が成り立ちます。

3 円周角

(1) **円周角と中心角**

円周上の弧PQから、弧PQ以外の円周上に点Aをとるとき、∠PAQを**円周角**といいます。また、∠POQを**中心角**といいます。

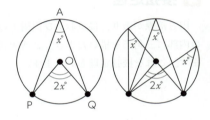

円周角∠PAQは、中心角∠POQの $\dfrac{1}{2}$ になります。

一つの弧からできる円周角は複数あり、同じ弧からできる円周角はすべて等しくなります。

> **補足**
>
> 弧が円周の $\dfrac{1}{2}$ の場合、中心角が180°になるので、円周角は90°になります。
>
>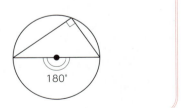

(2) 弧の長さと円周角の比

弧の長さの比と、円周角の比は等しくなります（中心角の比とも等しくなります）。

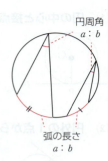

弧の長さの比から、中心角の比や円周角の比を求めて解く問題が多く存在します。

4 接弦定理

円と接線があり、接点および円周上の2点で円の内部に三角形を描いたとき、∠A＝∠Bとなります。これを接弦定理といいます。

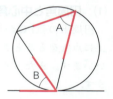

解法ナビゲーション

図のような1辺が8mで、残りの2辺が12mの二等辺三角形の花壇に、円形の花時計を作る。このとき、花壇からはみ出さないように作ることのできる最大の花時計の直径はいくらか。

国般1999

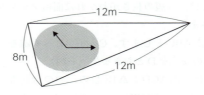

❶　4 m
❷　5 m
❸　$4\sqrt{2}$ m
❹　6 m
❺　$4\sqrt{3}$ m

　三角形の内心の知識を使います。二等辺三角形の面積を2種類の方法で立式することにより、花時計の半径を割り出すことを考えます。

【解答・解説】

正解 ❸

この花壇は三角形になるので、花壇内に作ることのできる最大の円は、三角形の内接円になります。そこで、「**内接円の半径を使って三角形の面積を求められる**」ことを使います。

まず、二等辺三角形は、3辺の長さがわかれば面積を求められるので、二等辺三角形の面積を求めてみます。

花壇をAC＝BCの△ABCとします。CからABへ垂線を引き、その垂線とABの交点をDとおきます（右図）。

このとき、△ABCは、△ACDと△BCDの二つの合同な直角三角形に分割できます。△BCDは∠BDC＝90°の直角三角形になります。題意よりBC＝12［m］、BD＝4［m］になるので、三平方の定理を使うと、

$$CD = \sqrt{12^2 - 4^2} = \sqrt{128} = 8\sqrt{2} \text{［m］}$$

となります。CDは、△ABCの底辺をABとしたときの高さに当たることから、△ABCの面積は、

$$AB \times CD \times \frac{1}{2} = 8 \times 8\sqrt{2} \times \frac{1}{2} = 32\sqrt{2} \text{［m}^2\text{］} \quad \cdots\cdots ①$$

となります。

次に、内接円を使って△ABCの面積を求めます。内接円の中心をOとおき、OをA、B、Cとそれぞれ直線で結びます。内接円の半径をr［m］とおくと、△OACは底辺AC、高さrと考えることができますので、△OACの面積は、

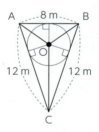

$$12 \times r \times \frac{1}{2} = 6r \text{［m}^2\text{］}$$

となります。同様に計算すると、△OBCの面積は$6r$［m²］、△OABの面積は$4r$［m²］となります。

これら三つの面積を合計すると、

$$6r + 6r + 4r = 16r \text{［m}^2\text{］}$$

となり、これが△ABCの面積になります。これと①は等しくなりますので、

$$16r = 32\sqrt{2}$$

より、$r = 2\sqrt{2}$［m］となります。

求めるのは直径なので、直径は、

$$2\sqrt{2} \times 2 = 4\sqrt{2} \text{［m］}$$

となります。よって、正解は❸となります。

過去問にチャレンジ

問題1 ★

次の図のように、辺ABが20 cmの直角三角形ABCに半径4 cmの円Oが内接しているとき、直角三角形ABCの面積はどれか。

▶解説は別冊 p.129

区Ⅰ 2003

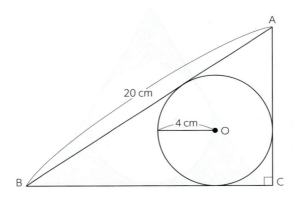

- ❶ 95 cm²
- ❷ 96 cm²
- ❸ 97 cm²
- ❹ 98 cm²
- ❺ 99 cm²

問題2 次の図のような、一辺の長さが $4a$ の正三角形とその内接する円で構成された斜線部の面積はどれか。ただし、円周率は π とする。

区Ⅰ 2016

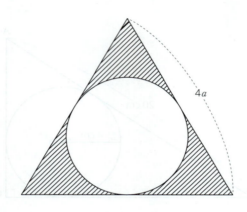

❶ $(4\sqrt{3} - \dfrac{1}{3}\pi)a^2$

❷ $(4\sqrt{3} - \dfrac{2}{3}\pi)a^2$

❸ $(4\sqrt{3} - \pi)a^2$

❹ $(4\sqrt{3} - \dfrac{4}{3}\pi)a^2$

❺ $(4\sqrt{3} - \dfrac{5}{3}\pi)a^2$

問題3 ★★

図のように、点Oを中心とする半径1の円と点Pを中心とする円が外接しており、二つの円に共通する接線lとmが60°で交差している。二つの円と接線lとの接点をそれぞれA、Bとすると、四角形ABPOの面積はいくらか。

▶解説は別冊 p.131

国総2013

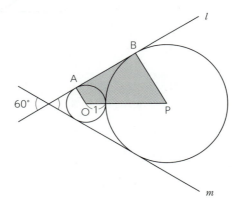

❶ $3\sqrt{3}$
❷ $4\sqrt{2}$
❸ 6
❹ $4\sqrt{3}$
❺ 7

問題4 右図のように、大きい円が一辺の長さ $2a$ の正三角形に内接し、小さい円が正三角形の二辺と大きい円とに接しているとき、大きい円と小さい円の面積の計として、正しいのはどれか。

都Ⅰ 2011

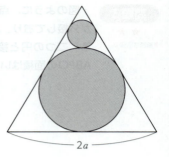

▶解説は別冊 p.133

❶ $\dfrac{5}{18}\pi a^2$

❷ $\dfrac{5}{27}\pi a^2$

❸ $\dfrac{10}{27}\pi a^2$

❹ $\dfrac{5}{54}\pi a^2$

❺ $\dfrac{25}{54}\pi a^2$

問題5 図のように、半径2の円に内接する正方形の対角線上に、互いに接するように等しい大きさの小円を三つ並べ、かつ、両端の円が正方形の2辺に接するように描くとき、この小円の半径として正しいのはどれか。

国般2011

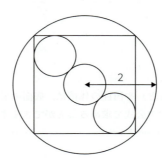

① $2\sqrt{2} - 2$

② $\dfrac{2}{3}$

③ $\dfrac{4-\sqrt{2}}{4}$

④ $2-\sqrt{2}$

⑤ $\dfrac{2-\sqrt{2}}{2}$

4 立体の知識と面積・体積の応用

学習のポイント
- この節で学習する内容も、他の分野で使う知識となります。
- 他の図形の知識に比べるとわかりやすいものが多いので、苦手な人も少しずつ覚えていくとよいでしょう。

1 立 体

(1) 角柱・円柱の体積

角柱（三角柱、四角柱など）や円柱の体積は、底面の形（三角柱なら三角形、円柱なら円）に関係なく、次の公式で求めることができます。

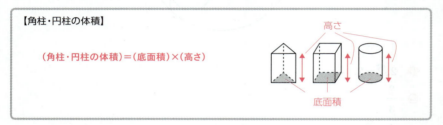

(2) 角すい・円すいの体積

角すい（三角すい、四角すいなど）や円すいの体積も、底面の形に関係なく、次の公式で求めることができます。

(3) 球の表面積・体積

球の表面積・体積は次の公式で求めることができます。

【球の公式】

半径 r の球において、次の公式が成立します。

❶ （球の表面積）＝ $4\pi r^2$

❷ （球の体積）＝ $\dfrac{4}{3}\pi r^3$

(4) 円すいの知識
① 半径・高さ・母線の関係

半径が r、高さが h、母線（頂角Aから底面の円周上の点Bまでの長さ）が R の円すいにおいて、△ABOは∠AOB＝90°の直角三角形になります。

したがって、三平方の定理より、$h^2 = R^2 - r^2$ が成り立ちます。

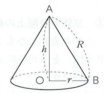

② 円すいの展開図

円すいの展開図は、図のように**底面の円と側面のおうぎ形の組合せ**になります。円すいの母線 R は、展開図における側面のおうぎ形の半径となります。

また、側面のおうぎ形の**弧の長さ**は、底面の円の**円周の長さ**と等しくなります。

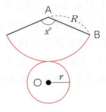

③ 円すいの中心角・側面の面積

円すいの中心角、側面のおうぎ形の面積は次の式で求めることができます。

【円すいの公式】

半径が r、高さが h、母線が R の円すいにおいて、次の式が成り立ちます。

❶ （側面のおうぎ形の中心角）＝ $360 \times \dfrac{r}{R}$

❷ （側面のおうぎ形の面積）＝ $\pi r R$

(5) 立体図形での三平方の定理の応用
① 直方体の対角線の長さ

直方体の対角線の長さ（図1の赤線）は、**三平方の定理を2回使って求めます**。

まず図2のように、a、bを使って三平方の定理で上面の対角線MPを求めます。次に、もう一度三平方の定理を使って△PMNの斜辺として対角線MNを求めます（図3）。

図1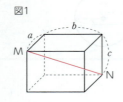

図2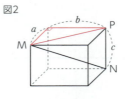

図3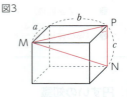

② 立体の表面上の最短距離

立体の表面にひもを巻き付けたときの「ひもの長さの最小値」を求める問題でも、**三平方の定理**が使えることが多いです。

例えば、直方体にひも（図1の赤線）を巻き付けたとき、PQ＋QRの最小値を求める方法を考えると、図2のようにQRのある右面を、上の面と平らになるように展開します。ひもの長さPRは赤い直角三角形の斜辺に当たるので、PRは、a、b、cを使って三平方の定理で求めることができます。

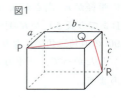

図1

図2

2 面積・体積の応用　　重要！

平面図形や立体図形の面積や体積を求める問題では、図形が典型的な形ではなく複雑な形をしていることが多くあります。このようなときには、以下に紹介するような方法により計量しやすい形で捉え直すことを考えます。

【面積・体積を求める問題の解法】
❶　足し算型　　：補助線で図形を求めやすい形に分割し、最後に足し算する
❷　引き算型　　：大きな図形から不要な部分を取り除く（引き算する）
❸　等積変形　　：面積・体積が変わらず、かつ求めやすい形に変形する

それぞれ例題を使って説明していきます。

例題1 次の四角形の面積を求めよ。

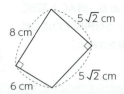

　図のような四角形の面積を直接求める公式は存在しないので、わかりやすい形に分けて、<u>足し算型</u>を使います。

　問題の図を以下のように二つの直角三角形に分けます。すると、左の三角形の面積は、

$$6 \times 8 \times \frac{1}{2} = 24 \ [\text{cm}^2]$$

となり、右の三角形の面積は、

$$5\sqrt{2} \times 5\sqrt{2} \times \frac{1}{2} = 25 \ [\text{cm}^2]$$

となるので、四角形の面積は、

　　$24 + 25 =$ **49** $[\text{cm}^2]$

となります。

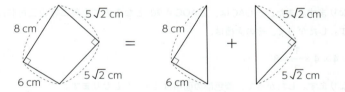

例題2 右図のように、直径がABである半円があり、その半径は4である。弧ACと弧BCの長さが等しくなるような円周上の点Cがあるとき、着色部の面積を求めよ。

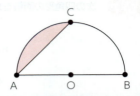

着色部の面積を直接求める公式は存在しないので、わかりやすい図を使って解きます。

弧ACと弧BCの長さが等しいので、おうぎ形OACとおうぎ形OBCの中心角も等しくなります。つまり、おうぎ形OACの中心角は90°とわかります。そこで、着色部の面積を、以下の図のように **引き算型** として、（おうぎ形OACの面積）−（△OACの面積）の形で求めます。

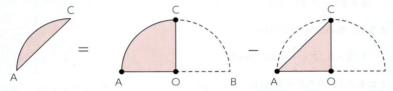

おうぎ形OACの面積は、

$$\pi \times 4^2 \times \frac{90}{360} = 4\pi$$

となります。また、△OACは、∠AOC = 90°となるので直角二等辺三角形になります。したがって、その面積は、

$$4 \times 4 \times \frac{1}{2} = 8$$

となります。したがって、着色部の面積は **$4\pi - 8$** となります。

例題3 右図のように、1辺6の正方形の内部に、正方形の1辺を直径とする半円を二つ描いたとき、着色部の面積はいくらか。

着色部の面積を直接求める公式は存在しないので、わかりやすい形に変形します。このとき、面積が変わらないように変形する**等積変形**を使います。

下図のように、正方形左下の「弧を二つ合わせた着色部」を二つに分けて移動させると、直角二等辺三角形一つの面積と等しいことがわかります。つまり、着色部の面積は、正方形の面積の $\dfrac{1}{2}$ となるので、その面積は、

$$6 \times 6 \times \dfrac{1}{2} = 18$$

となります。

 =

解法ナビゲーション

図のように、底面が直径 1 の円で、かつ高さが 4π の円柱に、ひもを底面の点 B から直上の点 A まで等間隔の螺旋状に巻いていったところ、ちょうど 4 周したところで巻き終わった。

このひもを用いて円を作ったとき、その面積はいくらか。

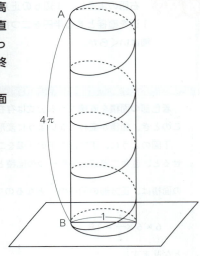

国般 2012

① $4\sqrt{2}\pi$
② 8π
③ $8\sqrt{2}\pi$
④ 12π
⑤ $12\sqrt{2}\pi$

立体表面上の最短距離を求めるので、展開図上で直角三角形を作ることを考えます。
「円柱の側面を 4 周する」とは、「側面四つを並べて直線で結ぶ」ことに当たります。

【解答・解説】

正解 ❷

まず、巻き付ける面、つまり円柱の側面の形を考えます。「底面の円の円周の長さ」と「側面の1辺の長さ」が等しいことを使います。底面の円は、直径1、円周率はπですので、その円周の長さは$1 \times \pi = \pi$になります。つまり、**この円柱の側面は、横がπ、縦が4πの長方形になる**ことがわかります（①）。

この円柱にひもを巻き付けたとき、点Bから等間隔になるように、らせん状に4周巻き付けると点Aの位置にきたということは、**①の長方形を四つ横方向に並べて大きな四角形を作り、左右の端にある点Aと点Bを直線で結んだときの長さが、ひもの長さと等しい**、ということです（以下の図）。なお、図において、点Aに当たる点を$A_0 \sim A_4$とおき、点Bに当たる点を$B_0 \sim B_4$とおいてあります。

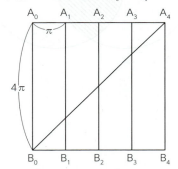

この図を使ってひもの全長を求めます。図より、A_4からB_0までの長さは、縦4π、横4πの直角二等辺三角形の斜辺の長さに等しくなります。したがって、

$$A_0B_0 : A_4B_0 = 1 : \sqrt{2}$$

が成り立つので、この式に$A_0B_0 = 4\pi$を代入すると、

$$4\pi : A_4B_0 = 1 : \sqrt{2}$$

より、

$$A_4B_0 = 4\sqrt{2}\pi$$

となります。これがひもの長さになります。

このひもを使って円を作れば、その円周の長さは$4\sqrt{2}\pi$になります。円周の公式は、（直径）×πなので、このひもで作った円の直径は$4\sqrt{2}$となります。つまり、このひもで作った円の半径は$2\sqrt{2}$です。

よって、この円の面積は、

$$\pi \times (2\sqrt{2})^2 = 8\pi$$

となるので、正解は❷となります。

過去問にチャレンジ

問題1 ★

次の図のように、半径6cmの2つの円がそれぞれの中心を通るように交わっているとき、斜線部分の面積はどれか。ただし、円周率は π とする。

▶解説は別冊 p.135

区Ⅰ 2009

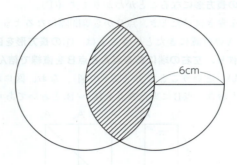

① 12π
② 18π
③ $12\pi - 9\sqrt{3}$
④ $24\pi - 18\sqrt{3}$
⑤ $24\pi + 18\sqrt{3}$

問題 2 ★★

▶解説は別冊 p.137

一辺 4 cm の正方形 9 個を隙間なく並べて、一辺 12 cm の正方形を作る。この作った正方形の対角線が交わる点を中心とし、半径 4 cm の円を描く。このとき、下の図のように着色した部分の面積として、正しいのはどれか。ただし、円周率は π とする。

都Ⅰ 2020

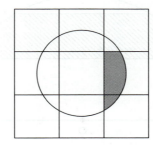

❶　$4\pi - 4 \text{ cm}^2$
❷　$4\pi - 5 \text{ cm}^2$
❸　$4\pi - 6 \text{ cm}^2$
❹　$4\pi - 7 \text{ cm}^2$
❺　$4\pi - 8 \text{ cm}^2$

問題3 次の図のような、半径1mの半円がある。今、円弧を六等分する点をC、D、E、F、Gとするとき、斜線部の面積はどれか。ただし、円周率はπとする。

▶解説は別冊 p.138

区Ⅰ 2018

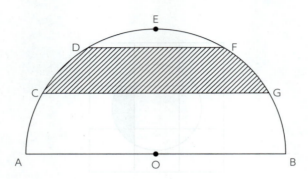

① $\dfrac{\pi}{2} - \dfrac{\sqrt{3}}{4}$ m^2

② $\dfrac{\pi}{3} - \dfrac{\sqrt{3}}{4}$ m^2

③ $\dfrac{\pi}{3}$ m^2

④ $\dfrac{\pi}{6} - \dfrac{\sqrt{3}}{4}$ m^2

⑤ $\dfrac{\pi}{6}$ m^2

問題4 ★★

図Ⅰのように、底面の半径が4cmの円筒に、ある高さまで水が入っている。いま、図Ⅱのように、一辺の長さが4cmの正方形を底面とする四角柱を、底面を水平に保ったままこの水中に沈めていったとき、水面の位置が3cm高くなった。このとき、四角柱の水につかっている部分の高さはいくらか。

国般2013

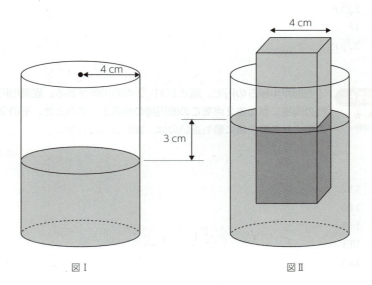

図Ⅰ　　　　図Ⅱ

1. $3\pi - 3$ cm
2. $4\pi - 4$ cm
3. 3π cm
4. $3\pi + 3$ cm
5. 4π cm

問題5 ★

▶解説は別冊 p.141

底面の半径 r、高さ h の円すい（直円すい）の側面積が底面積の3倍に等しいとき、h を r で表したものとして正しいのはどれか。

国専 2008

❶ $2r$

❷ $2\sqrt{2}\,r$

❸ $2\sqrt{3}\,r$

❹ $4r$

❺ $2\sqrt{5}\,r$

問題6 ★★

▶解説は別冊 p.142

底面が半径5の円で、高さが $10\sqrt{2}$ の直円錐がある。底面の円の直径の両端に当たる2点をこの直円錐の側面上で結ぶとき、その2点間の道のりの最小値に最も近いのは、次のうちどれか。

裁判所 2002

❶ 14.2

❷ 14.5

❸ 14.8

❹ 15.1

❺ 15.4

索 引

英数
2次方程式 ················ 59
n進法 ················ 48

あ
一般項 ················ 16
因数分解 ················ 59
円 ················ 272
円周角 ················ 273
円すい ················ 282
円柱 ················ 282
追い掛け算 ········ 148, 176, 182
おうぎ形 ················ 272
同じものを含む順列 ········ 204

か
外角 ················ 249
階差数列 ················ 19
外心 ················ 251
解の公式 ················ 61
角すい ················ 282
角速度 ················ 181
角柱 ················ 282
確率 ················ 214
過不足算 ················ 72
基準値 ················ 87
球 ················ 282
組合せ ·············· 194, 216
群数列 ················ 20
原価 ················ 88
公差 ················ 16
項数 ················ 16
合同 ················ 261
公倍数 ················ 4
公比 ················ 18
公約数 ················ 4

さ
最小公倍数 ················ 4
最大公約数 ················ 4

た
錯角 ················ 248
三角形 ················ 250
三角形の合同条件 ················ 262
三角形の相似条件 ················ 261
三角形の面積 ················ 251
三平方の定理 ················ 264
四角形 ················ 253
四角形の面積 ················ 254
仕事算 ················ 119
指数 ················ 3
指数法則 ················ 3
自然数 ················ 2
周回算 ················ 149
重心 ················ 251
順列 ·············· 192, 216
商 ················ 27
条件付き確率 ················ 234
剰余 ················ 28
初項 ················ 16
除数 ················ 27
数列 ················ 16
正三角形 ················ 250
整数 ················ 2
正方形 ················ 254
積の法則 ·············· 196, 216
接弦定理 ················ 274
素因数分解 ················ 2
増減率 ················ 86
相似 ················ 261
相似比 ················ 262
素数 ················ 2

た
台形 ················ 253
対頂角 ················ 248
ダイヤグラム ················ 175
旅人算 ················ 146
中心角 ················ 273
長方形 ················ 254
直角三角形 ················ 250

索 引 295

通過算 ……………………………… 164	利益の割合 ……………………………… 88
出会い算 ……………………… 146, 176	流水算 ……………………………… 157
天秤法 ……………………………… 107	連比 ……………………………… 91, 140
同位角 ……………………………… 248	
等差数列 …………………………… 16	
等差数列の総和 …………………… 17	**わ**
等比数列 …………………………… 18	和の法則 ………………………… 195, 216
時計算 ……………………………… 181	割合 ………………………………… 86
	割引率 ……………………………… 88

な

内角 ……………………………… 249	
内心 ……………………………… 250	
二等辺三角形 …………………… 250	
ニュートン算 …………………… 122	
年齢算 …………………………… 62	
濃度 ……………………………… 106	

は

場合の数 ………………………… 190
倍数 ……………………………… 3, 27
速さ ……………………………… 136
比 ………………………………… 89
ひし形 …………………………… 253
被除数 …………………………… 27
比例式 …………………………… 91
フィボナッチ数列 ……………… 19
覆面算 …………………………… 41
不定方程式 ……………………… 80
不等式 …………………………… 72
平均 ……………………………… 105
平行四辺形 ……………………… 253
平方数 …………………………… 9
方程式 …………………………… 58
母線 ……………………………… 283

ま

末項 ……………………………… 16
魔方陣 …………………………… 37
虫食い算 ………………………… 39

や

約数 ……………………………… 3

ら

利益 ……………………………… 87

〈執筆〉伊藤 健生（TAC公務員講座）

〈本文デザイン〉清原 一隆（KIYO DESIGN）

こう む いん し けん　　　　　　　ごうかく　き ほん か こ もんだいしゅう　すう てきすい り
公務員試験 ゼロから合格 基本過去問題集 数的推理

2021年4月25日　初　版　第1刷発行

編　著　者	Ｔ　Ａ　Ｃ　株　式　会　社	
		（公務員講座）
発　行　者	多　　田　　敏　　男	
発　行　所	Ｔ　Ａ　Ｃ株式会社　出版事業部	
		（TAC出版）

〒101-8383
東京都千代田区神田三崎町3-2-18
電話　03（5276）9492（営業）
FAX　03（5276）9674
https://shuppan.tac-school.co.jp

組　　版	朝日メディアインターナショナル株式会社
印　　刷	株式会社　ワコープラネット
製　　本	東京美術紙工協業組合

© TAC 2021　　　Printed in Japan

ISBN 978-4-8132-9485-6
N.D.C. 317

本書は、「著作権法」によって、著作権等の権利が保護されている著作物です。本書の全部または一部につき、無断で転載、複写されると、著作権等の権利侵害となります。上記のような使い方をされる場合、および本書を使用して講義・セミナー等を実施する場合には、小社宛許諾を求めてください。

乱丁・落丁による交換、および正誤のお問合せ対応は、該当書籍の改訂版刊行月末日までといたします。なお、交換につきましては、書籍の在庫状況等により、お受けできない場合もございます。
また、各種本試験の実施の延期、中止を理由とした本書の返品はお受けいたしません。返金もいたしかねますので、あらかじめご了承くださいますようお願い申し上げます。

公務員講座のご案内

大卒レベルの公務員試験に強い！

2019年度 公務員試験

公務員講座生[1]
最終合格者延べ人数[2]

5,460名

地方公務員 (大卒程度)	計 2,672名
国家公務員 (大卒程度)	計 2,568名
国立大学法人等	大卒レベル試験	180名
独立行政法人	大卒レベル試験	9名
その他公務員		31名

※1 公務員講座生とは公務員試験対策講座において、目標年度に合格するために必要と考えられる、講義、演習、論文対策、面接対策等をパッケージ化したカリキュラムの受講生です。単科講座や公開模試のみの受講生は含まれておりません。
※2 同一の方が複数の試験種に合格している場合は、それぞれの試験種に最終合格者としてカウントしています。(実合格者数は3,081名です。)
＊2020年1月31日時点で、調査にご協力いただいた方の人数です。

1位 全国の公務員試験で合格者を輩出！

詳細は公務員講座（地方上級・国家一般職）パンフレットをご覧ください。

2019年度 国家総合職試験

公務員講座生[1]
最終合格者数 206名[2]

法律区分	81名	経済区分	43名
政治・国際区分	32名	教養区分	18名
院卒/行政区分	20名	その他区分	12名

※1 公務員講座生とは公務員試験対策講座において、目標年度に合格するために必要と考えられる、講義、演習、論文対策、面接対策等をパッケージ化したカリキュラムの受講生です。各種オプション講座や公開模試など、単科講座のみの受講生は含まれておりません。
※2 上記は2019年度目標の公務員講座生最終合格者のほか、2020年目標公務員講座生の最終合格者が17名含まれています。
＊ 上記は2020年1月31日時点で調査にご協力いただいた方の人数です。

2019年度 外務専門職試験

最終合格者総数48名のうち
43名がWセミナー講座生[1]です。

合格者占有率[2] **89.6%**

外交官を目指すなら、実績のWセミナー

※1 Wセミナー講座生とは、公務員試験対策講座において、目標年度に合格するために必要と考えられる、講義、演習、論文対策、面接対策等をパッケージ化したカリキュラムの受講生です。各種オプション講座や公開模試など、単科講座のみの受講生は含まれません。また、Wセミナー講座生はそのボリュームから他校の講座生と掛け持ちすることは困難です。
※2 合格者占有率は「Wセミナー講座生（※1）最終合格者数」を、「外務省専門職試験の最終合格者総数」で除して算出しています。また、算出した数字の小数点第二位以下を四捨五入して表記しています。
＊ 上記は2020年1月31日時点で調査にご協力いただいた方の人数です。

WセミナーはTACのブランドです

資格の学校 TAC

合格できる3つの理由

1 必要な対策が全てそろう！ ALL IN ONEコース

TACでは、択一対策・論文対策・面接対策など、公務員試験に必要な対策が全て含まれているオールインワンコース(=本科生)を提供しています。地方上級／国家一般職／国家総合職／外務専門職／警察官・消防官／技術職など、試験別に専用コースを設けていますので、受験先に合わせた最適な学習が可能です。

▶ カリキュラム例：地方上級・国家一般職 総合本科生

※上記は2021年合格目標コースの内容です。カリキュラム内容は変更となる場合がございます。

2 環境に合わせて選べる！ 多彩な受講メディア

3 頼れる人がそばにいる！ 担任講師制度

TACでは教室講座開講校舎ごとに「担任講師制度」を設けています。最新情報の提供や学習に関する的確なアドバイスを通じて、受験生一人ひとりを合格までアシストします。

▶ **担任カウンセリング**
学習スケジュールのチェックや苦手科目の克服方法、進路相談、併願先など、何でもご相談ください。担任講師が親身になってお答えします。

▶ **ホームルーム(HR)**
時期に応じた学習の進め方などについての「無料講義」を定期的に実施します。

パンフレットのご請求は

TAC カスタマーセンター **0120-509-117** (ゴウカク イイナ)

受付時間
平日 9:30～19:00
土曜・日曜・祝日 9:30～18:00

TACホームページ **https://www.tac-school.co.jp/**

公務員講座のご案内

無料体験のご案内
3つの方法でTACの講義が体験できる！

教室で体験
迫力の生講義に出席　**予約不要!**　**3回連続出席OK!**

1. 校舎と日時を決めて、当日TACの校舎へ
TACでは各校舎で毎月体験入学の日程を設けています。

2. オリエンテーションに参加（体験入学1回目）
初回講義「オリエンテーション」にご参加ください。終了後は個別にご相談をお受けいたします。

3. 講義に出席（体験入学2・3回目）
引き続き、各科目の講義をご受講いただけます。参加者には講義で使用する教材をプレゼントいたします。

- 3回連続無料体験講義の日程はTACホームページと公務員パンフレットでご覧いただけます。
- 体験入学はお申込み予定の校舎に限らず、お好きな校舎でご利用いただけます。
- 4回目の講義前までに、ご入会手続きをしていただければ、カリキュラム通りに受講することができます。

※地方上級・国家一般職・警察官・消防官レベル以外の講座では、2回連続体験入学を実施しています。

ビデオで体験
校舎のビデオブースで体験視聴

TAC各校の個別ビデオブースで、講義を無料でご視聴いただけます。（要予約）

各校のビデオブースでお好きな講義を視聴できます。視聴前日までに視聴する校舎受付窓口にてご予約をお願い致します。

ビデオブース利用時間 ※日曜日は④の時間帯はありません。
① 9:30～12:30　② 12:30～15:30
③ 15:30～18:30　④ 18:30～21:30

※受講可能な曜日・時間帯は一部校舎により異なります。
※年末年始・夏期休業・その他特別な休業以外は、通常平日・土日祝祭日にご覧いただけます。
※予約時にご希望日とご希望時間帯を合わせてお申込みください。
※基本講義の中からお好きな科目をご視聴いただけます。（視聴できる科目は時期により異なります）
※TAC提携校での体験視聴につきましては、提携校各校へお問合せください。

Webで体験
スマートフォン・パソコンで講義を体験視聴

TACホームページの「TAC動画チャンネル」で無料体験講義を配信しています。時期に応じて多彩な講義がご覧いただけます。

TACホームページ　**https://www.tac-school.co.jp/**

※体験講義は教室講義の一部を抜粋したものになります。

資格の学校 TAC

2020年度 本試験データリサーチ【予告!】

参加無料!
10試験種以上実施予定!
スマホ P.C.対応!

本試験結果がわかります!

本試験データリサーチとは?

Web上でご自身の解答を入力(選択)いただくと、全国の受験者からのデータを集計・分析した試験別の平均点、順位、問題別の正解率が確認できるTAC独自のシステムです。多くの受験生が参加するTACのデータリサーチによる詳細なデータ分析で、公務員試験合格へ近づきましょう。

※データリサーチは択一試験のみ対応しております。論文・専門記述・面接試験等の結果は反映されません。予めご了承ください。
※順位判定・正解率等の結果データは、各本試験の正答公表日の翌日以降に閲覧可能の予定です。 ※上記画面はイメージです。

2019年度 データリサーチ参加者 国家一般職(行政) 2,372名

多彩な試験種で実施予定!

国家総合職／東京都I類B(行政[一般方式・新方式])／特別区I類／裁判所一般職(大卒)
国税専門官／財務専門官／労働基準監督官A／国家一般職(行政・技術職)／外務専門職
警視庁警察官I類／東京消防庁消防官I類

※実施試験種は諸般の事情により変更となる場合がございます。
※上記の試験種内でもデータリサーチが実施されない区分もございます。

本試験データリサーチの活用法

■ 相対的な結果を知る!

「手応えは悪くないけれど、周りの受験生はどうだったんだろう?」そんなときに本試験データリサーチを活用すれば、自分と他の受験生の結果を一目瞭然で比べることができます。

■ 併願対策に!

問題ごとの正解率が出るため、併願をしている受験生にとっては、本試験結果を模試のように参考にすることができます。自分の弱点を知って、その後の公務員試験対策に活用しましょう。

データリサーチの詳細は、

➡ TACホームページ　https://www.tac-school.co.jp/
➡ TAC WEB SCHOOL　https://portal.tac-school.co.jp/

等で各種本試験の1週間前から告知予定です。

クリック

※上記は、2020年度の内容です。実施内容は今後変更になる場合があります。

TAC出版 書籍のご案内

TAC出版では、資格の学校TAC各講座の定評ある執筆陣による資格試験の参考書をはじめ、資格取得者の開業法や仕事術、実務書、ビジネス書、一般書などを発行しています！

TAC出版の書籍

*一部書籍は、早稲田経営出版のブランドにて刊行しております。

資格・検定試験の受験対策書籍

- 日商簿記検定
- 建設業経理士
- 全経簿記上級
- 税理士
- 公認会計士
- 社会保険労務士
- 中小企業診断士
- 証券アナリスト
- ファイナンシャルプランナー(FP)
- 証券外務員
- 貸金業務取扱主任者
- 不動産鑑定士
- 宅地建物取引士
- マンション管理士
- 管理業務主任者
- 司法書士
- 行政書士
- 司法試験
- 弁理士
- 公務員試験(大卒程度・高卒者)
- 情報処理試験
- 介護福祉士
- ケアマネジャー
- 社会福祉士　ほか

実務書・ビジネス書

- 会計実務、税法、税務、経理
- 総務、労務、人事
- ビジネススキル、マナー、就職、自己啓発
- 資格取得者の開業法、仕事術、営業術
- 翻訳書（T's BUSINESS DESIGN）

一般書・エンタメ書

- エッセイ、コラム
- スポーツ
- 旅行ガイド（おとな旅プレミアム）
- 翻訳小説（BLOOM COLLECTION）

書籍のご購入は

1 全国の書店、大学生協、ネット書店で

2 TAC各校の書籍コーナーで

資格の学校TACの校舎は全国に展開！
校舎のご確認はホームページにて

資格の学校TAC ホームページ
https://www.tac-school.co.jp

3 TAC出版書籍販売サイトで

CYBER TAC出版書籍販売サイト
BOOK STORE

24時間
ご注文
受付中

TAC 出版　で　検索

https://bookstore.tac-school.co.jp/

- 新刊情報をいち早くチェック！
- たっぷり読める立ち読み機能
- 学習お役立ちの特設ページも充実！

TAC出版書籍販売サイト「サイバーブックストア」では、TAC出版および早稲田経営出版から刊行されている、すべての最新書籍をお取り扱いしています。
また、無料の会員登録をしていただくことで、会員様限定キャンペーンのほか、送料無料サービス、メールマガジン配信サービス、マイページのご利用など、うれしい特典がたくさん受けられます。

サイバーブックストア会員は、特典がいっぱい！（一部抜粋）

通常、1万円（税込）未満のご注文につきましては、送料・手数料として500円（全国一律・税込）頂戴しておりますが、1冊から無料となります。

専用の「マイページ」は、「購入履歴・配送状況の確認」のほか、「ほしいものリスト」や「マイフォルダ」など、便利な機能が満載です。

メールマガジンでは、キャンペーンやおすすめ書籍、新刊情報のほか、「電子ブック版TACNEWS（ダイジェスト版）」をお届けします。

書籍の発売を、販売開始当日にメールにてお知らせします。これなら買い忘れの心配もありません。

(2018年5月現在)

公務員試験対策書籍のご案内

TAC出版の公務員試験対策書籍は、独学用、およびスクール学習の副教材として、各商品を取り揃えています。学習の各段階に対応していますので、あなたのステップに応じて、合格に向けてご活用ください!

INPUT

**『みんなが欲しかった!
公務員 合格へのはじめの一歩』**
A5判フルカラー

- 本気でやさしい入門書
- 公務員の"実際"をわかりやすく紹介したオリエンテーション
- 学習内容がざっくりわかる入門講義

・法律科目(憲法・民法・行政法)
・経済科目
(ミクロ経済学・マクロ経済学)[近刊]

『過去問攻略Vテキスト』
A5判
TAC公務員講座

- TACが総力をあげてまとめた公務員試験対策テキスト

全21点
・専門科目:15点
・教養科目:6点

『新・まるごと講義生中継』
A5判
TAC公務員講座講師
新谷 一郎 ほか

- TACのわかりやすい生講義を誌上で!
- 初学者の科目導入に最適!
- 豊富な図表で、理解度アップ!

・郷原豊茂の憲法
・郷原豊茂の民法 I
・郷原豊茂の民法 II
・新谷一郎の行政法

『まるごと講義生中継』
A5判
TAC公務員講座講師
渕元 哲 ほか

- TACのわかりやすい生講義を誌上で!
- 初学者の科目導入に最適!

・郷原豊茂の刑法
・渕元哲の政治学
・渕元哲の行政学
・ミクロ経済学
・マクロ経済学
・関野喬のパターンでわかる数的推理
・関野喬のパターンでわかる判断整理
・関野喬のパターンでわかる
空間把握・資料解釈

要点まとめ

『一般知識 出るとこチェック』
四六判

- 知識のチェックや直前期の暗記に最適!
- 豊富な図表とチェックテストでスピード学習!

・政治・経済
・思想・文学・芸術
・日本史・世界史
・地理
・数学・物理・化学
・生物・地学

記述式対策

**『公務員試験論文答案集
専門記述』** A5判
公務員試験研究会

- 公務員試験(地方上級ほか)の専門記述を攻略するための問題集
- 過去問と新作問題で出題が予想されるテーマを完全網羅!

・憲法(第2版)
・行政法

地方上級・国家一般職(大卒程度)・国税専門官 等 対応　TAC出版

過去問学習

『ゼロから合格 基本過去問題集』
A5判
TAC公務員講座
●「解ける」だから「つづく」／充実の知識まとめでこの1冊で知識「ゼロ」から過去問が解けるようになる、独学で学習を始めて完成させたい人のための問題集です。

全12点 既刊7刊 他順次刊行予定
・判断推理　・数的推理　・空間把握・資料解釈
・憲法　・民法Ⅰ　・民法Ⅱ
・行政法　・ミクロ経済学　・マクロ経済学
・政治学　・行政学　・社会学

『一問一答で論点総チェック』
B6判
TAC公務員講座講師 山本 誠
●過去20年の出題論点の95%以上を網羅
●学習初期の確認用にも直前期のスピードチェックにも

全4点
・憲法　・民法Ⅰ
・民法Ⅱ　・行政法

『出るとこ過去問』 A5判
TAC出版編集部
●本試験の難問、奇問、レア問を省いた効率的なこの1冊で、合格ラインをゲット！速習に最適

全16点
・憲法　・民法Ⅰ　・民法Ⅱ
・行政法　・ミクロ経済学　・マクロ経済学
・政治学　・行政学　・社会学
・国際関係　・経営学　・数的処理(上・下)
・自然科学　・社会科学　・人文科学

直前対策

『論文試験の秘伝』
A5判
年度版
TAC公務員講座講師 山下 純一
●頻出25テーマを先生と生徒のブレストで噛み砕くから、解答のツボがバッチリ！

『面接・官庁訪問の秘伝』
A5判
年度版
TAC公務員講座講師 山下 純一
●どんな面接にも通用する「自分のコア」づくりのノウハウを大公開！

『時事問題総まとめ＆総チェック』
A5判
年度版
TAC公務員講座
●知識整理と問題チェックが両方できる！
●試験種別の頻出テーマが一発でわかる！

『過去問＋予想問題集』
B5判　年度版
TAC公務員講座
●過去3年分＋αの本試験形式の問題を解いて志望試験種の試験に慣れる
●問題は便利な抜き取り式、丁寧な解答解説付

・国家一般職(大卒程度・行政)
・東京都Ⅰ類B(行政・一般方式)
・国税専門官
・特別区Ⅰ類(事務)
・裁判所職員一般職(大卒程度)

TAC出版の書籍はこちらの方法でご購入いただけます

1 全国の書店・大学生協　　**2** TAC各校 書籍コーナー

3 インターネット　CYBER BOOK STORE　TAC出版書籍販売サイト
アドレス　https://bookstore.tac-school.co.jp/

(2021年1月現在・刊行内容、刊行月、表紙等は変更になることがあります／年度版 マークのある書籍は、毎年、新年度版が発行される予定です)

書籍の正誤についてのお問合わせ

万一誤りと疑われる箇所がございましたら、以下の方法にてご確認いただきますよう、お願いいたします。

なお、正誤のお問合わせ以外の書籍内容に関する解説・受験指導等は、**一切行っておりません。**
そのようなお問合わせにつきましては、お答えいたしかねますので、あらかじめご了承ください。

1 正誤表の確認方法

TAC出版書籍販売サイト「Cyber Book Store」の
トップページ内「正誤表」コーナーにて、正誤表をご確認ください。

CYBER TAC出版書籍販売サイト
BOOK STORE

URL:https://bookstore.tac-school.co.jp/

2 正誤のお問合わせ方法

正誤表がない場合、あるいは該当箇所が掲載されていない場合は、書名、発行年月日、お客様のお名前、ご連絡先を明記の上、下記の方法でお問合わせください。
なお、回答までに1週間前後を要する場合もございます。あらかじめご了承ください。

文書にて問合わせる

● 郵 送 先　〒101-8383 東京都千代田区神田三崎町3-2-18
TAC株式会社 出版事業部 正誤問合わせ係

FAXにて問合わせる

● FAX番号　**03-5276-9674**

e-mailにて問合わせる

● お問い合わせ先アドレス　**syuppan-h@tac-school.co.jp**

※お電話でのお問合わせは、お受けできません。また、土日祝日はお問合わせ対応をおこなっておりません。
※正誤のお問合わせ対応は、該当書籍の改訂版刊行月末日までといたします。

乱丁・落丁による交換は、該当書籍の改訂版刊行月末日までといたします。なお、書籍の在庫状況等により、お受けできない場合もございます。
また、各種本試験の実施の延期、中止を理由とした本書の返品はお受けいたしません。返金もいたしかねますので、あらかじめご了承くださいますようお願い申し上げます。

TACにおける個人情報の取り扱いについて
■お預かりした個人情報は、TAC(株)で管理させていただき、お問い合わせへの対応、当社の記録保管および当社商品・サービスの向上にのみ利用いたします。お客様の同意なしに業務委託先以外の第三者に開示、提供することはございません(法令等により開示を求められた場合を除く)。その他、個人情報保護管理者、お預かりした個人情報の開示等及びTAC(株)への個人情報の提供の任意性については、当社ホームページ(https://www.tac-school.co.jp)をご覧いただくか、個人情報に関するお問い合わせ窓口(E-mail:privacy@tac-school.co.jp)までお問合せください。

(2020年10月現在)

ゼロから合格 基本過去問題集

数的推理

解答・解説編

解答・解説は、色紙を残したまま、丁寧に抜き取ってご利用ください。
なお、抜き取りの際の損傷によるお取替えは致しかねます。

目　次

第 1 章　数の性質

1	整数の基礎	2
2	数列・規則性	6
3	倍数の応用	8
4	魔方陣、虫食い算・覆面算	11
5	n進法	17

第 2 章　方程式の文章題

1	方程式の基本	19
2	不等式	26
3	不定方程式	31
4	割合・比	34
5	平均・濃度	42
6	仕事算・ニュートン算	49

第 3 章　速　さ

1	速　さ	57
2	旅人算・周回算	59
3	流水算	66
4	通過算	69
5	ダイヤグラム	74
6	時計算	75

第 4 章　場合の数・確率

1	場合の数の基礎	79
2	場合の数の応用	84
3	確率の基礎	89
4	確率の応用	102

第 5 章　図形の計量

1	図形の基礎	115
2	図形の相似・三平方の定理	121
3	円	129
4	立体の知識と面積・体積の応用	135

第1章　数の性質

1　整数の基礎

問題1　　　　　　　　　　　　　　　　　　　　　　　　　　　　　　正解 ❸

　「倍数を調べる方法」をフル活用して解きます。

　ランプを同時に点灯させたとき、その後、複数のランプが同時に点灯する時刻は「間隔の時間の**公倍数**」で求められます。例えば、同時に点灯させてから9秒後を考えると、「9」は3と9の公倍数なので、「3秒に1回」と「9秒に1回」の2種類のランプが点灯することになりますが、「5秒に1回」や「6秒に1回」は点灯しません。このことを考慮して解きます。

　「時間」を「分」に変換するには「時間」を60倍すればよく、さらに「分」を「秒」に変換するには「分」を60倍すればよいことから、午後6時ちょうどから同日の午後11時45分までの5時間45分を「分」で表すと（5×60＋45＝）345分となり、さらに「秒」で表すと（345×60＝）20700秒となります。

　「20700」の一の位が「0」であることから、「20700」は5の倍数であることがわかるので、午後11時45分に「5秒に1回」のランプは点灯することがわかります。

　同様に、「20700」を1桁ずつに分けて合計すると、（2＋0＋7＋0＋0＝）9になるので、「20700」は3の倍数であり、さらに9の倍数であることもわかります。よって、午後11時45分には「3秒に1回」と「9秒に1回」のランプは点灯することがわかります。

　この時点で、「20700」は2の倍数であり、さらに3の倍数でもあるので、「20700」は6の倍数とわかります。したがって、午後11時45分に「6秒に1回」のランプは点灯することがわかります。

　さらに、「20700」の下2桁が「00」であることから、「20700」は4の倍数になるので、午後11時45分に「4秒に1回」のランプは点灯することがわかります。

　また、「20700」は下3桁が「700」であり、これは8の倍数ではないので、「20700」は8の倍数ではありません。さらに、「20700」は7で割り切れないので、7の倍数ではありません。したがって、午後11時45分には「8秒に1回」、「7秒に1回」の2種類のランプは点灯しないことがわかります。

　以上のことから、午後11時45分の時点で点灯するランプは、「3秒に1回」、「4秒に1回」、「5秒に1回」、「6秒に1回」、「9秒に1回」の5種類のランプになりますので、正解は❸となります。

問題2

正解 **❷**

倍数の調べ方を使って値を絞り込んでから、場合分けを行います。

「9 $\boxed{A}$ 3 6 $\boxed{B}$ 8」が4の倍数であることから、下2桁「$\boxed{B}$ 8」が「0 0」か「4の倍数」だとわかります。したがって、$\boxed{B}$ には 0、2、4、6、8のいずれかが入ることになります（①）。

さらに、この「9 $\boxed{A}$ 3 6 $\boxed{B}$ 8」が3の倍数であることから、$9+\boxed{A}+3+6+\boxed{B}+8$ が「3の倍数」だとわかります。

$9+\boxed{A}+3+6+\boxed{B}+8＝26+\boxed{A}+\boxed{B}$

となり、$\boxed{A}$ と $\boxed{B}$ には 0 ～ 9 のいずれかが入るので、$\boxed{A}+\boxed{B}$ は 0 ～ 18 のいずれかになるとわかります。したがって、$26+\boxed{A}+\boxed{B}$ が3の倍数になるのは、$\boxed{A}+\boxed{B}$ が 1、4、7、10、13、16のいずれかになるときです（②）。

そこで、①の $\boxed{B}$ の値ごとに場合分けをして、②を満たすような $\boxed{A}$ を考えます。

$\boxed{B}$ が 0 の場合、②より、$\boxed{A}＝1$、4、7の **3通り** であれば6桁の整数が3の倍数になります。

$\boxed{B}$ が 2 の場合、②より、$\boxed{A}＝2$、5、8の **3通り** であれば6桁の整数が3の倍数になります。

$\boxed{B}$ が 4 の場合、②より、$\boxed{A}＝0$、3、6、9の **4通り** であれば6桁の整数が3の倍数になります。

$\boxed{B}$ が 6 の場合、②より、$\boxed{A}＝1$、4、7の **3通り** であれば6桁の整数が3の倍数になります。

$\boxed{B}$ が 8 の場合、②より、$\boxed{A}＝2$、5、8の **3通り** であれば6桁の整数が3の倍数になります。

よって、$3＋3＋4＋3＋3＝16$［通り］となるので、正解は **❷** となります。

問題3

正解 **❷**

2乗の数は、素因数分解して整理すると、2乗のみの掛け算に変形できます。

$\sqrt{55000 \div x}＝\sqrt{\dfrac{55000}{x}}$ が整数になるのは、$\dfrac{55000}{x}＝$（2乗の数）のときです。そこで、**2乗の数は、素因数分解をすると「2乗の数だけの掛け算」に変形できる**ことを使って解きます。素因数分解をすると、$55000＝2^3 \times 5^4 \times 11$ となるので、これを分母 x で約分した後に、2乗のみの掛け算になる場合を考えます。

$5^4＝5^2 \times 5^2$ の部分は2乗のみの掛け算に分解できるので、2乗のみに分解できない 2^3

1 整数の基礎 　3

と11に着目すると、例えば、$x = 2 \times 11$の場合、$\dfrac{2^3 \times 5^4 \times 11}{2 \times 11} = 2^2 \times 5^4$となり、2乗のみの掛け算になって条件を満たします。

また、約分した後に2乗のみの掛け算にできればよいということは、例えば$x = 2 \times 11 \times 5^2$の場合においても、$\dfrac{2^3 \times 5^4 \times 11}{2 \times 11 \times 5^2} = 2^2 \times 5^2$となり、この場合も条件を満たします。

以上のことを考慮して、55000を約分した後に2乗のみの掛け算になるようなxを書き出していくと、次の❶〜❹のように、6通りとわかるので、正解は❷となります。

❶　2×11のみ　　　　　　　：2×11の**1通り**
❷　2×11と2乗の数1組：$2 \times 11 \times 2^2$、$2 \times 11 \times 5^2$の**2通り**
❸　2×11と2乗の数2組：$2 \times 11 \times 2^2 \times 5^2$、$2 \times 11 \times 5^2 \times 5^2$の**2通り**
❹　2×11と2乗の数3組：$2 \times 11 \times 2^2 \times 5^2 \times 5^2$の**1通り**

補足

なお、❹の場合、$\dfrac{2^3 \times 5^4 \times 11}{2 \times 11 \times 2^2 \times 5^2 \times 5^2} = 1$となり、1は2乗の数ですので、条件を満たすことに注意しましょう。

問題4　　　　　　　　　　　　　　　　　　　　正解 ❺

約数の個数は、公式を使って素早く計算しましょう。

2000を素因数分解すると、$2000 = 2^4 \times 5^3$となり、指数は4と5になります。よって、約数の個数は、$(4+1) \times (3+1) = 5 \times 4 = 20$［個］となるので、正解は❺です。

問題5　　　　　　　　　　　　　　　　　　　　正解 ❷

約数の個数は、「素因数分解」をして公式を使うので、「4^b」を変形する必要があります。

$2^2 \times 3^a \times 4^b = 2^2 \times 3^a \times 2^{2b}$となり、**指数法則**を使ってさらに整理すると、$2^{(2+2b)} \times 3^a$となります。この式の指数は、$(2+2b)$とaになるので、これらに1を加えて掛け算をすれば約数の個数を求められます。つまり、約数の個数は、

$$(2+2b+1) \times (a+1) = (3+2b) \times (a+1) \quad\quad \cdots\cdots ①$$

となります。ここで、題意より$a+b=4$ですので、aとbの値の組合せとしてあり得るのは、$(a,\ b) = (1,\ 3)$、$(2,\ 2)$、$(3,\ 1)$の3通りです。そこで、これら3通りを①に代入して約数の個数を求めてみると、次のようになります。

4

$(a, b) = (1, 3)$ のとき、約数の個数は $(3 + 2 \times 3) \times (1 + 1) = 9 \times 2 = \textbf{18}$ ［個］

$(a, b) = (2, 2)$ のとき、約数の個数は $(3 + 2 \times 2) \times (2 + 1) = 7 \times 3 = \textbf{21}$ ［個］

$(a, b) = (3, 1)$ のとき、約数の個数は $(3 + 2 \times 1) \times (3 + 1) = 5 \times 4 = \textbf{20}$ ［個］

よって、約数の個数のうち最小は、$(a, b) = (1, 3)$ のときの 18 個となるので、正解は ❷ となります。

問題6
正解 ❺

6 と 4 の公倍数が書かれたカードに注意しましょう。

100 枚のカードのうち 6 の倍数が書かれたカードは、

$100 \div 6 = 16$ 余り 4

より、16 枚あることがわかります。また、100 枚のカードのうち 4 の倍数が書かれたカードは、

$100 \div 4 = 25$

より、25 枚あることがわかりますが、この 25 枚には、「4 と 6 の公倍数」の書かれたカード、つまり、12の倍数の書かれたカードが含まれています。100 枚のカードのうち 12 の倍数が書かれたカードは、

$100 \div 12 = 8$ 余り 4

より、8 枚あります。以上をまとめると、次のようになります。

❶　6 の倍数であり、かつ 4 の倍数ではないカードが $16 - 8 = 8$ ［枚］ある

❷　4 の倍数であり、かつ 6 の倍数ではないカードが $25 - 8 = 17$ ［枚］ある

❸　6 の倍数であり、かつ 4 の倍数であるカードが 8 枚ある

❶、❷は 2 回の操作の一方のみで返されたので、2 回の操作が終わった時点では裏面が上になっていますが、❸は2回の操作ともに返されたので、2 回の操作が終わった時点で表面が上になっていることになります。

ここで、❶〜❸の $(8 + 17 + 8 =)$ 33 枚を除いた $(100 - 33 =)$ 67 枚は、操作によって返されることがなかったので表面が上のままです。これに加えて、❸も表面が上になっているので、2 回の操作が終わった時点で表面が上になっているカードは、

$8 + 67 = 75$ ［枚］

となります。

よって、正解は ❺ です。

2 数列・規則性

問題1 　　　　　　　　　　　　　　　　　　　　　　　　　　　　正解 ❶

> 各項の差から、規則性を推測することを考えます。

A 並んだ数を見ると、「1，5，13，…」となっており、各項の差が4、8となっています。これらは4の倍数ですので、これ以降の差を「12，16，…」と考えると、数列は「1，5，13，25，41，…」となり、第5項が61になりません。そこで、項の差「4，8」を4の倍数ではなく、前の差の2倍として考えてみると、各項の差が「4，8，16，32，…」となることが推測できます。その場合、数列は「1，5，13，29，61，…」となり、条件を満たします。よって、**A＝29**です。

B 並んだ数を見ると、「2，8，44，260，…」となっており、各項の差が6、36、216となっています。$6 = 6^1$、$36 = 6^2$、$216 = 6^3$より、各項の差が6^nになっていることがわかります。したがって、216の次の差は$6^4 = 1296$と推測できますので、$260 + 1296 = 1556$より、**B＝1556**となります。

C 並んだ数を見ると、「3，11，43，…」となっており、各項の差が8、32となっています。8から32へ4倍になっているので、これ以降の差が$32 \times 4 = 128$、$128 \times 4 = 512$と考えると、第4項は$43 + 128 = 171$、第5項は$171 + 512 = 683$となり、矛盾はありません。よって、**C＝171**となります。

D 並んだ数字を見ると、「4，14，42，88，…」となっており、各項の差が10、28、46となっています。10、28、46の規則性を考えると、10から28へと＋18、28から46へと＋18となっているので、差が18ずつ増えていくことがわかります。よって、第5項の値は、第4項に（$46 + 18 =$）64を足した数になると推測できます。したがって、$88 + 64 = 152$より、**D＝152**となります。

よって、**A～D**に当てはまる四つの数の和は、$29 + 1556 + 171 + 152 = 1908$となるので、正解は❶です。

問題2 　　　　　　　　　　　　　　　　　　　　　　　　　　　　正解 ❸

> 最初の4項が、フィボナッチ数列の特徴と同じである点に着目します。

はじめの4項「1，1，2，3」に着目すると、第3項「2」は、直前の2項（第1項と第2項）の和と等しく、第4項「3」も、直前の2項（第2項と第3項）の和と等し

いことから、フィボナッチ数列である可能性について考えてみます。

空欄に、直前の2項の和を入れて確認をしてみると、**A**には（2＋3＝）5を入れると、**A**の次は8となっていて、直前の2項の和（3＋5）と等しくなっています。さらにその次は13となっており、直前の2項の和（5＋8）と等しくなっているので、この数列がフィボナッチ数列であるとわかります。

したがって、**B**は、（8＋13＝）21となり、**C**は、（13＋21＝）34となり、**C**の次は（21＋34＝）55であり、**D**は、（34＋55＝）89となります。

よって、**A**〜**D**の和は、5＋21＋34＋89＝149となるので、正解は❸となります。

問題3

正解 ❹

> 1段増やすごとに、線が何本増えるかを考えてみます。

図より、**1段目だけを作るのに必要な線は3本**です。さらに、**2段目だけを「増やす」のに必要な線の数は6本**であり、**3段目だけを「増やす」のに必要な線の数は9本**です。このことから、**n段目だけを「増やす」のに必要な線の数は、3nで求められる**ことがわかります。つまり、12段目だけを「増やす」のに必要な線の数は（3×12＝）36本です。

したがって、12段組み合わせるのに必要な線の合計は、次のように求めることができます。

$$3＋6＋9＋\cdots＋33＋36＝3×(1＋2＋3＋\cdots＋11＋12)$$

この式のカッコ内は、1〜12の整数の総和ですので、**1〜nの整数の総和を求める公式**を使います。上の式を変形すると、次のようになります。

$$3×(1＋2＋3＋\cdots＋11＋12)＝3×\frac{12×13}{2}$$
$$＝234\,[本]$$

よって、正解は❹です。

問題4

正解 ❺

> 10人に教えれば、教えた人と教わった人を合わせて11人のグループができることになります。

1年目が終了した時点で新言語Xを習得している人数は、**Aを含めて11人**です。2年目はこの11人全員が10人ずつに習得させますが、教えた人とその人に教わった10人を合わせると11人のグループとなりますので、**11人グループが11組できる**ことになります。つまり、2年目が終了した時点でXを習得した人数の合計は$11×11＝11^2\,[人]$です。同様に、3年目はこの11^2人がそれぞれ10人にXを教え、新たに11人グループを作っていくので、11人グループが11^2組できます。したがって、3年目が終了した時点

2　数列・規則性　　7

でXを習得した人数の合計は$11 \times 11^2 = 11^3$［人］となります。

　以上をまとめると、**n年目が終了した時点でのXを習得した人数の合計は11^n人になる**ことがわかりますので、6年目の終了時にXを習得した人数の合計は11^6人です。

　ここで、11^6の値を求める方法を考えます。11×11を「11の11倍」と考えれば、「11の10倍と1倍の合計」として計算できます。したがって、

$$11^2 = 11 \times 11 = 11 \times 10 + 11 \times 1 = 110 + 11 = 121$$

です。同様に、

$$11^3 = 11^2 \times 11 = 121 \times 11 = 121 \times 10 + 121 \times 1 = 1210 + 121 = 1331$$

です。これ以降も同様に計算すれば、

$$11^4 = 1331 \times 11 = 13310 + 1331 = 14641$$
$$11^5 = 14641 \times 11 = 146410 + 14641 = 161051$$
$$11^6 = 161051 \times 11 = 1610510 + 161051 = 1771561$$

となります。

　よって、正解は❺です。

3　倍数の応用

問題1　　　　　　　　　　　　　　　　　　　　　　正解❹

> 不足の等しい式が三つある剰余の問題なので、「不足」の解法を使って解きます。

　6で割ると4余り、7で割ると5余り、8で割ると6余るので、これらは**不足が2で等しい**とわかります。したがって、条件を満たす自然数をMとおくと、「不足」の解法より、Mは以下のように考えることができます。

$$M = （6の倍数）- 2$$
$$M = （7の倍数）- 2$$
$$M = （8の倍数）- 2$$

> 三つの式を同時に満たすのは、
> $M = （6、7、8の公倍数）- 2$のとき

　ここで、6、7、8の最小公倍数を求めます。

$$
\begin{array}{r|lll}
2 & 6 & 7 & 8 \\
\hline
 & 3 & 7 & 4
\end{array}
\Rightarrow 2 \times 3 \times 7 \times 4 = 168
$$

　最小公倍数は168になるので、$M = （168の倍数）- 2$と表すことができます。したがって、これを満たす最小のものは$168 - 2 = 166$です。

　よって、各位の数字の和は$1 + 6 + 6 = 13$となり、正解は❹となります。

問題 2

正解 ③

「書き出し」の解法で解くときは、条件を満たす2番目以降の共通の数の探し方に注意しましょう。

「5で割ると2余る」の場合、余りは2、不足は3であり、「7で割ると3余る」の場合、余りは3、不足は4です。つまり、余りは2と3で等しくないので「余分」の解法は使えません。不足も3と4で等しくないので、「不足」の解法も使えません。**「余分」も「不足」も使えない**ので、「書き出し」の解法を使います。

二つの割り算を満たす数をそれぞれ書き出すと、次のようになります。つまり、最も小さい共通の数が17であるとわかります。

❶　5で割ると2余る数：2, 7, 12, ⑰, 22, …
❷　7で割ると3余る数：3, 10, ⑰, 24, …

次に、❶、❷の数字の並びを式で表します。❶は、「17」の後、5を足し続けた数が並びます。つまり、「17」以降に❶を満たす数は、17＋（5の倍数）となります。また、❷は、「17」の後、7を足し続けた数が並びます。つまり、❷を満たす数は、17＋（7の倍数）となるので、**❶、❷をともに満たす数は、17＋（5と7の公倍数）**となります。

さらに、5と7の最小公倍数は35なので、❶、❷をともに満たす数は、17＋（35の倍数）となります。この式を35で割ると、余りは「17」になりますので、正解は③となります。

問題 3

正解 ①

条件を満たす自然数が等差数列になることを利用して総和を求めます。

「5で割ると3余り」と「7で割ると5余る」の二つの割り算は**不足が2で等しい**とわかります。したがって、

（条件を満たす数）＝（5と7の公倍数）－2

と表すことができます。5と7の最小公倍数は35なので、この式は、

（条件を満たす数）＝（35の倍数）－2

と変形できます。

これを満たす3桁の自然数の個数を求めます。（35の倍数）＝$35x$とおくと、

（条件を満たす数）＝$35x-2$（xは正の整数）

となります。この式が3桁になるということは、100以上999以下になることなので、以下の不等式が成り立ちます。これを解いて数直線に表すと、次のようになります。

$100 \leqq 35x-2 \leqq 999$

3　倍数の応用　　9

$$102 \leqq 35x \leqq 1001$$
$$\frac{102}{35} \leqq x \leqq \frac{1001}{35}$$
$$2\frac{32}{35} \leqq x \leqq 28\frac{21}{35}$$

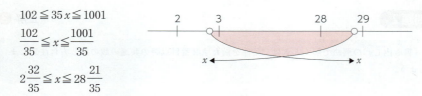

xは正の整数なので、条件を満たすのは$3 \leqq x \leqq 28$のときです。そこで、$35x-2$にxの値を代入して条件を満たす数を求めると、$x=3$のとき$35 \times 3 - 2 = 103$となり、以下、$x=4$のとき$35 \times 4 - 2 = 138$、$x=5$のとき$35 \times 5 - 2 = 173$、…、$x=28$のとき$35 \times 28 - 2 = 978$となります。

このとき、「103, 138, 173, …, 978」を数列として考えると、**初項103、末項978、公差35の等差数列**となります。求めるのはこの数列の和になるので、**等差数列の総和の公式**を使うことになりますが、第n項の「n」が不明です。そこで、「n」を求めます。

$35x-2$において、$x=3$のときに初項（第1項）103になり、$x=4$のときに第2項138になるので、第n項の「n」は$(x-2)$で求められることがわかります。したがって、$x=28$のときの末項978は、第26項となります。

よって、等差数列の総和の公式より、
$$\frac{26 \times (103+978)}{2} = 14053$$
となるので、正解は❶となります。

問題4　　　　　　　　　　　　　　　　　　　　　　　　　　　　正解❸

倍数に関する問題ですが、式を立てて整理すると、剰余と同じ解法を使えることがわかります。

条件を満たす数をxとおくと、題意より、
$$x + 17 = (18の倍数)$$
であり、
$$x = (18の倍数) - 17 \quad \cdots\cdots ①$$
となります。同様に、
$$x - 37 = (20の倍数)$$
より、
$$x = (20の倍数) + 37 \quad \cdots\cdots ②$$
となります。この時点で、剰余の問題にかなり近い形になりますので、剰余の解法を使うことを考えます。①、②の余りと不足からはヒントを得られないので、「書き出し」の解法を使います。

①を満たす数は、−17に18を足し続けて書き出していき、②を満たす数は、37に20

を足し続けて書き出していくと、次のようになります。
　① $x=-17,\ 1,\ 19,\ \boxed{37},\ 55,\ 73,\ \cdots$
　② $x=\boxed{37},\ 57,\ 77,\ 97,\ \cdots$

上のように、①、②に共通する最初の数は「37」とわかります。さらに、①は37以降も18を足し続けますので、
　　$x=37+(18の倍数)$
となります。同様に、②は37以降も20を足し続けますので、
　　$x=37+(20の倍数)$
となります。したがって、これらをともに満たす数は、
　　$x=37+(18と20の公倍数)$
となり、さらに18と20の最小公倍数が180であることから、
　　$x=37+(180の倍数)$
と表すことができます。

これを満たす3桁の自然数を書き出すと、
　　$x=37+180=217$
　　$x=37+360=397$
　　$x=37+540=577$
　　$x=37+720=757$
　　$x=37+900=937$
となりますので、条件を満たすxは5個となります。よって、正解は❸となります。

4　魔方陣、虫食い算・覆面算

問題1　　　　　　　　　　　　　　　　　　　　　　　正解 ❹

　中心について対称な2マスの和が「17」になる4×4の魔方陣では、それを活用して解くのが簡単です。ただし、❶の解法も使えるようにしておきましょう。

❶　1列の数値の合計を使った解法

　まず、4×4のマス目に1〜16を記入した魔方陣の場合、1列の数値の合計は34になります。そこで、求める2マスのうち、**B**を含む横列（図1の$\boxed{\text{I}}$）の数値の合計で式を立てると、$4+\mathbf{B}+9+\square=34$が成り立つので、
　　$\mathbf{B}+\square=21$　……①
となります。同様に、**B**を含む縦列（図1の$\boxed{\text{II}}$）の数値の合計で式を立てると、$8+\square+11+\mathbf{B}=34$が成り立つので、
　　$\mathbf{B}+\square=15$　……②

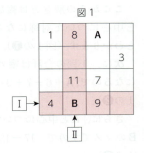

図1

となります。

　ここで、まだマス目に記入されていない数字は、2、5、6、10、12、13、14、15、16の9個です。この9個のうち、①を満たす組合せは5＋16か6＋15しかありません。また、②を満たす組合せは2＋13か5＋10しかありません。①と②にはBが共通して含まれているので、①、②を同時に満たすのは、B＝5のときとなります。したがって、①は5＋16、②は5＋10に決まります。この時点で、5、10、16の位置が決まります（図2）。

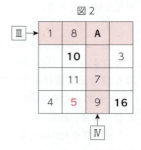

　続いて、Aを含む列を考えます。Aを含む横列（図2のⅢ）の数値の合計より、1＋8＋A＋□＝34が成り立つので、

　　　A＋□＝25　　……③

となります。さらに、Aを含む縦列（図2のⅣ）の数値の合計より、A＋□＋7＋9＝34が成り立つので、

　　　A＋□＝18　　……④

となります。

　この時点でマス目に記入されていない数字は、2、6、12、13、14、15であり、このうち、③を満たす組合せは12＋13のみ、④を満たす組合せは6＋12のみです。したがって、Aは③、④に共通するので、A＝12に決まります。

　よって、A、Bの積は、12×5＝60となるので、正解は❹です。

❷　中心について対称な2マスの関係を使った解法

　4×4の魔方陣に1～16の異なる整数を入れるので、1列の合計は34です。また、中心について対称な2マスの値を確認すると、「8」と「9」の2マスが中心について対称な2マスであり、かつ和が17になっていることがわかります。したがって、すべての「中心について対称な2マス」の値の和が17になることがわかります。

　ここからの解き方は複数考えられますが、例えば、「11」と中心について対称になるマスは、17－11＝6より、「6」とわかります（図1の❶）。

　次に、1列の合計は縦列右から2列目の1列の合計が34になるので、A＋6＋7＋9＝34より、A＝12となります（図1の❷）。

　さらに、Aと中心について対称な2マスの関係になるのはBのマスですので、17－12＝5より、B＝5となります（図1の❸）。

　よって、求める値A×Bは、12×5＝60となるので、正

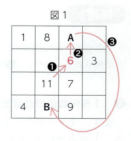

12

解は❹です。

なお、すべてのマス目を埋めると、図2になります。

問題2　　　　　　　　　　　　　　　　　　　　　　　　　　　　　　　正解 ❹

対称2マスの和が「17」にならないので、2列合わせて考える解法で解きます。

本問は4×4の魔方陣ですが、1〜16を入れる問題ではないので、中心について対称な2マスの解法が使えません。そこで、**2列を合わせて考える解法**を使います。

まず、図1の Ⅰ 列、Ⅱ 列、Ⅲ 列、Ⅳ 列について、それぞれの1列の合計を式で表すと、次のようになります。

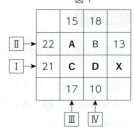

図1

Ⅰ：（1列の合計）＝ $21 + C + D + X$
Ⅱ：（1列の合計）＝ $22 + A + B + 13 = 35 + A + B$
Ⅲ：（1列の合計）＝ $15 + A + C + 17 = 32 + A + C$
Ⅳ：（1列の合計）＝ $18 + B + D + 10 = 28 + B + D$

ここで、2列の式を組み合わせていきます。題意より、（Ⅱ列の式）＝（Ⅲ列の式）が成り立つので、次の式を得ます。

$35 + A + B = 32 + A + C$

上の式を整理すると、$B = C - 3$ となるので、これを Ⅳ 列の式に代入すると、次のようになります。

Ⅳ：（1列の合計）＝ $28 + (C - 3) + D = 25 + C + D$

題意より、（Ⅰ列の式）＝（Ⅳ列の式）となることから、以下の式を得ます。

$21 + C + D + X = 25 + C + D$

この式を整理すると、$X = 4$ となりますので、正解は ❹ となります。

問題3　　　　　　　　　　　　　　　　　　　　　　　　　　　　　　　正解 ❹

正方形のマス目のときの解法を活かして、わかりやすい列から解きます。

問題の図の 1 列より、$A = 26 - 5 - 12 - 3 = 6$ に決まり、図の 2 の列より、$B = 26 - 4 - 11 - 3 = 8$ に決まります。

次に、図の 3 の列より、$C + D = 26 - 5 - 4 = 17$ となりますが、未使用の数字は7、9、10ですので、**このうち二つの和が17になるのは7＋10のとき**だとわかります。したがって、CとDは一方が7、もう一方が10となります。

よって、**未使用の数字のうち残った9がEの値になる**ので、正解は ❹ となります。

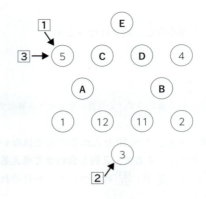

問題4

正解 ❸

条件をもとに2列の式を作り、組み合わせて解きます。

　説明のために、図1のように、各縦列を❶〜❻とおきます。
　まず、図1の❶のAに着目すると、A×2＝2が成り立つのはA＝1のときだけです。さらに、最上位のAは0ではないので、A×2の最小値は2になります。したがって、❷のB×2から繰り上がりがあると、計算結果の最上位が3以上になり、不適となります。つまり、❷からは繰り上がりがないことがわかりますので、A＝1で確定です。

図1

❶	❷	❸	❹	❺	❻
A	B	2	C	D	E
				×	2
2	C	D	E	A	B

　次に、図1の❷のB×2が繰り上がらないことから、Bは0〜4のいずれかとなります。さらに、図1の❻より、E×2の答えの一の位がBになるので、Bは2の倍数、つまり、0、2、4のいずれかとなります。そこで、場合分けを行います。

　B＝0の場合、図2の❷の掛け算は0×2になり、この答えの一の位がCとなります。ここで、❸の掛け算が2×2であることから、❸から❷への繰り上がりは発生しないので、C＝0となります。しかし、この場合、B＝C＝0となり、BとCが異なるという条件を満たすことができません。よって、この場合は不適です。

図2

❶	❷	❸	❹	❺	❻
1	0	2	C	D	E
				×	2
2	C	D	E	1	0

　B＝2の場合、図3の❷の掛け算は2×2であり、この答えの一の位がCとなります。右隣の❸の掛け算が2×2であることから、❷への繰り上がりは生じないので、C＝4に決まります。また、図3の❻の掛け算はE×2となり、この答えの一の位が2であることから、Eは1か6となりますが、A＝1より、Eも1になることはあり得ませんので、E＝6に決まります（図4）。

ここで、図4の❹に着目すると、4×2の答えの一の位が6となっていますが、❺の掛け算からの繰り上がりを考えても、これを満たすDは存在しませんので、この場合は不適です。

したがって、**B＝4**に決まります。図5の❻より、**E×2の答えの一の位が4になることから、Eは2か7のいずれか**になりますが、本問ではEを求めるので、選択肢を確認すると、❸の7のみが条件を満たします。よって、正解は❸です。

なお、式をすべて確定させると、**E＝2**の場合、下の図5において、❻は2×2＝4で繰り上がりが生じません。すると、❺のD×2の答えの一の位が1になることはあり得ないので、**E＝7**に決まります。このとき、❻は7×2＝14となるので、❺に対して1の繰り上がりが生じます。したがって、❺はD×2＋1の一の位が1に

なればよいので、**D＝5**となります（図6）。さらに、図6において、❺から❹に対して1繰り上がりますので、❹の計算はC×2＋1の一の位が7となります。これを満たすCは3または8ですが、**C＝3**のとき、❹から❸への繰り上がりが生じないので、❸の計算結果の一の位が5とならず矛盾します。つまり、**C＝8**となり（図7）、式が完成します。

図3

❶	❷	❸	4	5	6
1	2	2	C	D	E

× 　　　　　　　　　　2

2 C D E 1 2

図4

❶	❷	❸	❹	5	6
1	2	2	4	D	6

× 　　　　　　　　　　2

2 4 D 6 1 2

図5

❶	❷	❸	❹	❺	❻
1	4	2	C	D	E

× 　　　　　　2

2 C D E 1 4

図6

❶	❷	❸	❹	❺	❻
1	4	2	C	5	7

× 　　　　　　2

2 C 5 7 1 4

図7

❶	❷	❸	❹	❺	❻
1	4	2	8	5	7

× 　　　　　　2

2 8 5 7 1 4

問題5　　　　　　　　　　　　　　　　　　　　　　　　　　　正解 ❶

計算結果の桁数に着目して、場合分けを行います。

説明のために、除数（2桁）を❶、5桁の商を桁ごとに❷〜❻、3か所の引き算部分を❼〜❾とおきます。

まず、❶×❸と❶×❺に着目すると、その掛け算の結果が下段に書かれていないので、**❸＝0、❺＝0**となります（図1）。

次に、図1の❽に着目すると、❽1行目「8□」は80〜89のいずれかであり、そこから❽2行目「□□」を引いた結果1桁の数が残るということは、**単純に考えれば❽2**

4　魔方陣、虫食い算・覆面算　　15

行目□□は71〜88のいずれか（①）となります。

また、図1の❶×❹（□□×7）の計算結果が❽2行目「□□」（2桁の数）になることに着目すると、❶の十の位が2以上の場合は❶×❹（□□×7）の計算結果が3桁になってしまうので不適です。よって、❶の十の位は1に決まります（図2）。

ここで、図2❶×❹は「1□×7＝□□」となるので、❶「1□」について場合分けしてみると、10×7＝70、11×7＝77、12×7＝84、13×7＝91、14×7＝98となり、このうち①を満たすのは、❶「1□」が11または12の場合のみです。そこで、❶が11の場合と12の場合をそれぞれ❶×❷に代入します。❶が11の場合は、❶×❷は「11×□」となりますが、図2の❷の□に0〜9のいずれの数字を入れても、計算結果（❼2行目）が3桁（□□8）にはなりません。したがって、❶が11の場合は不適となり、❶＝12に決まりますので、図2の❶×❷は「12×□＝□□8」となります。

さらに、図2の❶×❷（12×□）の**計算結果が3桁であることに着目すると、条件を満たすのは、12×9＝108となる場合のみ**（②）です。したがって、❷＝9となり、❼の引き算は「108－108＝0」となります（図3）。

ここで、図3の❶×❹は「12×7＝84」となるので、❽2行目は「84」となります。さらに、❾2行目は❶×❻（「12×□」）の計算結果になりますが、②より、「12×□」が3桁になるのは、❻＝9の場合のみであり、❾の引き算は、「108－108＝0」に決まります。したがって、❽の引き算は「8□－84＝1」となりますので、この□は5となります。

ここまでわかれば、残った□はすべて埋められます（図4）。

よって、被除数の各桁の和は、1＋0＋8＋8＋5＋0＋8＝30となるので、正解は❶となります。

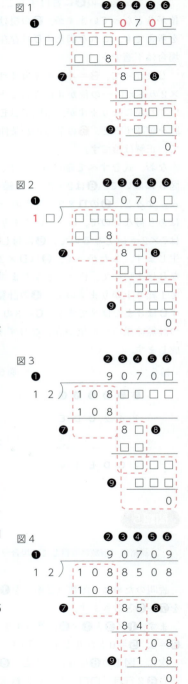

5　n進法

問題1

正解 ❸

> それぞれ10進法に変換し、10進法で計算してから7進法に変換します。

　5進法の3024を10進法で表すと、$3 \times 5^3 + 0 \times 5^2 + 2 \times 5^1 + 4 \times 1 = 389_{(10)}$ となり、3進法の2110を10進法で表すと、$2 \times 3^3 + 1 \times 3^2 + 1 \times 3^1 + 0 \times 1 = 66_{(10)}$ となります。これら二つの数の差は、$389 - 66 = 323_{(10)}$ です。そこで、右の図のように、323を7進法で表すと641となるので、正解は❸です。

```
7 ) 323
7 )  46 … 1
      6 … 4
```

問題2

正解 ❹

> 6進法で計算した結果は、10進法で計算した結果と実質同じです。

　4進法の123を10進法に変換すると、$1 \times 4^2 + 2 \times 4^1 + 3 \times 1 = 27_{(10)}$ となり、5進法の210を10進法に変換すると、$2 \times 5^2 + 1 \times 5^1 + 0 \times 1 = 55_{(10)}$ となります。

　したがって、10進法でのX＋Yの値は $27 + 55 = 82_{(10)}$ となるので、これを6進法に変換すると、右の図のように $214_{(6)}$ となります。

　よって、正解は❹です。

```
6 ) 82
6 ) 13 … 4
     2 … 1
```

問題3

正解 ❷

> $34_{(a)}$、$65_{(b)}$ に使われている数字から、n進法の「n」の値を絞り込みます。

　n進法では、0から $(n-1)$ までの数字が使用されます。したがって、$34_{(a)}$ という表記から a進法では3や4が使用できるので、2進法、3進法、4進法ではないとわかり、$5 \leqq a \leqq 9$　①　となります。同様に、$65_{(b)}$ より、$7 \leqq b \leqq 9$　②　となります。

　次に、$34_{(a)} = 3a + 4_{(10)}$、$45_{(8)} = 4 \times 8 + 5 = 37_{(10)}$、$65_{(b)} = 6b + 5_{(10)}$ となるので、題意より、以下の式が成り立ちます。

　　$(3a + 4) + 37 = (6b + 5)$

　この式を整理すると、

　　$12 + a = 2b$　　……③

となります。

　③より、12、$2b$はともに2の倍数ですので、aも2の倍数となります。さらに、①より、aは6か8のいずれかまで絞れます。そこで場合分けを行うと、$a = 8$のとき、③

5　n進法　　17

に代入すると $b=10$ となり、②を満たしません。したがって、$a=6$ に決まります。さらに、これを③に代入すると、$b=9$ となります。

　よって、$2a+b=2\times6+9=21$ となるので、正解は❷です。

第2章　方程式の文章題

1　方程式の基本

問題1　　　　　　　　　　　　　　　　　　　　　　　　　　　　正解 ❸

> 井戸の深さを文字で表し、縄の全長を求める式を立ててみます。

　三つ折り、四つ折りのどちらの縄を入れたときも、**井戸の深さ自体は変わりません**。そこで、井戸の深さを文字で表し、(三つ折りの縄の長さから縄の全長を求める式)と(四つ折りの縄の長さから縄の全長を求める式)をそれぞれ立てます。

　井戸の深さを x [m] とおき、井戸の深さを横方向に示して、縄の全長との関係を図で表すと、次のようになります。

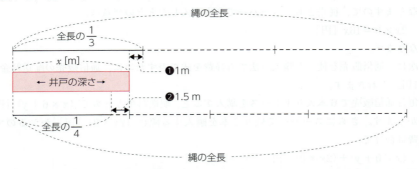

　図の上側の直線は縄の全長を表し、それを三つ折りにしたときの縄の長さが、縄を示す直線の実線部分です。題意より、縄の全長の $\frac{1}{3}$ は、井戸の深さより 1 m 長かったので、上の図の❶より、

$$(縄の全長の\frac{1}{3}) = x + 1 \ [m]$$

となります。つまり、縄の全長はその3倍になるので、

$$(縄の全長) = 3x + 3 \ [m] \quad \cdots\cdots ①$$

となります。

　同様に、図の下側の直線も縄の全長を表し、それを四つ折りにしたときの縄の長さが、縄を示す直線の実線部分です。題意より、縄の全長の $\frac{1}{4}$ は、井戸の深さより 1.5 m 短かったので、上の図の❷より、

$$(縄の全長の\frac{1}{4}) = x - 1.5 \ [m]$$

となります。つまり、縄の全長はその4倍になるので、

$$(縄の全長) = 4x - 6 \ [m] \quad \cdots\cdots ②$$

となります。

①、②より、

$$3x + 3 = 4x - 6$$

が成り立つので、これを解くと$x = 9$となります。

これに最も近い選択肢を探すと、❸の9.1 m になりますので、正解は❸です。

問題2

正解 ❺

> 通信販売を使った2通りの購入方法と、従来の購入方法それぞれの式を立てます。

まず、通信販売の1本当たりの価格はスーパーの半額なので、通信販売での1本当たりの価格をx［円］とおくと、スーパーで購入したときの1本当たりの価格は$2x$［円］となりますので、従来どおりスーパーで8本購入したときの経費は、

$$2x \times 8 = 16x \ ［円］$$

となります。

次に、通信販売を使った購入方法での経費を式で表すために、通信販売の配送料金をy［円］とおきます。

毎月通信販売で6本入り1ケースを購入すると、配送料金も含めて$(x \times 6 + y)$［円］かかります。さらにスーパーで残り2本を購入する際に$(2x \times 2)$［円］かかるので、経費は合計で、

$$(x \times 6 + y) + (2x \times 2) \ ［円］$$

となります。これは、従来の経費$16x$円よりも300円安くなるので、

$$(x \times 6 + y) + (2x \times 2) = 16x - 300$$

が成り立ちます。この式を整理すると、

$$6x - y = 300 \quad \cdots\cdots ①$$

となります。

また、3か月に2回通信販売で6本入り2ケースずつ購入すると、その経費はペットボトル24本分に加えて、配送料金のy円が2回分かかるので、**3か月分の経費**は、

$$(x \times 24 + y \times 2) \ ［円］ \quad \cdots\cdots ②$$

となります。これは、従来の経費$16x$円よりも、1か月当たり680円安くなるので、1か月当たりの経費は$(16x - 680)$円です。つまり、**3か月分の経費**は、

$$(16x - 680) \times 3 = 48x - 2040$$

と表すことができ、これが②と等しいことから、

$$x \times 24 + y \times 2 = 48x - 2040$$

が成り立ちます。この式を整理すると、

$$12x - y = 1020 \quad \cdots\cdots ③$$

となります。

ここで、①、③を連立方程式として解くと、③－①より、次のようになります。

20

$$12x - y = 1020$$
$$-)\ \ 6x - y = \ \ 300$$
$$6x \qquad = \ \ 720$$
$$x = \ \ 120$$

したがって、$x = 120$［円］となるので、**スーパーでの1本当たりの価格**（$2x$［円］）は、

$$120 \times 2 = 240 \ \text{［円］}$$

となり、正解は❺となります。なお、yを求めると、420［円］となります。

問題3　　　　　　　　　　　　　　　　　　　　　　　正解 ❶

> ［cm］と［m］の2種類の単位が出てくるので、単位をそろえて立式します。面積を求める式が2次方程式になるので、因数分解か解の公式を使って解きます。

小さいほうの正方形の1辺をx［cm］とおくと、**小さいほうの正方形の4辺の長さは$4x$**［cm］となります。これを$2\,\text{m} = 200\,\text{cm}$の針金から切り出せば、**残りの針金の長さは（$200 - 4x$）**［cm］となります。この針金で大きいほうの正方形を作ると、**1辺の長さはその$\dfrac{1}{4}$となる**ので、大きいほうの正方形の1辺の長さは、

$$(200 - 4x) \times \frac{1}{4} = (50 - x) \ \text{［cm］} \qquad \cdots\cdots①$$

となります。したがって、小さいほうの正方形の面積はx^2［cm²］となり、大きいほうの正方形の面積は、

$$(50 - x)^2 = 2500 - 100x + x^2 \ \text{［cm}^2\text{］}$$

となるので、**二つの正方形の面積の和**は、

$$x^2 + (2500 - 100x + x^2) = 2x^2 - 100x + 2500$$

となります。

題意より、

$$2x^2 - 100x + 2500 = 1828$$

が成り立ちますので、これを整理すると、

$$x^2 - 50x + 1250 = 914$$
$$x^2 - 50x + 336 = 0 \qquad \cdots\cdots②$$

となります。これを因数分解すると、

$$(x - 8)(x - 42) = 0$$

となるので、$x = 8$、42より、小さいほうの正方形の1辺は8 cmか42 cmとなります。ここで、$x = 8$［cm］のとき、①より、大きいほうの正方形の1辺は42 cmとなり、条件を満たしますが、$x = 42$［cm］のとき、①より、大きいほうの正方形の1辺は8 cmとなり、不適となります。

よって、小さいほうの正方形の面積は、$8 \times 8 = 64$［cm²］となるので、正解は❶です。

1　方程式の基本　　21

なお、②を2次方程式の解の公式を使って計算してみると、次のようになります。

$ax^2 + bx + c = 0$ が $x^2 - 50x + 336 = 0$ になるので、$a = 1$、$b = -50$、$c = 336$ となり、これらを解の公式に代入すると、次のようになります。

$$x = \frac{-(-50) \pm \sqrt{(-50)^2 - 4 \times 1 \times 336}}{2 \times 1} = \frac{50 \pm \sqrt{2500 - 1344}}{2} = \frac{50 \pm \sqrt{1156}}{2}$$

ここで、1156 を素因数分解すると $2^2 \times 17^2$ になるので、$\sqrt{1156} = 34$ とわかります。したがって、

$$x = \frac{50 \pm \sqrt{1156}}{2} = \frac{50 \pm 34}{2} = 42、8$$

となります。ここから先は前述の解説と同様に解くことができます。

問題4 　　　　　　　　　　　　　　　　　　　　　　　　　　　　　　　正解 ❶

　　2番目に重い（または軽い）組合せを使って、必要な値だけを求めます。

　四つの分銅を、軽いほうから順に、A、B、C、Dとおきます。

　このうち二つを選んで重さを量るとき、その組合せは、(A＋B)、(A＋C)、(A＋D)、(B＋C)、(B＋D)、(C＋D) の6通りです（第4章で学習しますが、組合せの公式を使って、$_4C_2 = 6$［通り］と求めることができます）。

　この6通りのうち、最も軽い組合せは (A＋B) になるので、

　　(A＋B) = 87［g］　　……①

に決まります。同様に、最も重い組合せは (C＋D) になるので、

　　(C＋D) = 104［g］

に決まります。

　次に、2番目に重い組合せを考えます。残りの4通りについて、(A＋C)＜(A＋D) であり、(B＋C)＜(B＋D) であることから、(A＋D) と (B＋D) のいずれかが2番目に重い組合せになります。これら二つの組合せにおいて、Dが共通であり、A＜Bなので、(A＋D)＜(B＋D) となります。したがって、2番目に重い組合せは (B＋D) となり、

　　(B＋D) = 98［g］　　……②

に決まります。

　ここで、②－①より、

　　D－A = 98 － 87 = 11

が成り立つので、最も軽い分銅Aと最も重い分銅Dの重さの差は、11 g となります。よって、正解は❶です。

22

問題5　　　　　　　　　　　　　　　　　　　　　　　　　　　　　正解 **❶**

> 10通りの組合せを合計すると、5種類の缶の重さの合計を求めることができます。

　軽いほうの缶から順にA、B、C、D、Eとおくと、異なった2缶の組合せ10通りは、(A＋B)、(A＋C)、(A＋D)、(A＋E)、(B＋C)、(B＋D)、(B＋E)、(C＋D)、(C＋E)、(D＋E) です。**これら10通りを合計すると、**

$$(A＋B)＋(A＋C)＋(A＋D)＋(A＋E)＋(B＋C)＋(B＋D)＋(B＋E)＋(C＋D)$$
$$＋(C＋E)＋(D＋E)$$
$$＝4×(A＋B＋C＋D＋E)\quad ……①$$

となります。
　また、**問題文中の実際の重さの値10通りを合計する**と、

$$203＋209＋216＋221＋225＋228＋232＋234＋238＋250＝2256\ [g]\quad ……②$$

となります。ここで、**①＝②より、**

$$4(A＋B＋C＋D＋E)＝2256$$

が成り立ち、これを整理すると、

$$A＋B＋C＋D＋E＝564\quad ……③$$

となります。
　ここで、最も軽いAと2番目に軽いBを合計した重さは、10種類の重さの値のうち最も軽い203gになるので、

$$A＋B＝203\quad ……④$$

が成り立ちます。同様に、最も重いEと2番目に重いDを合計した重さは、10種類の重さの値のうち最も重い250 gとなるので、

$$D＋E＝250\quad ……⑤$$

が成り立ちます。④、⑤を③に代入すると、

$$203＋C＋250＝564$$

より、C＝111となるので、正解は**❶**です。

問題6　　　　　　　　　　　　　　　　　　　　　　　　　　　　　正解 **❺**

> 姉の年齢についての条件が多いので、姉の年齢を文字で表して立式します。

　条件Aより、

　　(今年の姉の年齢)＝(今年の弟の年齢)＋4

なので、

　　(今年の弟の年齢)＝(今年の姉の年齢)－4

であり、条件Bより、

　　(今年の父の年齢)＝(今年の姉の年齢)×3

1　方程式の基本　　23

ですので、「今年の姉の年齢」を文字で表せば、「今年の弟の年齢」と「今年の父の年齢」を同じ文字を使って表せます。

そこで、

(今年の姉の年齢) $= x$ [歳]

とおくと、

(今年の弟の年齢) $= (x-4)$ [歳]

(今年の父の年齢) $= 3x$ [歳]

となります。「今年の母の年齢」については、特に条件がありませんので、

(今年の母の年齢) $= y$ [歳]

とおきます（①）。

条件Cより、

(5年前の母の年齢) $=$ (5年前の弟の年齢) $\times 5$ ……②

が成り立ちます。①より、

(5年前の母の年齢) $= (y-5)$ [歳]

(5年前の弟の年齢) $= (x-4)-5 = (x-9)$ [歳]

となるので、これらを②に代入すると、

$(y-5) = (x-9) \times 5$

より、

$y = 5x - 40$ ……③

となります。

また、条件Dより、

(2年後の父の年齢) $+$ (2年後の母の年齢)

$= \{(2年後の姉の年齢) + (2年後の弟の年齢)\} \times 3$ ……④

となります。①より、

(2年後の父の年齢) $= (3x+2)$ [歳]

(2年後の母の年齢) $= (y+2)$ [歳]

(2年後の姉の年齢) $= (x+2)$ [歳]

(2年後の弟の年齢) $= (x-4)+2 = (x-2)$ [歳]

となりますので、これらを④に代入すると、

$(3x+2) + (y+2) = \{(x+2) + (x-2)\} \times 3$

より、

$3x - y = 4$ ……⑤

となります。

ここで、⑤に③を代入すると、

$3x - (5x - 40) = 4$

となり、これを整理すると、

$x = 18$

となりますので、今年の姉の年齢は18歳です。これを③に代入すると、

24

$$y = 5 \times 18 - 40 = 50$$

となるので、今年の母の年齢は50歳です。さらに、$x=18$を①に代入すると、今年の父の年齢は、

$$18 \times 3 = 54 \ [歳]$$

となり、今年の弟の年齢は、

$$18 - 4 = 14 \ [歳]$$

となります。

　よって、今年の4人の年齢の合計は、

$$54 + 50 + 18 + 14 = 136 \ [歳]$$

となりますので、正解は❺となります。

問題7　　　　　　　　　　　　　　　　　　　　　　　　　　正解 ❺

> 個々の年齢を求めるのではなく、求める式を意識して解きます。

　現在における父親の年齢をx歳、母親の年齢をy歳、長女の年齢をa歳、次女の年齢をb歳、三女の年齢をc歳とおくと、**求めるものは $(y+a+b)$** となります。

　問題文の「両親の年齢の和は、現在は3姉妹の年齢の和の3倍である」より、

$$x + y = 3(a+b+c) \quad \cdots\cdots ①$$

となります。

　次に6年後の条件を考えます。6年後には全員の年齢が6歳ずつ増えているので、両親の年齢は2人合わせて12歳増え、3姉妹の年齢は3人合わせると18歳増えていることになります。したがって、「（両親の年齢の和は）6年後には3姉妹の年齢の和の2倍になる」を式で表すと、

$$(x + y + 12) = 2(a + b + c + 18)$$

となり、これを整理すると、

$$x + y = 2(a+b+c) + 24 \quad \cdots\cdots ②$$

となります。

　さらに4年前の条件を考えると、4年前には全員の年齢が4歳減っているので、問題文の「4年前には父親と三女の年齢の和が、母親、長女及び次女の年齢の和と等しかった」を式で表すと、

$$(x - 4) + (c - 4) = (y - 4) + (a - 4) + (b - 4)$$

となります。これを整理すると、

$$x + c = y + a + b - 4 \quad \cdots\cdots ③$$

となります。

　ここで、**①、②の左辺が共通であることに着目し**、①を②に代入して整理すると、次のようになります。

$$3(a+b+c) = 2(a+b+c) + 24$$

1　方程式の基本　　25

$$a + b + c = 24 \quad \cdots\cdots ④$$

さらに④を①に代入すると、

$$x + y = 3 \times 24$$

より、

$$x + y = 72 \quad \cdots\cdots ⑤$$

となります。

ここで、求めるものが $(y + a + b)$ であることから、x と c は求める必要がありません。そこで、③、④、⑤を使って x と c を消します。

④より、

$$c = 24 - a - b \quad \cdots\cdots ⑥$$

となります。また、⑤より、

$$x = 72 - y \quad \cdots\cdots ⑦$$

となりますので、⑥、⑦を③に代入して整理すると、次のようになります。

$$(72 - y) + (24 - a - b) = y + a + b - 4$$
$$y + a + b = 50$$

この式の左辺は冒頭に掲げた「求めるもの」に一致するので、現在の母親、長女および次女の年齢の和は50となります。

よって、正解は❺です。

2　不等式

問題1　　　　　　　　　　　　　　　　　　　　　　　　　　　　正解 ❷

> 条件からB組の生徒数とC組の生徒数の値を絞り込み、選択肢を用いて場合分けします。

A組、B組、C組の生徒数を、それぞれ a 人、b 人、c 人とおくと、題意より、

$$a + b + c = 105 \quad \cdots\cdots ①$$

となります。

また、条件ア「B組の生徒数の3倍は、A組の生徒数の2倍より5人以上多い」より、$b \times 3$ は、$a \times 2 + 5$ と等しいか、それ以上に多いので、

$$3b \geqq 2a + 5 \quad \cdots\cdots ②$$

が成り立ちます。

次に条件イの前半の「C組の生徒数は、A組からC組までの生徒数の合計の5割より7人以上少なく」を式で表してみます。「A組からC組までの生徒数」は105人ですので、その5割、つまりその $\dfrac{1}{2}$ は、$105 \times \dfrac{1}{2} = 52.5$［人］です。したがって、「A組からC組までの生徒数の合計の5割より7人少ない」状態は、$52.5 - 7 = 45.5$［人］となり、C組の生徒数は「7人以上少ない」ので、45.5人と等しいか、それよりもさらに少ない可能

26

性もあります。つまり、

$$c \leqq 45.5 \quad \cdots\cdots③$$

となります。

さらに、条件イの後半の「（C組の生徒数は）B組の生徒数より20人以上多い」より、

$$c \geqq b + 20 \quad \cdots\cdots④$$

となります。

③、④より、

$$b + 20 \leqq c \leqq 45.5 \quad \cdots\cdots⑤$$

となるので、$b + 20 \leqq 45.5$ が成り立ちます。これを整理すると、$b \leqq 25.5$ となりますが、**これ以上条件がないので選択肢を確認すると**、❶の24人、❷の25人のみが条件を満たします。

そこで、**それぞれの場合について、場合分けをして確認します。**

❶の $b = 24$ 人の場合、⑤より、$c = 44$ または $c = 45$ です。$c = 44$ のとき、①より、

$$a + 24 + 44 = 105$$

となるので、$a = 37$ となります。さらに②より、

$$3 \times 24 \geqq 2 \times 37 + 5$$

となりますが、これを整理すると $72 \geqq 79$ となり、式が矛盾するため条件を満たしません。よって、**この場合は不適です。**

また、$c = 45$ のとき、①より、

$$a + 24 + 45 = 105$$

となるので、$a = 36$ となります。さらに②より、

$$3 \times 24 \geqq 2 \times 36 + 5$$

となりますが、$72 \geqq 77$ となり、この場合も矛盾が生じるので条件を満たさず、**不適です。**

❷の $b = 25$ 人の場合、⑤より、$c = 45$ に決まります。①より、

$$a + 25 + 45 = 105$$

となるので、$a = 35$ となります。さらに②より、

$$3 \times 25 \geqq 2 \times 35 + 5$$

となりますが、$75 \geqq 75$ となり、矛盾は生じません。したがって、**この場合は条件を満たします。**

よって、正解は❷です。

問題2　　　　　　　　　　　　　　　　　　　　　　　　　　正解 ❸

> 「配られる物」を参加者、「受け取る人」を部屋として式を立てます。

　「配られる物」を一次募集の参加者、「受け取る人」を部屋として、「部屋の総数」を x 部屋とおき、「一次募集の参加人数」を式で表します。なお、問題文中の「二次募集できる」という表現は、**部屋に空きができる状態**になるので、**部屋に割り振った人数よ**

2　不等式　27

りも参加者が少ない、という意味になります。

　条件アより、すべての部屋に8人ずつ割り振ると、$8x$人が割り振られるはずですが、23人不足するので、

　　（一次募集の参加人数）$= 8x - 23$［人］　……①

となります。

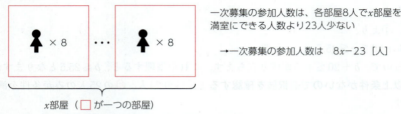

　条件イより、すべての部屋に6人ずつ割り振ると、$6x$人が割り振られますが、「8人分以上の部屋が不足する」ということは、**8人以上が部屋に割り振られず、余ってしまった**ということです。ここで、8人ちょうど余った状態は、$6x + 8$と表すことができますが、実際の「一次募集の参加人数」は、8人以上が割り振られないので、例えば$6x + 9$や$6x + 10$のような参加人数もあり得ることになります。つまり、

　　（一次募集の参加人数）$\geqq 6x + 8$　　……②

が成り立ちます。

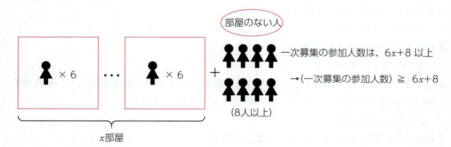

　条件ウより、x部屋のうち8部屋を8人部屋に設定すると、$8 \times 8 = 64$［人］が割り振られます。この時点で残りの部屋数は$(x - 8)$部屋であり、これらの部屋すべてを6人部屋に設定すると、$6 \times (x - 8)$［人］が割り振られるはずです。この時点で部屋に割り振られた人数の合計は、

　　$64 + 6(x - 8) = 6x + 16$［人］

になりますが、6人分以上の空きが出ています。ここで、「6人分ちょうど空きが出た」状態を式で表すと、$(6x + 16) - 6$となりますが、実際には6人以上の空きが出ているので、例えば$(6x + 16) - 7$や$(6x + 16) - 10$のような数も考えられ、一次募集の参加人数は$(6x + 16) - 6$よりも少ない可能性があります。つまり、

　　（一次募集の参加人数）$\leqq (6x + 16) - 6$

となり、これを整理すると、

　　（一次募集の参加人数）$\leqq 6x + 10$　　……③

となります。

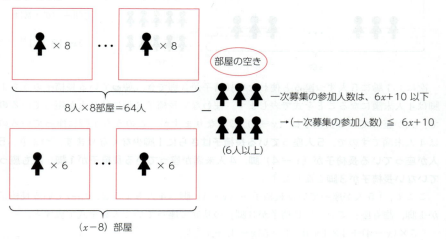

ここで、①を②に代入すると、
$$8x - 23 \geqq 6x + 8$$
となり、これを整理すると、
$$x \geqq 15.5 \quad \cdots\cdots ④$$
となります。さらに、①を③に代入すると、
$$8x - 23 \leqq 6x + 10$$
となり、これを整理すると、
$$x \leqq 16.5 \quad \cdots\cdots ⑤$$
となります。

④、⑤より、$15.5 \leqq x \leqq 16.5$ となりますから、$x = 16$ に決まります。これを①に代入すると、
$$(一次募集の参加人数) = 8 \times 16 - 23 = 105 ［人］$$
となるので、正解は❸となります。

問題3

正解 ❶

最後に場合分けを行い、条件を満たすか確認していきます。

「配られる物」をグループのメンバー、「受け取る人」を長椅子として、「長椅子の総数」を x 脚とおき、「グループの人数」を式で表します。

まず、長椅子1脚に3人ずつ座ると10人が座れないので、
$$(このグループの人数) = 3x + 10 ［人］ \quad \cdots\cdots ①$$
となります。

2 不等式 29

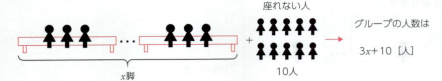

次に、1脚に5人ずつ座ると使わない長椅子が3脚でき、使っている長椅子のうち1脚は4人未満になることを式で表します。使わない長椅子3脚には0人が座っているので、人が座っている長椅子は $(x-3)$ 脚となりますが、このうち1脚に座っているのは4人未満ですので、**5人座っている長椅子はさらに1脚少なくなります。つまり、5人が座っている長椅子が $(x-4)$ 脚、4人未満が座っている長椅子が1脚、誰も座っていない長椅子が3脚**となります。

ここで、「5人が座っている長椅子が $(x-4)$ 脚、4人ちょうどが座っている長椅子が1脚、誰も座っていない長椅子が3脚」の状態で座っている人数を式で表すと、

$$5 \times (x-4) + 4 \times 1 + 0 \times 3 = 5(x-4) + 4 \text{[人]}$$

となりますが、実際には4人未満の座る長椅子が1脚なので、例えば、$5(x-4)+3$ や $5(x-4)+2$ のような式がグループの人数を表すはずです。

つまり、

(このグループの人数) $< 5(x-4)+4$

が成り立ち、この式を整理すると、

(このグループの人数) $< 5x-16$

となります。

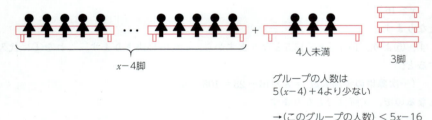

グループの人数は
$5(x-4)+4$ より少ない

→(このグループの人数)$< 5x-16$

この式に①を代入すると、$3x+10 < 5x-16$ となるので、この式を整理すると、$x > 13$ となり、長椅子が14脚以上あったことがわかります。

これ以上条件がないので、**x の値が14以上として場合分けを行います。**

$x=14$ の場合、①より、このグループの人数は、$3 \times 14 + 10 = 52$［人］です。52人を5人ずつ14脚の長椅子に座らせると、10脚で50人になり、もう1脚には2人座ることになります。したがって、使わない長椅子は、$14-10-1=3$［脚］となり、**特に矛盾はありません。**

$x=15$ の場合、①より、このグループの人数は、$3 \times 15 + 10 = 55$［人］です。55人を5人ずつ15脚の長椅子に座らせると、11脚でちょうど55人になり、残りの4脚は使わないことになります。題意より、使わない長椅子は3脚ですので、**この場合は不適で**

す。

$x=16$ の場合、①より、このグループの人数は、$3\times 16+10=58$ [人] です。58人を5人ずつ16脚の長椅子に座らせると、11脚で55人になり、もう1脚は3人が座ります。したがって、使わない長椅子は、$16-11-1=4$ [脚] となりますが、使わない長椅子は3脚ですので、**この場合は不適です**。

$x=17$ の場合、①より、このグループの人数は、$3\times 17+10=61$ [人] です。61人を5人ずつ17脚の長椅子に座らせると、12脚で60人になり、もう1脚は1人が座ります。したがって、使わない長椅子は、$17-12-1=4$ [脚] となりますが、使わない長椅子は3脚ですので、**この場合は不適です**。

$x=18$ の場合、①より、このグループの人数は、$3\times 18+10=64$ [人] です。64人を5人ずつ18脚の長椅子に座らせると、12脚で60人になり、もう1脚は4人が座りますが、題意より、「使っている長椅子のうち1脚は4人未満」ですので、4人が座ると条件を満たしません。よって、**この場合は不適です**。

この時点で、グループの人数が52人、55人、58人、61人、64人の場合を検討したので、選択肢にある値すべてを確認したことになります。つまり、これ以上は確認する必要がありませんので、ここまでで矛盾のない❶が正解となります。

> **ヒント**
>
> なお、本問では、①の式が立てられた時点で、選択肢を代入して解くことも可能です。ただし、上の解説の流れも必ず理解しておくようにしてください。

3　不定方程式

問題1　　　　　　　　　　　　　　　　　　　　　　　　　　　　　正解 ❶

> 不定方程式として文字の値を絞り込んでから、不等式の条件を満たすか確認していきます。

りんごの個数を x 個、なしの個数を y 個とおくと、販売総数より、ももの個数は、

$(200-x-y)$ [個]　　……①

と表すことができます。これらを単価と掛け算し、売上総額の式を立てると次のようになります。

$300(200-x-y)+200x+100y=36000$

この式を整理し、左辺を y のみの形にすると、

$y=120-\dfrac{1}{2}x$　　……②

となります。x、y は正の整数ですので、②より、x は2の倍数です（③）。

題意より、$x<100$（④）ですので、③、④より、xは98以下の2の倍数となります（⑤）。

ここで、「なしの売上金額が3商品の売上総額の2割未満だった」について考えると、なしは1個100円、売上個数がy個ですので、なしの売上金額は$100y$円になります。題意より、3商品の売上金額は36,000円であり、なしの売上金額はこの2割未満です。36,000円の2割は7,200円ですので、$100y<7200$より、$y<72$が成り立ちます。この式に②を代入すると、

$$120-\frac{1}{2}x<72$$

より、$96<x$が成り立ちます。これと③、④を同時に満たすのは$x=98$のみです。これを②に代入すると$y=71$となり、xとyの値を①に代入すると、ももの売上個数は、

$$200-98-71=31 \text{［個］}$$

とわかり、ももの売上金額は、$300×31=9300$［円］となります。

よって、正解は❶です。

なお、⑤でxの範囲がわかった後、②のxに98以下の2の倍数を順に代入していく解法も考えられます。

$x=98$のとき、$y=120-\dfrac{1}{2}×98$より、**$y=71$**となるので、これを①に代入すると、$200-98-71=31$より、**ももの売上個数は31個**となります。このとき、「なしの売上金額が3商品の売上総額の2割未満であった」を満たすかどうかを確認します。3商品の売上総額は36,000円なので、その2割は$36000×0.2=7200$［円］となります。これに対して、なしの売上金額は、$100×71=7100$［円］となり、**この場合は条件を満たします**。

$x=96$のとき、$y=120-\dfrac{1}{2}×96$より、$y=72$となるので、これを①に代入すると、$200-96-72=32$より、ももの売上個数は32個となりますが、なしの売上金額を求めると、$100×72=7200$［円］となり、「なしの売上金額が3商品の売上総額の2割未満」であるという条件を満たしません。したがって、この場合は不適です。

$x=94$以下の2の倍数のときも、なしの売上金額が7300円以上となり、「なしの売上金額が3商品の売上総額の2割未満」を満たさないので、不適です。

したがって、条件を満たす場合は$x=98$のときだけですので、そのときのももの売上金額は、$300×31=9300$［円］となります。

よって、正解は❶です。

問題2　　　　　　　　　　　　　　　　　　　　　　　　　　　　正解 ❷

A定食とB定食を選んだ人数の合計は300人であることに着目しましょう。

まず、「この食堂を利用した人数は300人で、全員がどちらかの定食を一食選び」より、A定食の売れた数をa食、B定食の売れた数をb食とおくと、

$$a + b = 300 \quad \cdots\cdots ①$$

が成り立ちます。

次に、「A定食の売れた数は、B定食の売れた数の$\dfrac{3}{7}$より少なく、$\dfrac{2}{5}$より多かった」より、

$$\frac{3}{7}b > a > \frac{2}{5}b \quad \cdots\cdots ②$$

が成り立ちます。

さらに、「この日のこの食堂の売上金額の合計が165,000円」より、サラダの売れた数をc食とおくと、

$$600a + 500b + 150c = 165000$$

が成り立ち、この式全体を50で割ると、

$$12a + 10b + 3c = 3300 \quad \cdots\cdots ③$$

が成り立ちます。

①より、

$$a = (300 - b) \quad \cdots\cdots ④$$

となるので、これを②に代入すると、

$$\frac{3}{7}b > (300 - b) > \frac{2}{5}b$$

となります。

$\dfrac{3}{7}b > (300 - b)$ を解くと、$3b > 2100 - 7b$ より、$b > 210$ となり、$(300 - b) >$

$\dfrac{2}{5}b$ を解くと、$1500 - 5b > 2b$ より、$b < 214\dfrac{2}{7}$ となるので、$210 < b < 214\dfrac{2}{7}$ となります。

bはB定食の売れた数であるため整数になりますので、$b = 211$、212、213、214の4通りが考えられます（⑤）。

また、④を③に代入すると、

$$12(300 - b) + 10b + 3c = 3300$$

が成り立ち、これを整理すると、

$$3600 - 12b + 10b + 3c = 3300$$

より、

$$300 - 2b + 3c = 0$$

となり、さらに、左辺をcだけにして、残りを右辺に移項すると、

$$c = \frac{2}{3}b - 100 \quad \cdots\cdots ⑥$$

となります。**cはサラダの売れた数ですので、整数になります**。⑥より、cが整数にな

3　不定方程式　　33

るには、$\frac{2}{3}b-100$ が整数になる必要があり、それは、**b が3の倍数になるときだけ**です。

　3の倍数は、各位の数の合計が3の倍数になることから、⑤の4通りのうち、b が3の倍数になるのは $b=213$ の場合のみなので、$b=213$ に決まります。

　よって、⑥に $b=213$ を代入すると、

$$c=\frac{2}{3}\times 213-100=42$$

となるので、正解は❷となります。

4　割合・比

問題1　　　　　　　　　　　　　　　　　　　　　　　　　　　　　　正解 ❸

> 「Aの領域の面積」と「Bの領域の面積」を文字で表すと、「土地全面積」を文字の足し算で表すことができるようになります。

　まず、問題文に「Aの領域」、「Bの領域」、「A、B合わせた土地全体」に関する割合の情報がありますので、**(Aの領域の面積)＝a、(Bの領域の面積)＝b** とおけば、

　　(A、B合わせた土地全体)＝$(a+b)$　　……①

と表すことができ、文字の少ない状態で式を立てられます。

　そこで、問題文「Aの領域の60%にマンションを建て」より、

　　(マンションの面積)＝$a\times 0.6=0.6a$　　……②

と表すことができます。同様に、問題文「A、B合わせた土地全体に占めるマンションと駐車場の領域がそれぞれ40%、20%であった」より、

　　(マンションの面積)＝$(a+b)\times 0.4=0.4(a+b)$　　……③

　　(駐車場の面積)＝$(a+b)\times 0.2=0.2(a+b)$　　……④

が成り立ちます。

　②＝③より、$0.6a=0.4(a+b)$ となり、これを整理すると、$0.2a=0.4b$ より、$a=2b$ となります。これを①に代入すると、

　　(A、B合わせた土地全体)＝$2b+b=3b$

となります。これを④に代入すると、

　　(駐車場の面積)＝$0.2\times 3b=0.6b$

となります。これは、$b\times 0.6$ とすれば (Bの領域の面積)×60%という意味になります。

　つまり、駐車場の面積は、Bの領域の60%ですので、正解は❸となります。

| 問題2 | 正解 ❸ |

> 前半の試合数と後半の試合数を文字で表すと、勝率から勝ち数を求められます。

　勝率は、試合数に占める勝ち数の割合ですので、

　　（勝ち数）＝（試合数）×（勝率）

が成り立ちます。そこで、前半戦の試合数をx試合、後半戦の試合数をy試合とおく（①）と、勝率をもとに、前半戦、後半戦の勝ち数を文字式で表すことができます。

　　（前半戦の勝ち数）＝$0.71x$　　……②

　　（後半戦の勝ち数）＝$0.58y$　　……③

　次に、年間を通じた勝率をもとに、年間の勝ち数を求めます。①より、年間を通じた試合数は$(x+y)$試合となり、年間を通じた勝率が6割5分ですので、年間の勝ち数は次のようになります。

　　（年間の勝ち数）＝$0.65(x+y)$　　……④

　ここで、**（年間の勝ち数）＝（前半戦の勝ち数）＋（後半戦の勝ち数）** が成り立つので、②、③、④より、次の式が成り立ちます。

　　$0.71x + 0.58y = 0.65(x+y)$

この式を整理すると$6x = 7y$より、$y = \dfrac{6}{7}x$となります。

　求めるのは「**後半戦の試合数の前半戦の試合数に対する百分率**」であり、これは、「後半戦の試合数は前半戦の試合数のどれくらいの割合か」という意味ですので、

$$\frac{（後半戦の試合数）}{（前半戦の試合数）}＝（後半戦の試合数）÷（前半戦の試合数）$$

で求められます。この式に（前半戦の試合数）＝x、（後半戦の試合数）＝$\dfrac{6}{7}x$を代入すると、

　　（求める値）＝$\dfrac{6}{7}x ÷ x = \dfrac{6}{7}$

となり、$\dfrac{6}{7} ≒ 0.8571\cdots$より、この値は約85.7%となります。

　よって、85.7%に最も近いものを選択肢から選ぶと、正解は❸となります。

| 問題3 | 正解 ❺ |

> 参加予定人数が50人以上であることと、不定方程式を活用して解きます。

　1人当たりの料金が通常料金6,000円ですが、当初の予定では、割引プランを利用できるはずだったので、1人当たりの料金は通常料金の1割引き、つまり1人当たり

4　割合・比　　35

$6000 \times 0.9 = 5400$［円］になります。これらの料金に人数を掛け算して料金の合計を求めたいので、このパーティーの参加予定人数をx人（題意より、$x \geqq 50$（①））、当日の欠席人数をy人とおきます。

当初の支払額は、割引料金5400円がx人分で、$5400x$円支払う予定だったことになります（②）。

しかし、当日にy人の欠席者が出たので、実際に支払う1人当たりの料金は6000円であり、参加人数は$(x - y)$人となります。したがって、パーティー料金は、$6000(x - y)$［円］となります。さらに、違約金15000円も合わせて支払ったので、支払金額の合計は、

$6000(x - y) + 15000$［円］　　……③

となります。

題意より、**実際に支払った合計額は、当初予定していた「割引プラン」を利用した支払額と等しいので**、②＝③となります。したがって、以下の式が成り立ちます。

$5400x = 6000(x - y) + 15000$

条件から立てられる式はこれのみです。この式は、**文字の種類が2種類、式の数が一つですので、不定方程式となります。**

そこで、この式を整理すると、

$10y = x + 25$

より、

$$y = \frac{x + 25}{10} \quad ……④$$

となります。yは人数を表すので整数になります。したがって、右辺の分子$(x + 25)$は10の倍数となりますが、そのためには、$(x + 25)$の計算結果の一の位が「0」になる必要があります。つまり、**xの一の位が5になる数**のときに、$(x + 25)$の計算結果が10の倍数になります。さらに、①より、$x \geqq 50$であることから、$x = 55$、65、75、…となるので、これを④に代入してyの値を求めてみます。

$x = 55$のとき、$y = \dfrac{55 + 25}{10} = 8$となります。このとき、当初の参加予定者は55人、当日の欠席者が8人となるので、実際の参加人数は$55 - 8 = 47$人となり、50人以上の参加予定が、実際には50人未満の参加になったという条件と矛盾せず、条件を満たします。

$x = 65$のとき、$y = \dfrac{65 + 25}{10} = 9$となります。このとき、当初の参加予定者は65人、当日の欠席者が9人となるので、実際の参加人数は$65 - 9 = 56$人となりますが、**実際の参加人数が50人を超えてしまうので、条件を満たしません。**つまり、この場合は不適です。

$x \geqq 75$の場合、実際の参加人数が56人よりもさらに増えてしまうので、条件を満たしません。したがって、**$x \geqq 75$の場合はすべて不適です。**

よって、$x=55$ のときのみが条件を満たすので、当日の欠席者は 8 人となり、正解は
❺となります。

問題4　　　　　　　　　　　　　　　　　　　　　　　　　　　　　　正解 ❶

> 販売価格が3種類あるので、売上はそれぞれ立式します。そのうえで、（売上）－（コスト）
> ＝（利益）の式に当てはめて計算します。

　まず、**定価での売上**を求めます。問題文の「原価に対し5割の利益を上乗せして定価
とし」について、（原価）＝x［円］とおくと、原価の5割は $x×0.5＝0.5x$ となります。
これを原価 x 円に上乗せするので、

　　（定価）＝$x+0.5x＝1.5x$［円］　　……①

となります。
　題意より、定価で売った個数は仕入れた個数120個の半数、つまり60個になるので、
定価で販売した分の売上は、

　　$1.5x×60＝90x$［円］　　……②

となります。
　次に**定価の1割引きで売ったときの売上**を求めます。①より、定価の1割引きは、

　　$1.5x×0.9＝1.35x$［円］

です。個数について考えると、残っている60個のうち1割引きで売った個数は不明な
ので、（1割引きで売った個数）＝y［個］とおくと、

　　（1割引きで売った売上）＝$1.35x×y＝1.35xy$［円］　　……③

となります。
　さらに、**定価の半額で売ったときの売上**を求めます。①より、定価の半額は、

　　$1.5x×0.5＝0.75x$［円］

です。このときに売った個数は、120個から定価で60個、1割引きで y 個売った後なので、
（定価の半額で売った個数）＝$(60-y)$［個］となります。したがって、このときの売上
は、

　　（定価の半額で売った売上）＝$0.75x×(60-y)＝(45x-0.75xy)$［円］　　……④

となります。
　②、③、④より、売上の総額は、

　　（売上総額）＝$90x+1.35xy+(45x-0.75xy)$［円］　　……⑤

になります。
　続いて、**コスト**を求めます。**コストは原価の合計と等しい**ので、原価 x 円で120個仕
入れたことから、コストは、

　　（コスト）＝$x×120＝120x$［円］　　……⑥

となります。
　さらに、**利益**を求めます。問題文「全体としては、原価に対し1割5分の利益を得た」

4　割合・比　　37

と⑥より、原価の合計$120x$円の1割5分が利益となります。したがって、

$$（利益）＝120x×0.15＝18x［円］\quad……⑦$$

です。

（売上）－（コスト）＝（利益）に⑤、⑥、⑦を代入すると、

$$90x＋1.35xy＋（45x－0.75xy）－120x＝18x$$

が成り立ちます。この式はすべての項にxが掛けられているので、式全体をxで割ると、

$$90＋1.35y＋45－0.75y－120＝18$$

となり、この方程式を解くと、$y＝5$［個］となります。

よって、定価で売ったのは5個となるので、正解は❶です。

問題5　　　　　　　　　　　　　　　　　　　　　　　　　　正解 ❹

> 水を追加した後も比が同じなのは、追加した水量の比がもとの水量の比と等しいからです。

　水を追加しても比が変わらなかったのは、追加した水量の比がもとの水量の比と等しかったからです（①）。したがって、

$$（もとのBの水量）：（もとのCの水量）＝2：3\quad……②$$

より、

$$（Bに追加した水量）：（Cに追加した水量）＝2：3\quad……③$$

となります。問題文「Aに追加した水量はBに追加した水量よりも2L多かった」より、

$$（Aに追加した水量）＝（Bに追加した水量）＋2$$

が成り立つので、③より、**（Bに追加した水量）＝$2x$、（Cに追加した水量）＝$3x$** とおくと、

$$（Aに追加した水量）＝2x＋2\quad……④$$

となります。

　ここで、問題文「30Lの水をこれら三つのタンクに分けて追加した」より、

$$（Aに追加した水量）＋（Bに追加した水量）＋（Cに追加した水量）＝30$$

が成り立つので、④より、

$$（2x＋2）＋2x＋3x＝30$$

となります。この式を解くと、$x＝4$ となり、これを④に代入すると、

$$（Aに追加した水量）＝2×4＋2＝10［L］$$
$$（Bに追加した水量）＝2×4＝8［L］$$
$$（Cに追加した水量）＝3×4＝12［L］\quad……⑤$$

となります。したがって、追加した水量の比は、

$$（Aに追加した水量）：（Bに追加した水量）：（Cに追加した水量）$$
$$＝10：8：12$$
$$＝5：4：6\quad……⑥$$

となります。

38

次に、もとの水量について考えます。②より、

（もとのBの水量）＝ $2y$

（もとのCの水量）＝ $3y$　……⑦

とおくと、

（もとのAの水量）：（もとのBの水量）：（もとのCの水量）＝ $100 : 2y : 3y$

となり、①より、**これが⑥と等しくなる**ので、

$100 : 2y : 3y = 5 : 4 : 6$

が成り立ちます。したがって、（もとのAの水量）：（もとのCの水量）より、

$100 : 3y = 5 : 6$

が成り立つので、（内項の積）＝（外項の積）より、

$3y \times 5 = 100 \times 6$

となり、これを解くと、$y = 40$ とわかります。これを⑦に代入すると、

（もとのCの水量）＝ $3 \times 40 = 120$［L］

となり、⑤より、

（Cに追加した水量）＝ 12［L］

ですので、水を追加した後のCの水量は、

$120 + 12 = 132$［L］

となります。

よって、正解は❹です。

問題6

正解 ❷

> 赤の花は200本、青の花と白の花は同数咲いたことに着目します。

花の色の出現比より、Aの種子から咲いた赤の花の数を x 本、Aの種子から咲いた青の花の数を x 本、Aの種子から咲いた白の花の数を $2x$ 本とおきます。同様に、Bの種子から咲いた赤の花の数を $5y$ 本、Bの種子から咲いた青の花の数を $3y$ 本とします。Cの種子から咲いた青の花の数を z 本、Cの種子から咲いた白の花の数を z 本とおきます。

以上を表にまとめて、赤、青、白の花の数の合計を求めると、次のようになります。

表	赤	青	白
Aの種子	x	x	$2x$
Bの種子	$5y$	$3y$	0
Cの種子	0	z	z
合計	$x+5y$	$x+3y+z$	$2x+z$

問題文「花の色が赤、青、白1本ずつの花束を作ったところ、200セット作ったところで赤の花がなくなった」より、赤の花は200本になるので、

$x + 5y = 200$　……①

が成り立ちます。また、問題文「その後、青と白1本ずつの花束を作ったところ、ちょ

うど全ての花がなくなった」より、**青の花と白の花は同数だった**ことがわかるので、

$$x + 3y + z = 2x + z$$

が成り立ち、この式を整理すると、

$$3y = x \qquad \cdots \cdots ②$$

となります。

②を①に代入すると、$3y + 5y = 200$ より、$y = 25$ となります。

求めるのは、まかれたBの種子の数であり、表より、**Bの種子の数は $5y + 3y = 8y$ となる**ので、これに $y = 25$ を代入すると、Bの種子の数は、

$$8 \times 25 = 200$$

となります。

よって、**正解は❷**です。

なお、$y = 25$ を②に代入すると、

$$x = 3 \times 25 = 75$$

となりますが、本問の条件だけでは z の値を求めることはできません。

問題7　　　　　　　　　　　　　　　　　　　　　　　　　正解❷

> 比の値から、科目ごとに本の冊数としてあり得る数値を書き出すことを考えます。

問題文の意味がわかりにくくなっているので注意が必要です。

まず、本棚には5段の棚があり、棚1段には20冊まで並べられるということになります。また、問題文「どの教科も二つの段を使えばすべての本を並べることができる」とあるので、1段には20冊まで並べられることから、**どの教科の本も40冊以内である**ことがわかります（①）。

さらに、問題文「一つの教科の本は一つの段にだけ並べることにし、本を並べた結果、二つの教科のみすべての本を本棚に並べることができた」というのは、**2教科だけが1段（20冊）だけですべての本を収めることができ、他の3教科は1段だけでは足りなかった**という意味になるので、**2教科は20冊以内、他の3教科は21冊以上40冊以内**ということになります（②）。

以上を踏まえたうえで、条件を確認します。

イの比とウの比は「数学」が共通ですので、連比でまとめられます。そこで、冊数の比を見ると、（英語）：（数学）＝ 3：2、（数学）：（理科）＝ 5：6 より、数学の比の値を「2」と「5」の最小公倍数である10になるように比を変形すると、（英語）：（数学）＝ 15：10、（数学）：（理科）＝ 10：12 となります。したがって、

（英語）：（数学）：（理科）＝ 15：10：12

とまとめることができます。

この比をもとにすると、英語、数学、理科の冊数としてあり得るのは、

（英語，数学，理科）＝（15冊，10冊，12冊），（30冊，20冊，24冊），

40

（45冊，30冊，36冊）、（60冊，40冊，48冊）…

となります。しかし、（45冊，30冊，36冊）は英語が40冊以上になるので、①を満たすことができず、（60冊，40冊，48冊）以降も同様ですので、

　　（英語，数学，理科）＝（15冊，10冊，12冊）

　　または、

　　（英語，数学，理科）＝（30冊，20冊，24冊）

のいずれかとなります。さらに、（英語，数学，理科）＝（15冊，10冊，12冊）の場合は、3教科が20冊以内となっているため、②を満たすことができません。したがって、**（英語，数学，理科）＝（30冊，20冊，24冊）に決まります**（③）。

　この時点で、数学1教科が20冊以内であり、英語と理科の2教科が21冊以上40冊以内ですので、②より、**国語と社会については、20冊以内が1教科、21冊以上40冊以内が1教科の組合せになる**ことがわかります（④）。

　次に、アより、（国語）：（社会）＝6：7であり、この比をもとに国語と社会の冊数の組合せを考えると、

　　（国語，社会）＝（6冊，7冊）、（12冊，14冊）、（18冊，21冊）、（24冊，28冊）…

となります。これらのうち④を満たす組合せは、（18冊，21冊）のみです。したがって、**（国語，社会）＝（18冊，21冊）に決まります**（⑤）。

　したがって、③、⑤より、本棚に並べることができなかった本の冊数（1段に並べられなかった冊数）は、英語が（30－20＝）10冊、理科が（24－20＝）4冊、社会が（21－20＝）1冊となるので、その合計は、10＋4＋1＝15［冊］となります。

　よって、正解は**❷**です。

問題8
正解 **❸**

増加額が等しいことから、比例式を立てて、比の知識を使って解きます。

　A社、B社、C社の10年前の売上高を文字式で表すと、増加率をもとに現在の3社の売上高を求めることができます。

　そこで、（10年前のA社の売上高）＝a百万円、（10年前のB社の売上高）＝b百万円、（10年前のC社の売上高）＝c百万円とおきます。10年間の増加率より、増加した金額を求めると、

　　（A社の売上高の増加額）＝$a \times 0.09 = 0.09a$［百万円］

　　（B社の売上高の増加額）＝$b \times 0.18 = 0.18b$［百万円］

　　（C社の売上高の増加額）＝$c \times 0.12 = 0.12c$［百万円］

となります。

　以上を表にまとめると、次の表1のようになります。

4　割合・比　　41

表1	A社	B社	C社
10年前の売上高	a百万円	b百万円	c百万円
増加額	$0.09a$百万円	$0.18b$百万円	$0.12c$百万円

また、問題文「増加した金額は各社とも同じであった」より、

$$0.09a = 0.18b = 0.12c$$

が成り立ちます。この式を整理すると、$9a = 18b = 12c$ より、$3a = 6b = 4c$ となります。この式は比例式ですので、この式から a、b、c の比を求めると、

$$a : b : c = \frac{1}{3} : \frac{1}{6} : \frac{1}{4}$$

となり、さらに、分母を払うためにこの比全体を12倍すると、

$$a : b : c = 4 : 2 : 3$$

となります。そこで、$a = 4x$［百万円］、$b = 2x$［百万円］、$c = 3x$［百万円］とおきます（①）。

①を表1に反映させると、次の表2になります。

表2	A社	B社	C社
10年前の売上高	$4x$百万円	$2x$百万円	$3x$百万円
増加額	$0.36x$百万円	$0.36x$百万円	$0.36x$百万円

問題文「この3社の売上高の合計は、10年前は5,850百万円であった」と表2より、

$$4x + 2x + 3x = 5850$$

が成り立ちます。この方程式を解くと、$x = 650$［百万円］となります。

求めるのはC社の現在の売上高なので、表2より、

（現在のC社の売上高）$= 3x + 0.36x = 3.36x$［百万円］

となります。これに、$x = 650$［百万円］を代入すると、

（現在のC社の売上高）$= 2184$［百万円］

となります。

よって、正解は ❸ です。

5 平均・濃度

問題1	正解 ❹

> はじめの残高、入金額、出金額、最終的な残高の平均から、それぞれの合計を求めます。

まず、「あるグループの平均残高」と「出入金した後の平均残高」の**2種類の平均**から、**これらの合計を求めます。**

42

問題文より、何人かが40万円ずつ、残りのすべての人が60万円ずつ出金しているので、合計の式を立てるために、**40万円入金した人数をx人、残りの60万円ずつ出金した人数をy人**とおくと、**あるグループの全員の人数が（$x+y$）人**となります（①）。

もとの平均残高が600万円であることから、①より、もとの合計残高は、

$600(x+y)$［万円］　　……②

となります。

次に、入金額と出金額の合計を求めます。入金額について考えると、x人が40万円ずつ入金したので、入金額の合計は$40x$万円です。つまり、このことだけを考えれば、預金残高は合計で$40x$万円増えたことになります。同様に、出金額について考えると、y人が60万円ずつ出金したので、出金額の合計は$60y$万円です。つまり、このことだけを考えれば、預金残高は合計で$60y$万円減ったことになります。

以上のことと②より、入金・出金をした後の預金残高の合計は、

$600(x+y)+40x-60y$［万円］　　……③

となります。

続いて、入金・出金をした後の平均残高615万円から、そのときの合計残高を求めると、①より、

$615(x+y)$［万円］　　……④

となります。

ここで、③＝④が成り立つので、

$600(x+y)+40x-60y=615(x+y)$

となります。この式を整理すると、

$600x+600y+40x-60y=615x+615y$

より、$x=3y$となります。①より、このグループの全員の人数は（$x+y$）［人］ですので、これに$x=3y$を代入すると、このグループの全員の人数は、

$(3y+y)=4y$［人］

となります。yは人数ですので整数になることから、このグループの全員の人数$4y$人は、4の倍数になります。

選択肢のうち、4の倍数であるのは❹の8人のみですので、正解は❹となります。

問題2 正解 ❺

> 3通りの旅行の仕方それぞれについて、消費額を求めます。

まず、「平均」から「合計」を求めるために、平均の値に対応する人数について考えます。五つの条件のうち「A国を旅行したがB国は旅行しなかった者」の人数や「B国を旅行したがA国は旅行しなかった者」、「A国とB国の両方を旅行した者」の人数がわからないので、これらを文字で表すことを考えます。

本来、A国とB国の旅行の仕方は、以下の4通りあります。

5　平均・濃度　43

❶ A国とB国の両方を旅行した者（以下、$A \wedge B$と表します）

❷ A国を旅行したがB国は旅行しなかった者（以下、$A \wedge \overline{B}$と表します）

❸ B国を旅行したがA国は旅行しなかった者（以下、$\overline{A} \wedge B$と表します）

❹ A国もB国も旅行しなかった者

　題意より、A国とB国を旅行した者について調査しているので、**❹は存在しません**。したがって、❶〜❸について考えます。

　A国で消費したのはA国を旅行した者だけなので、その人数は❶＋❷です。同様に、B国で消費したのはB国を旅行した者だけなので、その人数は❶＋❸です。そこで、❶$A \wedge B$の人数をx人、❷$A \wedge \overline{B}$の人数をa人、❸$\overline{A} \wedge B$の人数をb人とおくと、A国で消費した者の合計人数は、

$$❶＋❷＝(x+a)\,[人] \quad \cdots\cdots①$$

となり、B国で消費した者の合計人数は、

$$❶＋❸＝(x+b)\,[人] \quad \cdots\cdots②$$

となります。

　人数が決まったので、条件内の平均消費額とともに（データの合計値）＝（平均）×（データの個数）の式に代入すれば、合計消費額を求められます。そこで、消費額について次のような表にまとめてみます（表1）。なお、❶はA、B両国で消費しますが、**❷はB国での消費はせず、❸はA国での消費をしません**ので、消費額を「0」としてあります。

表1　　　　　　　　　　　　　　　　　　　　　　　　　　　　［単位：万円］

旅行の仕方	❶$A \wedge B$	❷$A \wedge \overline{B}$	❸$\overline{A} \wedge B$	合計消費額
A国での消費額			0	
B国での消費額		0		
両国での合計消費額				

　一つ目の条件と①より、A国での合計消費額は、

$$9 \times (x+a)＝9x+9a\,[万円]$$

になります。同様に、三つ目の条件と②より、B国での合計消費額を求めると、

$$12 \times (x+b)＝12x+12b\,[万円]$$

になり、これらを表に記入すると、次の表2になります。

表2　　　　　　　　　　　　　　　　　　　　　　　　　　　　［単位：万円］

旅行の仕方	❶$A \wedge B$	❷$A \wedge \overline{B}$	❸$\overline{A} \wedge B$	合計消費額
A国での消費額			0	$9x+9a$
B国での消費額		0		$12x+12b$
両国での合計消費額				

　二つ目の条件より、❷の平均消費額は15万円、❷の人数はa人なので、❷に該当する者のA国での消費額は、

$$15 \times a＝15a\,[万円]$$

になります。同様に、四つ目の条件より、❸の平均消費額は18万円、❸の人数はb人

なので、❸に該当する者のB国での消費額は、

$$18 \times b = 18b \ [万円]$$

になります。さらに、五つ目の条件より、❶の平均消費額は15万円、❶の人数はx人なので、❶に該当する者のA、B両国での合計消費額は、

$$15 \times x = 15x \ [万円]$$

になります。以上を表に記入すると、次の表3になります。

表3　　　　　　　　　　　　　　　　　　　　　　　　　　　　　　[単位：万円]

旅行の仕方	❶A∧B	❷A∧B̄	❸Ā∧B	合計消費額
A国での消費額	③	$15a$	0	$9x+9a$
B国での消費額	④	0	$18b$	$12x+12b$
両国での合計消費額	$15x$			

　ここで、表3の③、④の値について考えます。

　表3のA国での消費額の横列より、

$$③ + 15a = 9x + 9a$$

が成り立つので、

$$③ = (9x + 9a) - 15a = 9x - 6a \ [万円]$$

となります。同様に、表3のB国での消費額の横列より、

$$④ = (12x + 12b) - 18b = 12x - 6b \ [万円]$$

になります。さらに、表3の❶の縦列より、

$$③ + ④ = 15x \ [万円]$$

が成り立つので、

$$(9x - 6a) + (12x - 6b) = 15x$$

となります。この式を整理すると、

$$x = a + b \qquad \cdots\cdots⑤$$

となります。

　ここで、①、②と題意より、$x + a = 800$、$x + b = 1000$ が成り立つので、それぞれ変形すると、$a = (800 - x)$、$b = (1000 - x)$ となります。これらを⑤に代入すると、

$$x = (800 - x) + (1000 - x)$$

となり、これを整理すると、$x = 600$ となります。

　よって、正解は❺となります。

問題3

正解 ❹

　必ずしも問題文で示されている手順のとおりに考えるだけでなく、計算しやすいところから解くことを考えましょう。

本問では、次の2回の濃度変化が起こります。

　❶　10％のジュースに天然水を加えて6％のジュースにする

5　平均・濃度　　45

❷　6％のジュースに4％のジュース500gを加えて5％のジュースにする

❶の場合、天秤法で計算するには、10％のジュースの重さと天然水の重さについての情報が不足しているので、単純に計算することはできません。

それに対して、❷の場合、6％のジュースの重さは不明ですが、4％のジュース500gを加えて5％にするので、**天秤図で必要なデータのうち6％のジュースの重さ以外はすべてわかっています**。したがって、❷から解きます。

❷について、6％のジュースの重さをx〔g〕とおき、天秤図を描くと、右の図1になります。

図1

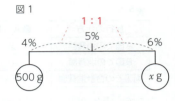

図1より、「横棒の長さの比」は1:1、「重さの比」は$500:x$です。これらの比は逆比の関係になるので、

$1:1=x:500$

が成り立ち、この式から$x=500$〔g〕となります。

「x」は❶の濃度変化の結果できた食塩水なので、❶は「10％のジュースに天然水を加えて6％のジュース500gにする」と読み替えることができます。

ここで、❶の濃度変化で500gのジュースができたということは、**❶で混ぜた10％のジュースと天然水の重さの合計が500gだった**（①）と考えることができます。そこで、求めるものである10％のジュースの重さをy〔g〕とおくと、①より、加えた天然水の重さは$(500-y)$〔g〕とおくことができます。

そこで、上記の情報をもとに天秤図を描くと、右の図2となります。

図2

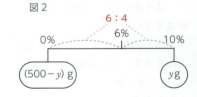

図2より、「横棒の長さの比」は$6:4=3:2$、「重さの比」は$(500-y):y$であり、これらの比は逆比の関係になるので、

$3:2=y:(500-y)$

が成り立ちます。

（内項の積）＝（外項の積）より、

$2y=3(500-y)$

となり、この方程式を解くと、$y=300$〔g〕となるので、正解は❹です。

問題4　　　　　　　　　　　　　　　　　　　　　　　　　　　　　正解 ❷

食塩水を混ぜる流れを確認し、解きやすいところから解いていきます。

容器Aの濃度をa〔％〕、容器Bの濃度をb〔％〕とおき、さらに、1回目の操作でBの容器にできた食塩水の濃度をx〔％〕とおくと、本問では、次の3回の濃度変化が起こります。

❶　a％の食塩水200gを、容器Bのb％の食塩水400gに混ぜて、x％の食塩水

600gを作る（**容器Aにはa%の食塩水400gが残ります**）

❷ x%の食塩水200gを、容器Aのa%の食塩水400gに混ぜて、10%の食塩水600gを作る（**容器Bにはx%の食塩水400gが残ります**）

❸ 容器Aの10%の食塩水600gと、容器Bのx%の食塩水400gを混ぜて、8.4%の食塩水1000gを作る

以上を図にまとめたものが、以下の図です。

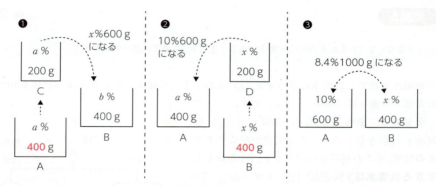

この3回の濃度変化のうち、**最も情報が多いのは**❸です。そこで❸から解くこととし、天秤図を描くと、右の図1になります。なお、Aの10%の食塩水が、Bのx%の食塩水と混ざることで8.4%に濃度が下がったことから、

x% < 8.4% < 10%

となることがわかるので、濃度が左から小さい順になるように、図の左側にBの食塩水のデータを描いてあります。

「横棒の長さの比」は$(8.4-x):1.6$、「重さの比」は$400:600=2:3$となり、これらは逆比の関係になるので、

$(8.4-x):1.6 = 3:2$

となります。（内項の積）＝（外項の積）より、

$4.8 = 2(8.4-x)$

となるので、この方程式を解くと、$x=6$［％］となります。

求めるのは「はじめに容器Aに入っていた食塩水の濃度」、つまりaの値ですので、❷に$x=6$を反映させて天秤図を描くと、右の図2となります。なお、

（Dの6％）＜（できた食塩水の10％）

の大小関係から、左端にDの食塩水のデータを描いてあります。

「横棒の長さの比」は$4:(a-10)$、「重さの比」は$200:400=1:2$であり、これら

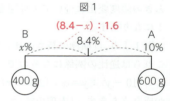

5 平均・濃度 47

は逆比の関係になるので、

$$4:(a-10)=2:1$$

が成り立ちます。（内項の積）＝（外項の積）より、

$$2(a-10)=4$$

となるので、この方程式を解くと、$a=12$［％］となるので、正解は❷です。

問題5

正解 ❺

> 手順Bでできた食塩水の濃度を文字で表し、手順B、Dで天秤法を使います。

手順Aで捨てた食塩水の重さをx［g］とおくと、手順Aの後にビーカーに残る10％の食塩水の重さは$(200-x)$［g］です。

手順Bで、10％の食塩水$(200-x)$［g］に、純水x［g］を加えると、濃度変化が起こります。その結果、できた食塩水の濃度をy［％］とおくと、**できる食塩水はy％200［g］**です（①）。このときの濃度変化について天秤図を描くと、右の図1になります。

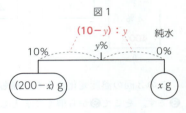

図1

図1より、「横棒の長さの比」は$(10-y):y$、「重さの比」は$(200-x):x$となり、これらは逆比の関係になるので、

$$(10-y):y=x:(200-x)$$

が成り立ちます。（内項の積）＝（外項の積）より、

$$xy=(10-y)(200-x)$$

となるので、この方程式を整理すると、

$$xy=2000-10x-200y+xy$$

となり、さらに整理すると、

$$x+20y=200 \quad \cdots\cdots ②$$

となります。

次に、①より、手順CでBの後にできたy％200gの食塩水から$5x$gを捨てるので、手順Cの後にビーカーに残る食塩水の重さは、$(200-5x)$gです。

さらに、手順Dで純水$5x$gを加えるので、そのときの状況を天秤図に描くと、右の図2になります。

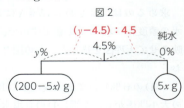

図2

図2より、「横棒の長さの比」は、

$$(y-4.5):4.5$$

「重さの比」は、

$$(200-5x):5x=(40-x):x$$

となり、これらは逆比の関係になるので、

$(y - 4.5) : 4.5 = x : (40 - x)$

が成り立ちます。（内項の積）＝（外項の積）より、

$$4.5x = (y - 4.5)(40 - x)$$

となるので、この方程式を整理すると、

$$4.5x = 40y - xy - 180 + 4.5x$$

となり、さらに整理すると、

$$40y - xy = 180 \quad \cdots\cdots③$$

となります。

ここで、②と③を連立方程式として解きます。求めるのは x の値ですので、②より、

$$y = 10 - \frac{1}{20}x \quad \cdots\cdots④$$

と変形して、④を③に代入すると、

$$40\left(10 - \frac{1}{20}x\right) - x\left(10 - \frac{1}{20}x\right) = 180$$

となります。この方程式の左辺を整理すると、

$$400 - 2x - 10x + \frac{1}{20}x^2 = 180$$

となります。この式全体を20倍して分数を消すと、

$$8000 - 240x + x^2 = 3600$$

となり、さらに整理すると、

$$x^2 - 240x + 4400 = 0 \quad \cdots\cdots⑤$$

となるので、この式を、解の公式か因数分解で解きますが、ここでは因数分解で解きます。⑤の左辺を因数分解すると、

$$(x - 20)(x - 220) = 0$$

となるので、$x = 20$、220 となりますが、$x = 220$ の場合、もともとビーカーに入っていた食塩水は200gしかありませんので、220gを捨てることができません。したがって、$x = 20$ に決まります。

よって、正解は❺となります。

6 仕事算・ニュートン算

問題1   正解 ❶

A、Bを合わせた仕事の速さは、Aの速さとBの速さの和となります。

まず、仕事の速さについて考えます。仕事の仕方は、❶コピー機Aのみを使用する、❷コピー機A、B2台を同時に使用する、❸コピー機Bのみを使用する、の3通りあります。そこで、それぞれの場合の仕事の速さを求めます。

6　仕事算・ニュートン算　　49

❶Aのみを使用すると4時間＝240分かかるので、Aの仕事の速さは1分当たり$\dfrac{1}{240}$になります。

❷A、B2台を同時に使用すると2時間40分＝160分かかるので、A、B合わせた仕事の速さは、1分当たり$\dfrac{1}{160}$です。

❸Bの仕事の速さは、❶と❷を使って求められます。❷は、(A、B合わせた速さ)＝(Aの速さ)＋(Bの速さ)で求められるので、この式を変形すると、(Bの速さ)＝(A、B合わせた速さ)−(Aの速さ)となり、これに❶、❷の速さを代入すると、

$$(Bの速さ)=\dfrac{1}{160}-\dfrac{1}{240}=\dfrac{3}{480}-\dfrac{2}{480}=\dfrac{1}{480}$$

となります。

次に、仕事をした時間について考えます。題意より、❶の時間は80分です。❷と❸の時間は不明ですが、全体の時間が3時間20分＝200分とわかっていて、そのうち❶が80分なので、❷と❸の時間の合計は、

$$200-80=120\,[分]$$

になります。

そこで、求める❸の時間をt［分］とおくと、❷の時間は、

$$(120-t)\,[分]$$

となります。以上をまとめると、右図のようになります。

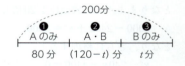

❶〜❸の仕事量の合計が1となればよいので、

$$\dfrac{1}{240}\times 80+\dfrac{1}{160}\times(120-t)+\dfrac{1}{480}\times t=1$$

が成り立ちます。この式のカッコを外して整理すると、

$$\dfrac{1}{3}+\dfrac{3}{4}-\dfrac{1}{160}t+\dfrac{1}{480}t=1$$

となります。さらに、分母の最小公倍数480を式全体に掛けて分数を消すと、

$$160+360-3t+t=480$$

となるので、この方程式を解くと、$t=20$［分］となります。

よって、正解は❶です。

問題2　　　　　　　　　　　　　　　　　　　　　　　　　　　　正解 ❺

> 排水口や排水ポンプ1台の仕事の速さをそれぞれ文字で表して計算します。

水槽が満水の状態のときの水量を1（つまり100％）とおくと、「水槽を空にする」こ

とが「**仕事を終わらせる**」ことと同じになるので、仕事算の考え方を使うことができます。

そこで、水槽が満水のときの水量を 1 として、排水口の仕事の速さ、排水ポンプ 1 台の仕事の速さについて考えます。どちらも、単独で「水槽を空にするまでの時間（仕事を終わらせるまでの時間）」について情報がないので、文字で表します。問題文中の時間の単位が「分」ですので、1 分当たりの仕事の速さについて、

　　（排水口の仕事の速さ）＝ x

　　（排水ポンプ 1 台の仕事の速さ）＝ y

とおきます。

問題文「排水口を開けるとともに排水ポンプを 3 台使用すると 16 分で水槽の水は空になり」について、排水口、排水ポンプとも 16 分仕事をしたと考えると、（排水口の仕事量）＋（排水ポンプ 3 台の仕事量）＝ 1 が成り立ちます。

　　（排水口の仕事量）＝ $x \times 16 = 16x$

であり、

　　（排水ポンプ 3 台の仕事量）＝ $y \times 3 \times 16 = 48y$

となりますので、

　　$16x + 48y = 1$　　……①

が成り立ちます。

同様に、問題文「排水口を開けるとともに排水ポンプを 2 台使用すると 20 分で水槽の水が空になる」について、排水口、排水ポンプとも 20 分仕事をしたと考えると、

　　（排水口の仕事量）＝ $x \times 20 = 20x$

であり、

　　（排水ポンプ 2 台の仕事量）＝ $y \times 2 \times 20 = 40y$

となりますので、

　　$20x + 40y = 1$　　……②

が成り立ちます。

①、②を連立方程式として解きます。求めるのは、排水ポンプを 1 台使用したときの時間なので、**y を残すためにそれぞれの式から x を消します**。①、②の式において x の係数は 16 と 20 ですので、16 と 20 の最小公倍数 80 になるように、①×5 と②×4 に変形します。

$$
\begin{array}{r}
80x + 240y = 5 \quad （①\times 5） \\
-)\ \underline{\quad 80x + 160y = 4 \quad} （②\times 4） \\
80y = 1 \\
y = \dfrac{1}{80}
\end{array}
$$

したがって、

　　（排水ポンプ 1 台の仕事の速さ）＝ $\dfrac{1}{80}$　　……③

6　仕事算・ニュートン算　　51

となります。求めるのは、排水ポンプ1台だけで水槽を空にするまでの時間であり、(仕事の速さ)＝$\dfrac{1}{終わらせるまでの時間}$より、$\dfrac{1}{80}$の分母が**ポンプ1台だけで仕事を終わらせるまでの時間**になります。

よって、排水ポンプ1台だけで水槽を空にするまでは80分となるので、正解は❺となります。

問題3　　　　　　　　　　　　　　　　　　　　　　　　　正解 ❷

> 立てられる式をうまく使って、求めるべきものを導き出すことを考えます。

タンクが満水のときの水量を1として、「タンクから排水して空にする」ことを「仕事を終わらせる」ことと考えて、仕事算として解きます。

仕事の速さについての情報がないので、

（ポンプAの1分当たりの仕事量）＝a

（ポンプBの1分当たりの仕事量）＝b

（ポンプCの1分当たりの仕事量）＝c

とおきます。

A、B、Cの三つを使うと仕事が終わるまでに16分かかるので、

$$16a + 16b + 16c = 1$$

が成り立ちます。この式を変形すると、

$$a + b + c = \frac{1}{16} \quad \cdots\cdots①$$

となります。同様に、AとBの二つを使うと24分かかるので、

$$24a + 24b = 1$$

が成り立ちます。この式を変形すると、

$$a + b = \frac{1}{24} \quad \cdots\cdots②$$

となります。さらに、AとCの二つを使うと30分かかるので、

$$30a + 30c = 1$$

が成り立ちます。この式を変形すると、

$$a + c = \frac{1}{30} \quad \cdots\cdots③$$

となります。

求めるものはBとCのポンプで排水するときにかかる時間なので、BとCの仕事の速さを足した、$b + c$の値を求めることができれば、ヒントを得ることができます。そこで、**①と②の左辺に着目すると、$(a + b + c)$と$(a + b)$を使ってcの値を求められる**ことがわかります。左辺どうし、右辺どうしで①－②を行うと、

52

$$(a + b + c) - (a + b) = \frac{1}{16} - \frac{1}{24}$$

となり、これを整理すると、

$$c = \frac{1}{48} \qquad \cdots\cdots④$$

となります。同様に、①と③の左辺に着目すると、$(a + b + c)$ と $(a + c)$ を使って **b の値を求められる**ことがわかります。左辺どうし、右辺どうしで①－③を行うと、

$$(a + b + c) - (a + c) = \frac{1}{16} - \frac{1}{30}$$

となり、これを整理すると、

$$b = \frac{7}{240} \qquad \cdots\cdots⑤$$

となります。

ここで、④＋⑤より、

$$(b + c) = \frac{7}{240} + \frac{1}{48} = \frac{7}{240} + \frac{5}{240} = \frac{1}{20}$$

となります。これは、ＢとＣのポンプで排水するときの速さであり、空にするまでの時間は、仕事の速さの分母の値と等しくなることから、空にするまでにかかる時間は20分です。

よって、正解は❷となります。

問題4　　　　　　　　　　　　　　　　　　　　　　　　正解 ❶

> 終わらせるまでの時間のデータから式を立てられるので、その式を使って時間の速さの分数を作ります。

仕事を終わらせるのにかかる時間の情報が数値で与えられていませんが、式で表すことができます。そこで、その式を使って仕事の速さを求めてみます。

問題文「ＡとＢとの２人で共同して行うと、Ａだけで行うより４日早く終了し」より、

（Ａ、Ｂ２人で仕事が終わるまでの日数）

$\quad$ ＝（Ａだけで仕事が終わるまでの日数）－4　　$\cdots\cdots①$

となります。同様に、問題文「（ＡとＢとの２人で共同して行うと）Ｂだけで行うより９日早く終了する」より、

（Ａ、Ｂ２人で仕事が終わるまでの日数）

$\quad$ ＝（Ｂだけで仕事が終わるまでの日数）－9　　$\cdots\cdots②$

となります。

①、②は、（Ａ、Ｂ２人で仕事が終わるまでの日数）が共通なので、（Ａ、Ｂ２人で仕事が終わるまでの日数）＝ t ［日］とおき、①、②の式に代入して変形すると、①より、

6　仕事算・ニュートン算　　53

（Aだけで仕事が終わるまでの日数）＝ $t+4$　　……③

となり、②より、

　　（Bだけで仕事が終わるまでの日数）＝ $t+9$　　……④

となります。

　仕事を終わらせるまでの時間がわかったので、それぞれの仕事の速さを求めると、③より、

　　（Aだけの1日当たりの仕事の速さ）＝ $\dfrac{1}{t+4}$　　……⑤

となり、④より、

　　（Bだけの1日当たりの仕事の速さ）＝ $\dfrac{1}{t+9}$　　……⑥

となります。また、

　　（AとB2人共同での仕事の速さ）＝ $\dfrac{1}{t}$　　……⑦

となります。

　ここで、**（AとB2人共同での仕事の速さ）＝（Aだけの1日当たりの仕事の速さ）＋（Bだけの1日当たりの仕事の速さ）** が成り立つので、⑤、⑥、⑦より、

$$\dfrac{1}{t}=\dfrac{1}{t+4}+\dfrac{1}{t+9}$$

が成り立ちます。この式の分数を消すために、**式全体に $t(t+4)(t+9)$ を掛ける**と、次のようになります。

$$(t+4)(t+9)=t(t+9)+t(t+4)$$
$$t^2+13t+36=t^2+9t+t^2+4t$$
$$t^2=36$$

　上の式より、$t=\pm6$ となります。t は日数であり正の数になりますから、$t=6$［日］です。求めるのは、「この作業をAだけで行う場合の作業日数」ですので、③より、

　　（Aだけで仕事が終わるまでの日数）＝ $6+4=10$［日］

となります。

　よって、正解は❶です。

問題5
正解 ❶

> 窓口の数ごとに（行列の総人数）＝（減らした総人数）の式を立てて解きます。

　「行列に人が加わる」＝「人を増やす仕事」、「窓口でチケットを販売する」＝「人を減らす仕事」となるので、ニュートン算と判断します。

　そこで、ニュートン算の公式で使用する情報を確認すると、「増やす速さ（新たに行列に加わるペース）」は10人/分、「（行列がなくなるまでの）時間」は1時間（つまり

54

60分）や15分とわかっていますが、「当初の仕事量（チケットを売り始めたときに並んでいた人数）」と「減らす速さ（入口一つから入館していくペース）」は不明なので、

（当初の仕事量）＝a［人］

（窓口一つが行列を減らす速さ）＝x［人／分］

とおきます。

窓口が一つのとき60分で行列がなくなるので、行列に加わる人数は、$10 \times 60 = 600$［人］です。したがって、行列の総人数は、

$a + 600$［人］

となります。また、この60分間に減らした総人数は、$x \times 60 = 60x$［人］となるので、（行列の総人数）＝（減らした総人数）より、

$a + 600 = 60x$　　……①

が成り立ちます。

窓口が三つのとき、15分で行列がなくなるので、行列に加わる人数は、$10 \times 15 = 150$［人］となり、行列の総人数は、

$a + 150$［人］

となります。また、減らした総人数を考えると、窓口が三つのとき、1分当たり$x \times 3 = 3x$［人］ずつ人が減るので、15分間で、$3x \times 15 = 45x$［人］となります。したがって、（行列の総人数）＝（減らした総人数）より、

$a + 150 = 45x$　　……②

が成り立ちます。

①、②を連立方程式として解きます。aを消すために①－②を行うと、

$450 = 15x$

より、$x = 30$［人／分］となるので、**これを①または②に代入します。**①に代入すると、

$a + 600 = 60 \times 30$

より、$a = 1200$［人］となるので、正解は❶です。

問題6　　　　　　　　　　　　　　　　　　　　　　　　　正解 ❸

> はじめに2本の式を立てて、3種類の文字を1種類に減らします。

「タンクを空にする」＝「行列が解消する」、「水」＝「行列に並ぶ人」、「タンクに水が流入する」＝「人が行列に加わる」、「ポンプで排水する」＝「入口から人を入れて行列を減らす」と置き換えると、行列が題材の**ニュートン算**と同じと考えることができます。

つまり、「排水開始前にタンクに入っていた水量」＝「当初の仕事量」、「タンクに水が流入する」＝「増やす仕事」、「ポンプで排水する」＝「減らす仕事」となります。

そこで情報を確認すると、わかっているのは「タンクが空になる時間（行列が解消するまでの時間と同じ）」のみなので、不明なものを文字で表します。

6　仕事算・ニュートン算　　55

（当初の仕事量）＝ a、（水が流入する速さ）＝ x［/分］、（ポンプ 1 台の 1 分当たりの排水する速さ）＝ y［/分］とおきます（①）。

ポンプ 3 台を同時に使用した場合は 21 分でタンクが空になるので、この 21 分間に増えた水量は、$x \times 21 = 21x$ となります。つまり、たまった水量の合計は、$a + 21x$ です。また、この 21 分間にポンプ 3 台で減らした水量の合計は、$y \times 3 \times 21 = 63y$ です。（たまった水量の合計）＝（減らした水量の合計）より、

$$a + 21x = 63y \quad \cdots\cdots②$$

が成り立ちます。

ポンプ 4 台を同時に使用した場合は 15 分でタンクが空になるので、この 15 分間に増えた水量は、$x \times 15 = 15x$ となります。つまり、たまった水量の合計は、$a + 15x$ です。また、この 15 分間にポンプ 4 台で減らした水量の合計は、$y \times 4 \times 15 = 60y$ です。（たまった水量の合計）＝（減らした水量の合計）より、

$$a + 15x = 60y \quad \cdots\cdots③$$

が成り立ちます。

ここで、②、③を連立方程式として解きます。a を消すために②－③を行うと、

$$6x = 3y$$
$$2x = y \quad \cdots\cdots④$$

となります。**この式を②または③に代入します。**ここでは③に代入します。すると、

$$a + 15x = 60 \times 2x$$

より、

$$a = 105x \quad \cdots\cdots⑤$$

となります。④、⑤より、**a と y を x に変換できる**ので、①より、

（排水開始前にタンクにたまっている量）＝ $105x$

（水が流入する速さ）＝ x［/分］

（ポンプ 1 台の 1 分当たりの排水する速さ）＝ $2x$［/分］

として、このタンクを 7 分で空にする場合を考えます。7 分間で増えた水量は、$x \times 7 = 7x$ です。つまり、たまった水量の合計は、$105x + 7x$ です。また、必要なポンプの台数を z［台］とおくと、この 7 分間にポンプ z 台で減らした水量の合計は、$2x \times z \times 7 = 14xz$ です。（たまった水量の合計）＝（減らした水量の合計）より、

$$105x + 7x = 14xz$$

が成り立ちます。この式は、**すべての項に「x」が掛けられている**ので、式全体を「x」で割ると、

$$105 + 7 = 14z$$

となります。この方程式を解くと、$z = 8$［台］となるので、正解は❸です。

56

第3章 速 さ

1 速 さ

問題1　　　　　　　　　　　　　　　　　　　　　　　　　　　　　　　正解 ❺

> 速さが不明なので文字で表し、距離と合わせて時間を求め、移動時間の関係を表した式に代入します。

　まず、移動時間から考えます。Bはトンネルに入るのがAより4秒遅いので、その4秒間はトンネルの中では動いていないのと同じです。つまり、はじめはBのトンネルの中での移動時間がAのトンネルの中での移動時間より4秒少なくなることがわかります（①）。

　また、BはAの3秒後にトンネルを抜けることから、Bは最後にAより3秒多くトンネルの中を移動したことになります（②）。

　①、②を合わせると、**Bのトンネルの中での移動時間は、Aと比べてはじめ4秒少なく、最後に3秒多く移動した**ので、最終的に、

　　（Bの移動時間）＝（Aの移動時間）－1［秒］　　……③

が成り立ちます。

　次に、速さについて考えると、Bの速さはAの速さより1 m/s速いので、（Aの速さ）＝a（m/s）とおくと、

　　（Bの速さ）＝$(a+1)$［m/s］　　……④

となります。なお、「m/s」は秒速メートルです。

　ここで、2人の移動距離はトンネルの長さと等しく90 mになりますので、④の速さと合わせると、それぞれの移動時間を求められます。つまり、

　　（Aの移動時間）＝$\dfrac{90}{a}$［秒］

　　（Bの移動時間）＝$\dfrac{90}{a+1}$［秒］

となります。これらを③に代入すると、

　　$\dfrac{90}{a+1}=\dfrac{90}{a}-1$　　……⑤

となります。この式の分数を消すために、**式全体に$a(a+1)$を掛ける**と、

　　$90a=90(a+1)-a(a+1)$

となります。この式を整理すると、

　　$a^2+a-90=0$

となるので、因数分解か解の公式を使って解きます。ここでは因数分解を使います。

　　$a^2+a-90=0$

　　$(a+10)(a-9)=0$

1　速　さ　　57

となることから、$a=-10, 9$ となります。a は速さの値なので正の値ですから、$a=9$ [m/s] となります。

よって、正解は ❺ です。

問題2

正解 ❹

> AB間を x [km]、BC間を y [km] とおくと、求めるのは $(x+y)$ [km] の距離となります。

右図のように、往路は「AB間：上り、BC間：下り」になりますが、復路は「AB間：下り、BC間：上り」と上り、下りが逆になります。

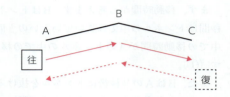

求めるのは片道の距離なので、AB間＝x [km]、BC間＝y [km] とおき、問題文中の往復時間に関する式を立てます。

往路について考えると、AB間（上り）の x [km] を時速6 kmで移動したので、AB間の移動時間は $\dfrac{x}{6}$ 時間です。また、BC間（下り）の y [km] を時速20 kmで移動したので、BC間の移動時間は $\dfrac{y}{20}$ 時間です。つまり、往路の移動時間は、

$$\frac{x}{6}+\frac{y}{20} \text{ [時間]} \quad \cdots\cdots ①$$

となります。

復路について考えると、BC間（上り）の y [km] を時速6 kmで移動したので、BC間の移動時間は $\dfrac{y}{6}$ 時間です。また、AB間（下り）の x [km] を時速20 kmで移動したので、AB間の移動時間は $\dfrac{x}{20}$ 時間です。つまり、復路の移動時間は、

$$\frac{y}{6}+\frac{x}{20} \text{ [時間]} \quad \cdots\cdots ②$$

となります。

さらに、休憩時間について考えると、往路を進んでCに到着した後、Cで15分間、つまり、$\dfrac{15}{60}$ 時間休憩し、復路の途中のBで8分間、つまり、$\dfrac{8}{60}$ 時間休憩しています（③）。

ここで、題意より、Aを出発してAに戻るまでの時間が1時間15分であり、1時間15分＝75分なので、単位を「時間」に変換すると、$\dfrac{75}{60}$ 時間になります（④）。

したがって、①、②、③、④より、

58

$$\left(\frac{x}{6}+\frac{y}{20}\right)+\left(\frac{y}{6}+\frac{x}{20}\right)+\frac{15}{60}+\frac{8}{60}=\frac{75}{60}$$

が成り立ちます。分数を消すために、この式全体を60倍すると、

$$(10x+3y)+(10y+3x)+15+8=75$$

となり、この方程式を整理すると、

$$13x+13y=52$$

となり、式全体を13で割ると、

$$x+y=4\ [\text{km}]\quad\cdots\cdots⑤$$

となります。

　求めるのはAからCまでの距離なので、$(x+y)$になります。つまり、⑤より、4km（＝4,000m）となるので、正解は❹です。

2　旅人算・周回算

問題1
正解 ❷

> 3人一緒に考えるのではなく、2人ずつに分けて移動距離が等しいことを利用して解きます。

　まず、CがAを追い越すときに着目すると、**AとCは同じスタート地点**（X町）**から出発しているので、CがAを追い越すとき、（Aの距離）＝（Cの距離）が成り立ちます。**距離が等しいとき、「時間の比」と「速さの比」は逆比になり、問題文中に時間の情報があるので、「時間の比」から「速さの比」を求めます。

　題意より、CはAから1時間30分＝90分遅れてX町を出発しているので、

$$(\text{Aの移動時間})=(\text{Cの移動時間})+90\ [\text{分}]\quad\cdots\cdots①$$

が成り立ちます。また、CがAを追い越すまでに、Cが出発してから30分かかっているので、このとき、①より、（Cの移動時間）＝30［分］、（Aの移動時間）＝30＋90＝120［分］となります。つまり、

$$(\text{Aの移動時間}):(\text{Cの移動時間})=120:30=4:1$$

となり、

$$(\text{Aの速さ}):(\text{Cの速さ})=1:4\quad\cdots\cdots②$$

とわかります。

　同様に、CがBを追い越すときに着目すると、BとCは同じスタート地点（X町）から出発しているので、CがBを追い越すとき、（Bの距離）＝（Cの距離）が成り立ち、「時間の比」と「速さの比」は逆比になります。そこで、「時間の比」から「速さの比」を求めます。

　題意より、CはBから1時間遅れてX町を出発しているので、

$$(\text{Bの移動時間})=(\text{Cの移動時間})+60\ [\text{分}]\quad\cdots\cdots③$$

が成り立ちます。また、Cは出発後30分でAを追い越した後、さらに30分後にBを追

2　旅人算・周回算　59

い越しているので、このとき、（Cの移動時間）＝60［分］となり、③より、（Bの移動時間）＝60＋60＝120［分］となります。したがって、

（Bの移動時間）：（Cの移動時間）＝120：60＝2：1

となり、

（Bの速さ）：（Cの速さ）＝1：2　　……④

となります。

ここで、問題文「（Cが）Bを追い越したとき、AとCの距離が6kmであった」に着目すると、**AとCは同じ方向に進んでいるので、追い掛け算と考えることができます。**Cが**A**を追い越したとき、**2人は同じ地点にいて**（このときの2人の間隔は0kmです）、**そこからCがBを追い越すまでの30分間で、同じ地点にいた2人が6km離れた、と考えます（⑤）。**そこで、追い掛け算の公式より、速さを引き算して「離れる速さ」を求めます。

②より、（Aの速さ）＝x［km/時］、（Cの速さ）＝$4x$［km/時］とおきます（⑥）。なお、速さの単位は選択肢を考慮して設定しています。追い掛け算の公式より、2人の離れる速さは、

$4x - x = 3x$［km/時］

です。⑤より、離れる時間は30分＝$\frac{1}{2}$時間です。つまり、AとCは、$3x$km/時の速さで30分＝$\frac{1}{2}$時間離れた結果、6km離れたことになるので、（離れる速さ）×（離れる時間）＝（離れる距離）より、$3x \times \frac{1}{2} = 6$が成り立ちます。この方程式を解くと、$x = 4$［km/時］となり、⑥より、

（Aの速さ）＝4［km/時］

（Cの速さ）＝4×4＝16［km/時］

となります。

求めるのはBの速さですので、（Cの速さ）＝4×4＝16［km/時］を④に代入すると、

（Bの速さ）＝8［km/時］

となるので、正解は**❷**となります。

問題2　　　　　　　　　　　　　　　　　　　　　　　　　　　正解 ❸

> 1回目にすれ違ってから2回目にすれ違うまでの2人の移動距離の合計は、1往復の距離と等しくなります。

まず、状況を把握するために、「出発してから1回目にすれ違うまで」と「1回目にすれ違ってから2回目にすれ違うまで」に分けて図を描きます。最初に出会った地点をP、2回目に出会った地点をQとして、「出発してから1回目にすれ違うまで」を図1、「1

回目にすれ違ってから2回目にすれ違うまで」を図2とすると、次のようになります。なお、PとQについては正確な位置ではなく、状況を把握するために仮の位置に設定してあります。

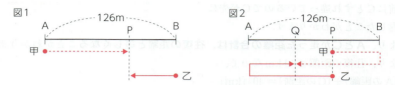

　図1より、出発してから1回目にすれ違うまでの甲と乙の移動距離の合計は、AB間の距離126 mと等しいことがわかります（①）。そこで、距離を求めるために、（甲の速さ）＝x [m/s]、（乙の速さ）＝y [m/s] とおきます。なお、速さの単位は選択肢を考慮して設定しています。

　アより、乙は甲の10秒後に出発しているので、乙の移動時間は甲より10秒短くなります。さらに、イ「乙が出発してから27秒後に、甲と乙は初めてすれ違った」より、1回目にすれ違ったとき、乙は27秒移動しているので、甲は37秒移動したことになります。以上のことと（速さ）×（時間）＝（距離）より、甲と乙の移動距離を求める式は、甲が$x×37＝37x$ [m]、乙が$y×27＝27y$ [m] となります。したがって、①より、

　　$37x+27y=126$　……②

が成り立ちます。

　次に、図2より、1回目にすれ違ってから2回目にすれ違うまでの甲と乙の移動距離の合計は、AB間の往復の距離$126×2=252$ [m] と等しいことがわかります（③）。ウより、1回目に出会ってから2回目に出会うまでの2人の移動時間は63秒ですので、甲と乙の移動距離を求める式は、甲が$x×63=63x$ [m]、乙が$y×63=63y$ [m] となります。したがって、③より、$63x+63y=252$が成り立ち、この式の「63」と「252」は9の倍数なので、式全体を9で割ると、$7x+7y=28$となり、さらに式全体を7で割ると、

　　$x+y=4$　……④

となります。

　ここで、②、④を連立方程式として解きます。求めるのは（甲の速さ）＝xなので、yを消すために、④を$y=(4-x)$とおき、②に代入すると、②は、

　　$37x+27(4-x)=126$

となります。この方程式を解くと、$x=1.8$ [m/s] となるので、正解は❸です。

問題3

正解 ❺

すれ違った2人の移動距離を合わせると、往復の距離と等しくなります。

まず、アより、Aは16 km走ったところでCとすれ違ったので、これを図に示すと、右図のようになります。Aは片道20 kmを走る前にCとすれ違っているのでCが先に折り返したことがわかります。

図より、**AとCが走った距離の合計は、往復の距離と等しくなる**ことがわかります。題意より、往復の距離は40 kmなので、

　　（Aの距離）＋（Cの距離）＝40 ［km］

が成り立ちます。さらに、アより、（Aの距離）＝16 ［km］なので、

　　（Cの距離）＝40－16＝24 ［km］

とわかります。

また、AとCは同時にスタートして同時に出会うので、上の図のとき、Aの移動時間とCの移動時間は等しくなります。移動時間が等しいとき、距離の比と速さの比は正比になり、

　　（Aの距離）：（Cの距離）＝16：24＝2：3　……①

となるので、

　　（Aの速さ）：（Cの速さ）＝2：3

となります。

次に、イ「Bが8 km走る間に、Cは24 km走った」は、等しい時間における走った距離を示しています。時間が等しいとき、距離の比と速さの比は正比になり、

　　（Bの距離）：（Cの距離）＝8：24＝1：3　……②

より、

　　（Bの速さ）：（Cの速さ）＝1：3　……③

です。

続いてウ「AとBは、スタートから3時間20分後にすれ違った」は、同時にスタートしたAとBがすれ違うまでの情報なので、アで作成した図と似た状況になります。つまり、**AとBが移動した距離の合計は往復の距離40 kmと等しくなります**（④）。そこで、AとBが等しい時間で移動したときのそれぞれの距離を求めるために、①と②を連比を使って一つにまとめます。

①と②を見るとCの比の値が「3」で等しいので、そのまま二つの比をまとめられます。つまり、

　　（Aの距離）：（Bの距離）：（Cの距離）＝2：1：3

となるので、

　　（Aの距離）：（Bの距離）＝2：1

となります。

ここで、（Aの距離）＝$2x$ ［km］、（Bの距離）＝x ［km］とおくと、④より、

　　$2x+x=40$ ［km］

が成り立ちます。この方程式を解くと、$x=\dfrac{40}{3}$［km］となるので、

$$（Aの距離）=2\times\dfrac{40}{3}=\dfrac{80}{3}\,[km]$$

$$（Bの距離）=\dfrac{40}{3}\,[km]$$

となります。

　ウより、Bは3時間20分走って$\dfrac{40}{3}$km移動し、Aとすれ違ったことになります。3時間20分＝200分なので、これを時間に変換すると、$\dfrac{200}{60}$時間＝$\dfrac{10}{3}$時間となるので、（距離）÷（時間）＝（速さ）より、

$$（Bの速さ）=\dfrac{40}{3}\div\dfrac{10}{3}=\dfrac{40}{3}\times\dfrac{3}{10}=4\,[km/h]$$

となります。これを③に代入すると、4：（Cの速さ）＝1：3より、

$$（Cの速さ）=12\,[km/h]$$

となるので、それぞれが往復してゴールするまでの時間を求めると、（距離）÷（速さ）＝（時間）より、Bは$40\div4=10$［時間］、Cは$40\div12=\dfrac{10}{3}$時間となり、$\dfrac{10}{3}$時間＝3時間20分となります。

　よって、CがゴールしてからBがゴールするまでに要した時間は、

　　10時間－3時間20分＝6時間40分

となるので、正解は**❺**となります。

問題4

正解 **❶**

> Aが1周するごとにBの位置を確認します。

　求めるものは、Aがスタート地点に到達したとき、つまりAがちょうど何周かしたときに、BがAより20m前方にいる状態になるようなAの周回数です。そこで、Aが1周するごとにBの位置を確認し、その規則性を考えます。

　毎分125mの速さのAが1周する（つまり、200m移動する）のに要する時間は、

$$200\div125=\dfrac{8}{5}\,[分]\qquad\cdots\cdots①$$

です。この$\dfrac{8}{5}$分間にBが移動する距離は、

$$150\times\dfrac{8}{5}=240\,[m]$$

2　旅人算・周回算　63

になります。2人はどちらも反時計回り（つまり、同じ向き）に周回するので、Aが1周する $\frac{8}{5}$ 分間に2人が近づく距離を考えると、240 − 200 = 40 [m] より、Aが1周するごとに、AとBの間隔は40m近づく、または離れるということがわかります。このことは、**Aが1周する間に、BはAより40m多く進む**ことを示しています。

したがって、はじめAの100m後方にいたBは、Aが1周したときには40m近づいて、Aの後方60mに位置します。同様に、Aが2周したときにはさらに40m近づいてAの後方20mに位置します。そして、Aが3周したときに、Aの20m後方にいたBはAより40m多く進むので、そのうち20mでAに追いつき、さらにAの前方20mまで進むことになります。このとき、題意を満たしますので、Aが3周したときに初めて条件を満たすことがわかります。

よって、正解は ❶ です。

問題5 正解 ❸

> 「CがAと出会うまで」、「CがBと出会うまで」の2人の移動距離は、合計で1周分の距離になることに着目して式を立てます。

まず、速さが「時速」で与えられていますが、移動時間は「分単位」となるので、「時速」を「分速」に変換します。Aの速さは時速14.4 kmであり、これは1時間当たり14.4 km進むという意味です。1時間 = 60分なので、**時速14.4 kmは60分当たり14.4 km進むことと同じ**です。つまり、14.4 kmを60で割れば1分当たりに変換できます。割りやすいように、14.4 km = 14400 m とすると、14400 ÷ 60 = 240 より、「時速14.4 km」＝「分速240 m」とわかります。

同様に、Bの速さ「時速9 km」を分速に変換すると、60分当たり9000 m進むことから、分速150 mとなります。したがって、Aの速さは240 m/分、Bの速さは150 m/分（①）となります。

CがP地点を出発してから15分後にAとCがQ地点で出会うまでを図で示すと右の図1のようになり、この図から、

　　(Aの距離) + (Cの距離) = (1周分の距離) ……②

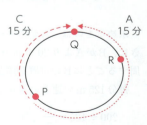

が成り立つことがわかります。そこで、(Cの速さ) = x [m/分] とおき、AとCの15分間の移動距離を求めます。①および (速さ) × (時間) = (距離) より、

　　(Aの距離) = 240 × 15 = 3600 [m]
　　(Cの距離) = x × 15 = 15x [m]

となります。これらを②に代入すると、

　　3600 + 15x = (1周分の距離)　……③

となります。

　次に、CがQ地点を通過してから3分後にR地点でBと出会うまでを考えます。CはP地点からQ地点までに15分、さらにQ地点からR地点までに3分移動しているので、P地点を出発してからR地点に到着するまでに18分かかったことがわかります。このとき、BもR地点に到着してCと出会っており、BとCは同時に出発していることから、**BがP地点からR地点まで移動した時間も、Cと等しく18分**とわかります。以上を図に示すと、右の図2になります。

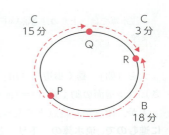

　図2より、BとCがP地点からR地点まで移動した距離を見ると、

　　（Bの距離）＋（Cの距離）＝（1周分の距離）　……④

が成り立つことがわかります。そこで、BとCの18分間の移動距離を求めます。

　①および（速さ）×（時間）＝（距離）より、

　　（Bの距離）＝ $150 \times 18 = 2700$ ［m］　……⑤

　　（Cの距離）＝ $x \times 18 = 18x$ ［m］

となります。これらを④に代入すると、

　　$2700 + 18x =$（1周分の距離）　……⑥

となります。

　③、⑥より、

　　$3600 + 15x = 2700 + 18x$

となるので、この方程式を解くと、

　　$x = 300$ ［m/分］

となり、

　　（Cの速さ）＝ 300 ［m/分］　……⑦

とわかります。

　求めるのは、CがR地点からP地点まで移動する時間です。R地点からP地点までの距離は、BがCと出会うまでに移動した距離に等しく、⑤よりその距離は2700mです。また、Cの速さは⑦より 300 ［m/分］なので、（時間）＝（距離）÷（速さ）より、

　　（Cの移動時間）＝ $2700 \div 300 = 9$ ［分］

となり、正解は❸です。

3 流水算

問題1

正解 ❶

> 流水算では「上りの速さ」、「下りの速さ」、「静水時の速さ」、「流速」の4種類の速さを求めます。

犬を「船」、動く歩道を「川」とおいて流水算と考えると、（犬の速さ）＝（静水時の速さ）、（歩道面の動く速さ）＝（流速）となります。

犬が、始点から終点まで走ったときについて考えると、**歩道面の動く向きと同じ方向に進むので、流水算の「下り」と同じです**。また、犬が終点から始点まで走ったときは、**歩道面の動く向きと逆の方向に進むので、流水算の「上り」と同じです**。そこで、それぞれの場合について考えます。

「下り」のとき、犬は72mを18秒で走り抜けたので、（距離）÷（時間）＝（速さ）より、

（下りの速さ）＝ 72÷18＝4［m/秒］

となります。同様に、「上り」のとき、犬は72mを24秒で走り抜けたので、（距離）÷（時間）＝（速さ）より、

（上りの速さ）＝ 72÷24＝3［m/秒］

となります。

ここで、流水算の公式の静水時の速さを求める公式より、「犬の速さ（静水時の速さ）」を求めると、

$$（静水時の速さ）＝ \frac{4＋3}{2}＝3.5［m/秒］$$

となります。この静水時の速さが、「上り」になると3m/秒と遅くなるのは、流れに逆らって進むことで、流速の分だけ遅くなったからです。つまり、

「動く歩道の速さ（流速）」＝ 3.5－3＝0.5［m/秒］

となります。

もしくは、流速を求める公式を使って直接歩道面の動く速さを求めることもできます。

$$（流速）＝ \frac{4－3}{2}＝0.5［m/秒］$$

よって、正解は❶となります。

問題2

正解 ❶

> 比を扱いにくい流水算の問題では、公式を使ったほうが解きやすい場合もあります。

本問は流水算ですが、通常の問題のように、片道すべてを一定の速さで進んでいません。したがって、距離が等しいことから比を立てる解法は使いにくいので、公式を使っ

て解くことにします。

下りについて考えると、下りでは、はじめ「下りの速さ」で進みますが、途中でエンジンが停止しており、その間は川に流されています。川に流されている間、船は「流速」で進むことになります。「下りの速さ」で進んだ時間と「流速」で進んだ時間が与えられているので、（静水時の速さ）＝ x［km/時］、（流速）＝ y［km/時］とおき、距離を求める式を立てます。流水算の公式より、（下りの速さ）＝ $(x+y)$［km/時］、（上りの速さ）＝ $(x-y)$［km/時］となります（①）。なお、速さの単位は、選択肢を考慮してあります。

下りの距離について考えると、題意より、下りにおいて、「流速」で進んだ時間は24分＝ $\dfrac{24}{60}$ 時間＝ $\dfrac{2}{5}$ 時間であり、下りにかかった時間の合計が1時間なので、「下りの速さ」で進んだ時間は、$1-\dfrac{2}{5}=\dfrac{3}{5}$［時間］となります。したがって、①と（速さ）×（時間）＝（距離）より、「下りの速さ」で進んだ距離は、

$$(x+y)\times\frac{3}{5}=\frac{3}{5}(x+y)\ [\mathrm{km}]$$

となり、「流速」で進んだ距離は、

$$y\times\frac{2}{5}=\frac{2}{5}y\ [\mathrm{km}]$$

となります。これらの合計が20 kmになればよいので、

$$\frac{3}{5}(x+y)+\frac{2}{5}y=20$$

が成り立ち、この式を整理すると、

$$3x+5y=100 \qquad \cdots\cdots ②$$

となります。

上りの距離について考えると、「上りの速さ」で1時間進んだので、①と（速さ）×（時間）＝（距離）より、

$$(x-y)\times 1=20$$

が成り立ち、この式を整理すると、

$$x-y=20 \qquad \cdots\cdots ③$$

となります。

②、③を連立方程式として解くと、$y=5$［km/時］となるので、流速は5 km/時となります。

よって、正解は❶です。

3　流水算　67

| 問題3 | 正解 **4** |

> 船速を $\dfrac{1}{2}$ にする前と後でそれぞれ「船速」、「流速」、「上りの速さ」、「下りの速さ」を求めます。

水の流れと反対方向に１周することを「上り」、水の流れる方向に１周することを「下り」として、流水算として解きます。説明のために、最初の速さで進む横型の船を「船A」とし、速さを $\dfrac{1}{2}$ にして進む横型の船を「船B」とします。

問題文「円形の流れるプールで水の流れと反対の方向に一周させると、水の流れる方向に一周させた場合の２倍の時間を要した」より、

　　　（船Aの上りで１周する時間）:（船Aの下りで１周する時間）＝ 2 : 1

です。これは、**１周という等しい距離を移動したときの時間の比**であり、等しい距離では「時間の比」と「速さの比」が逆比になることから、

　　　（船Aの上りの速さ）:（船Aの下りの速さ）＝ 1 : 2

となります。

そこで、（船Aの上りの速さ）＝ x、（船Aの下りの速さ）＝ $2x$ とおきます。なお、本問では速さの単位に関する情報がないので、あえて単位は付けていません。流水算の静水時の速さの公式より、

　　　（船Aの静水時の速さ）＝ $\dfrac{x + 2x}{2} = 1.5x$ 　　……①

となります。さらに、（流速）＝（下りの速さ）－（静水時の速さ）より、

　　　（流速）＝ $2x - 1.5x = 0.5x$ 　　……②

とわかります。

次に、船Bについて考えます。①より、

　　　（船Bの静水時の速さ）＝ $1.5x \times \dfrac{1}{2} = 0.75x$

となります。流速は $0.5x$ のままなので、②と流水算の公式より、

　　　（船Bの上りの速さ）＝ $0.75x - 0.5x = 0.25x$

　　　（船Bの下りの速さ）＝ $0.75x + 0.5x = 1.25x$ 　　……③

となります。

ここで、求めるのは船Bの上りにかかる時間であり、船Bの下りにかかる時間は５分とわかっています。このとき、船Bは、上り、下りそれぞれの向きにプールを１周するので、等しい距離を移動することになり、**等しい距離では「移動時間の比」と「速さの比」は逆比の関係になります**。そこで、（船Bの上りで１周する時間）＝ t [分] とおくと、

　　　（船Bの上りで１周する時間）:（船Bの下りで１周する時間）＝ $t : 5$ 　　……④

となります。さらに、③より、

　　　（船Bの上りの速さ）:（船Bの下りの速さ）＝ $0.25x : 1.25x = 1 : 5$ 　　……⑤

となるので、④、⑤が逆比になることから、

$\qquad t:5=5:1$

が成り立ちます。この式を解くと、$t=25$［分］となるので、正解は❹となります。

4　通過算

問題1　　　　　　　　　　　　　　　　　　　　　　　　　　　　　正解 ❸

> 　5人の列を「列車」などと同じように考えて、通過算として解きます。「エスカレーターに乗っている人」、「階段を降りている人」の長さは「0」とします。

「5人の列」の長さについて記述があるので通過算になり、複数のものが同時に動いているので、旅人算との複合問題になります。（5人の列の長さ）＝a［m］とおきます。なお、「エスカレーターに乗っている人」と「階段を降りている人」については長さに関する記述がないので、長さを「0」と考えます。

「5人の列」と「エスカレーターに乗っている人」がすれ違い始めてからすれ違い終わるまでを図にすると、次の図1のようになります。

図1

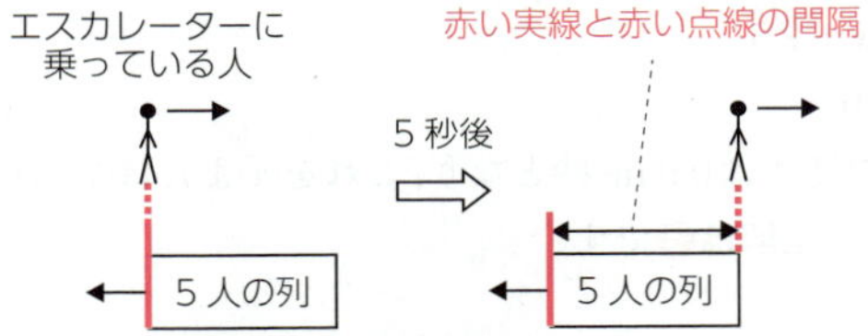

図1より、5人の列の先頭（**図1の赤い実線**）とエスカレーターに乗っている人（**図1の赤い点線**）までの間隔を見ると、はじめは同じ位置にあるのでその間隔は0 mです。また、5秒後には「5人の列の長さ」だけ離れているので、**赤い実線と赤い点線はa［m］離れたことになります**（①）。

5人の列とエスカレーターに乗っている人は反対方向に進んでいるので、出会い算として計算します。エスカレーターに乗っている人の速さは、エスカレーターの動く速さと等しくなるので、1.8 km/時です。問題文に出てくる単位は、「m」や「秒」が多いので、単位を変換すると、1.8 km/時＝0.5 m/秒となります。

5人の列の速さをx［m/秒］とおく（②）と、出会い算の公式より、5人の列の先頭とエスカレーターに乗っている人が離れる速さは、$x+0.5$［m/秒］となります（③）。離れた時間は5秒なので、②、③と合わせて（離れる距離）＝（離れる速さ）×（離れる時間）に代入すると、次の式が成り立ちます。

$\qquad a=5(x+0.5)\qquad$……④

次に、「5人の列」が「階段を降りている人」を追い越し始めてから追い越し終わるまでを図にすると、次の図2のようになります。

4　通過算　　69

　図2より、5人の列の先頭（図2の赤い実線）と階段を降りている人（図2の赤い点線）までの間隔を見ると、はじめは同じ位置にあるので、その間隔は0mです。これが10秒後には「5人の列の長さ」だけ離れているので、赤い実線と赤い点線は a [m] 離れたことになります（⑤）。

　5人の列と階段を降りている人は同じ方向に進んでいるので追い掛け算として計算します。階段を下りている人の速さは720 m/時＝0.2 m/秒なので、②と追い掛け算の公式より、5人の列の先頭と階段を下りている人が離れる速さは、$x-0.2$ [m/秒] となります（⑥）。離れた時間は10秒なので、⑤、⑥と合わせて（離れる距離）＝（離れる速さ）×（離れる時間）に代入すると、次の式が成り立ちます。

　　$a=10(x-0.2)$ 　……⑦

ここで、⑦を④に代入して解くと、次のようになります。

　　$10(x-0.2)=5(x+0.5)$
　　　$10x-2=5x+2.5$
　　　　　　$x=0.9$

よって、5人の列の速さは0.9 m/秒となり、これを④または⑦に代入すると、$a=7$ [m] となります。よって、正解は❸です。

問題2
正解 ❶

> 　列車どうしの出会い算では「先頭どうし」か「最後尾どうし」の間隔に着目しますが、列車どうしの追い掛け算では、「一方の先頭ともう一方の最後尾」の間隔に着目すると解きやすくなります。

　長さのある列車どうしのすれ違いや追い越しを考えるので、通過算となります。また、追い越すときは二つの列車が同じ方向に進むので、追い掛け算との複合問題となり、すれ違うときは二つの列車が逆の方向に進むので、出会い算との複合問題となります。
　まず、AがBに追い越されたときを図で表します。列車Aの先頭に赤い実線、列車Bの最後尾に赤い点線をつけると、次の図1のようになります。

図1

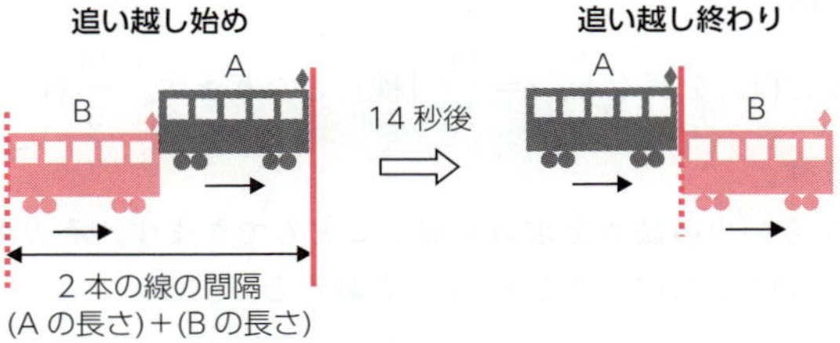

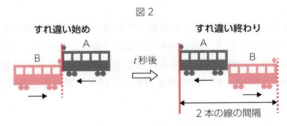

　図1より、**2本の線は（Aの長さ）＋（Bの長さ）だけ近づいた**ことになります。また、追い掛け算の公式より、近づく速さは、

　　（Bの速さ）－（Aの速さ）＝75－50＝25［km/時］

となり、単位を変換すると、$25\,\text{km/時}=\dfrac{125}{18}\,\text{m/秒}$となります。さらに、近づいた時間は14秒ですので、（近づく距離）＝（近づく速さ）×（近づく時間）より、

$$（\text{Aの長さ}）＋（\text{Bの長さ}）=\dfrac{125}{18}\times 14\,[\text{m}] \quad \cdots\cdots ①$$

となります。

　次に、二つの列車がすれ違う場合を図に表します。列車Aの先頭に赤い実線、列車Bの先頭に赤い点線をつけると、次の図2のようになります。なお、求める時間をt［秒］とおいてあります。

図2

　図2より、**2本の線は（Aの長さ）＋（Bの長さ）だけ離れた**ことになります。また、出会い算の公式より、離れる速さは、

　　（Aの速さ）＋（Bの速さ）＝50＋75＝125［km/時］

となり、単位を変換すると、$125\,\text{km/時}=\dfrac{625}{18}\,\text{m/秒}$となります。さらに、離れた時間は$t$［秒］ですので、（離れる距離）＝（離れる速さ）×（離れる時間）より、

$$（\text{Aの長さ}）＋（\text{Bの長さ}）=\dfrac{625}{18}\times t\,[\text{m}] \quad \cdots\cdots ②$$

となります。

　①に②を代入すると、

4　通過算　71

$$\frac{625}{18} \times t = \frac{125}{18} \times 14$$

となるので、この方程式を解くと、$t = \frac{14}{5}$ ［秒］となります。$\frac{14}{5}$ 秒＝2.8秒となるので、正解は❶となります。

なお、①の式から列車の長さを求めて解くこともできます。その場合は、題意より、Aの長さは50 mなので、Bの長さを x ［m］とおくと、①は、

$$50 + x = \frac{125}{18} \times 14$$

となります。この式を解くと、$x = \frac{425}{9}$ ［m］となります。これと、Aの長さ50 mを②に代入すると、

$$50 + \frac{425}{9} = \frac{625}{18} \times t$$

となります。この式を解くと、$t = \frac{14}{5}$ ［秒］となります。

問題3 正解 ❷

> 普通列車の1台目と出会ったときから、2台目と出会うまでを考えます。

まず、特急列車が「ある普通列車」と出会ってから「次の普通列車」と出会うまでを考えます。出会うということは、特急列車の先頭と「ある普通列車の先頭」が同じ地点にあるときになるので、これを図に示すと次のようになります。この状態から、特急列車の先頭（下図の赤い実線）と「次の普通列車の先頭（下図の赤い点線）」が出会うまでを考えます。

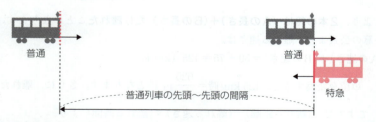

上の図の状態から「特急列車と次の普通列車が出会うまで」に2本の赤い線が近づく距離は、「ある普通列車の先頭から次の普通列車の先頭までの距離」と等しくなります。

特急列車と普通列車は逆の方向に進むので、出会い算となります。特急列車の速さは時速140 kmであり、普通列車の速さは時速40 kmなので、出会い算の公式より、特急列車と普通列車の近づく速さは、

$$140 + 40 = 180 \ [\text{km/時}]$$

となります。近づいた時間は 3 分 $= \dfrac{1}{20}$ 時間なので、（近づく距離）＝（近づく速さ）×（近づく時間）より、近づいた距離は、

$$180 \times \dfrac{1}{20} = 9 \ [\text{km}]$$

とわかります。したがって、普通列車の先頭から次の普通列車の先頭までの距離は 9 km となります。

　次に、準急列車が「ある普通列車とすれ違い終わってから次の普通列車と出会うまで」について考えます。**すれ違い終わるときというのは、準急列車の最後尾と普通列車の最後尾が同じ地点に位置したときになります。** これを図にすると、次のようになります。この状態から、準急列車の先頭（下図の赤い実線）と「次の普通列車の先頭（下図の赤い点線）」が出会うまでを考えます。

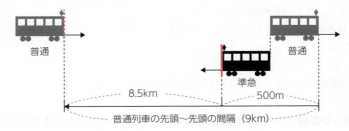

　上の図の状態から、**準急列車が次の普通列車と出会うまでに近づく距離は、普通列車の先頭から次の普通列車の先頭までの 9 km から、準急列車と普通列車の長さを引けば求められます。** 題意より、どちらの列車も長さはともに 250 m ＝ 0.25 km なので、9 － 0.25 － 0.25 ＝ 8.5 より、近づく距離は 8.5 km です。

　また、準急列車の速さは時速 80 km、普通列車の速さは時速 40 km なので、出会い算の公式より、準急列車と普通列車の近づく速さは、

$$80 + 40 = 120 \ [\text{km/時}]$$

となります。

　したがって、（近づく距離）÷（近づく速さ）＝（近づく時間）より、近づくまでに要する時間は、

$$8.5 \div 120 = \dfrac{8.5}{120} \ [\text{時間}]$$

となります。これを「分」に変換すると、$\dfrac{8.5}{120} \times 60 = 4.25$ ［分］となり、さらに、0.25 分＝ 15 秒ですので、求める時間は 4 分 15 秒となります。

　よって、正解は ❷ となります。

5 ダイヤグラム

問題1　　　　　　　　　　　　　　　　　　　　　　　正解 ❹

ダイヤグラムを描いて、2人の移動時間の関係を確認します。

題意より、ダイヤグラムを作成すると右の図のようになります。Aの移動は実線、Bの移動は点線で示しています。なお、説明のために、P（Aの出発時刻）、Q（Bの出発時刻）、R（Bの到着時刻）、S（Aの到着時刻）をおきます。

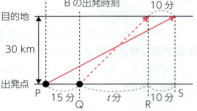

図より、Bの移動時間に当たる QR を t〔分〕とおくと、Aの移動時間は、

　　PS $= 15 + t + 10 = 25 + t$〔分〕　　……①

となります。

したがって、

　　（Aの移動時間）：（Bの移動時間）$= (25 + t) : t$

となります。

これは等しい距離での移動時間の比なので、速さの比の逆比になります。 したがって、

　　（Aの速さ）：（Bの速さ）$= t : (25 + t)$　　……②

となります。

題意より、Bのバイクの速さがAの自転車の速さの1.5倍であったことから、

　　（Aの速さ）：（Bの速さ）$= 1 : 1.5 = 2 : 3$　　……③

となります。

ここで、②＝③となるので、以下の式が成り立ち、それを解くと次のようになります。

　　$t : (25 + t) = 2 : 3$
　　　　　　$3t = 2(25 + t)$
　　　　　　　$t = 50$〔分〕

したがって、Bの移動時間は50分であり、①より、Aの移動時間は $(25 + 50 =)\ 75$ 分となります。ここで、**時間の単位を速さに合わせて「時間」に変換**すると、75分 $= \dfrac{75}{60}$ 時間 $= \dfrac{5}{4}$ 時間となるので、Aは30 km を $\dfrac{5}{4}$ 時間で移動したことがわかります。

よって、Aの速さは、

　　$30 \div \dfrac{5}{4} = 24$〔km/時〕

となるので、正解は❹です。

問題2　　　　　　　　　　　　　　　　　　　　　　　　正解 ❷

> 等しい距離でのAとBの移動時間の比を2組求めます。

　求めるものである、AがX区役所（X）を出発してからBと出会うまでの時間を t [分] とおくと、Aの10分後にY区役所（Y）を出発したBは、出発してからAと出会うまでに $(t-10)$ 分かかったことになります。そこで、A、Bの移動の様子をダイヤグラムに表すと、次の図のようになります（M：A、Bが出会った位置）。

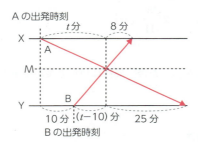

　まず、図より、XM間の移動時間を見ると、Aは t 分、Bは8分なので、
　　（Aの移動時間）：（Bの移動時間）＝ $t:8$　　……①
となります。
　次に、図より、YM間の移動時間を見ると、Aは25分、Bは $(t-10)$ 分なので、
　　（Aの移動時間）：（Bの移動時間）＝ $25:(t-10)$　　……②
となります。
　①、②は、等しい距離での移動時間の比であり、いずれも速さの比と逆比になることから、①＝②が成り立ちます。したがって、
　　$t:8=25:(t-10)$
となり、この式を整理すると、次のようになります。
　　　　　$t:8=25:(t-10)$
　　　$t^2-10t=200$
　　$t^2-10t-200=0$
　この2次方程式の左辺を因数分解すると、$(t-20)(t+10)=0$ となるので、$t=20$、-10 となります。t は移動時間であり負の数ではありませんから $t=20$ [分] に決まるので、正解は ❷ です。

6　時計算

問題1　　　　　　　　　　　　　　　　　　　　　　　　正解 ❺

> 時計算の基礎を再確認しましょう。

❶ 追い掛け算として解く方法

文字盤上の針の位置を考えると、短針は1時間に30°ずつ進むので、5時ちょうどの時点で、$30 \times 5 = 150$ より、短針は文字盤の「12」から150°進んだところにあります。また、5時ちょうどの時点で長針は文字盤の「12」の位置にいるので、**長針は短針より150°後方にいる**、と考えることができます。したがって、短針と長針が重なるには、**長針が短針に150°近づけばよい**、ということになります。

ここで、**長針と短針は1分間に5.5°ずつ近づく（または離れる）**ことから、長針と短針が150°近づくのに要する時間は、

$$150 \div 5.5 = \frac{300}{11} \text{［分］} = 27\frac{3}{11} \text{［分］}$$

となります。

よって、5時ちょうどを指した後、最初に短針と長針が重なる時刻は5時$27\frac{3}{11}$分となるので、正解は❺です。

❷ 公式を使って解く方法

時計算の公式より、**0時ちょうどに短針と長針が重なった後、短針と長針が重なるのは$\frac{12}{11}$時間おき**です。$\frac{12}{11}$時間$= 1\frac{1}{11}$時間であり、これは1時間強なので、5時ちょうど以降になるのは、5倍したときになります。したがって、5時ちょうどを指した後、最初に短針と長針が重なるまでの時間は、$1\frac{1}{11}$時間$\times 5 = 5\frac{5}{11}$時間なので、求める時刻は**0時ちょうどから5$\frac{5}{11}$時間後**になります。$\frac{5}{11}$時間を「分」に変換すると、$\frac{300}{11}$分$= 27\frac{3}{11}$分となるので、短針と長針が重なる時刻は5時$27\frac{3}{11}$分です。

よって、5時より$27 + \frac{3}{11}$分後になるので、正解は❺となります。

問題2　　　　　　　　　　　　　　　　　　　　　　　　正解 ❹

> 長針の位置は、文字盤の「6」から何度戻った位置にあるか、と考えます。

❶ 追い掛け算として解く方法

6時ちょうどの時点で、短針は文字盤の「6」の位置にあり、長針は文字盤の「12」の位置にあります。短針はその後、文字盤の左側に進んでいくので、短針と長針が左右対称になるのは、長針が文字盤の右側にあるときになります。そのときの短針と長針の位置は、次の図のようになり、**（①の角度）＝（②の角度）**が成り立つことになります。

76

そこで、6時ちょうどから短針と長針が左右対称になるまでの時間を t 分とおき、①、②の角度を考えます。

短針は分速 $0.5°$ の速さで進むので、**(近づく速さ)×(近づく時間)＝(近づく角度)** より、t 分間であれば、$0.5×t=0.5t$ となるので、短針は文字盤の「6」の位置から $0.5t°$ 進むことになります。したがって、①$=0.5t°$ です。

長針は分速 $6°$ の速さで進むので、t 分間であれば、$6×t=6t$ より、長針は文字盤の「12」から $6t°$ 進むことになります。ここで、**②の角度は、文字盤の「12」から「6」までの180°から、長針が進んだ角度を引けば求められる**ので、②$=(180-6t)°$ となります。

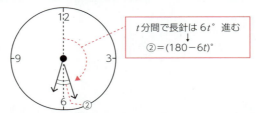

ここで、①＝②が成り立つので、$0.5t=180-6t$ となり、この式を整理すると次のようになります。

$0.5t=180-6t$

$6.5t=180$

$t=\dfrac{180}{6.5}=\dfrac{360}{13}=27\dfrac{9}{13}$ 〔分〕

よって、6時と7時の間で長針と短針の位置が文字盤の「6」を挟んで左右対称になる時刻は 6時 $27\dfrac{9}{13}$ 分となるので、正解は ❹ です。

❷ 公式を使って解く方法

時計算の公式より、**短針と長針が文字盤の「12」と「6」を結ぶ線に対して左右対称になるのは、0時から $\dfrac{12}{13}$ 時間おき**です。これは1時間弱なので、7倍すれば7時間弱、つまり、6時以降に短針と長針が左右対称になる時刻になる、とわかります。$\dfrac{12}{13}×7$

$=\dfrac{84}{13}=6\dfrac{6}{13}$ より、求める時刻は0時から $6\dfrac{6}{13}$ 時間後になります。

6 時計算　77

ここで、$\dfrac{6}{13}$ 時間を「分」に変換すると、$\dfrac{360}{13}$ 分 $= 27\dfrac{9}{13}$［分］となるので、0 時か

ら 6 時間 27$\dfrac{9}{13}$ 分後、つまり、6 時 27$\dfrac{9}{13}$ 分が求める時刻となります。

よって、正解は❹です。

第4章　場合の数・確率

1　場合の数の基礎

問題1　　　　　　　　　　　　　　　　　　　　　　　　　　　正解 **❶**

> 場合分けの少ない条件を満たすものを書き出し、残りの条件を踏まえて場合分けします。

　本問では「偶数」と「奇数」に関する条件がありますが、**二つの数の和が偶数になるのは、「偶数＋偶数」または「奇数＋奇数」のときであり、二つの数の和が奇数になるのは、「奇数＋偶数」のときだけ**です。

　一つ目の条件より、逃走した自動車のナンバープレートに含まれる「二つの4」の位置を場合分けすると、以下の3通りになります。

❶

千の位	百の位	十の位	一の位
4		4	

❷

千の位	百の位	十の位	一の位
4			4

❸

千の位	百の位	十の位	一の位
	4		4

　題意より、十の位と千の位の和は必ず奇数になりますが、**❶**は偶数になってしまい、条件を満たすことができず、不適となります。また、三つ目の条件より、「両端の数のうち一つは、2か7」なので、**❷**も条件を満たすことができず、不適となります。したがって、条件を満たすのは**❸**の場合のみとなります。

　次に、十の位と千の位について考えます。三つ目の条件より、両端の数のうち一つは2か7になるので、条件を満たす数は、「24□4」または「74□4」になります。そこで、場合分けを行います。

❸−1　「24□4」の場合

　二つ目の条件より、「2474」の1通りとなります。

❸−2　「74□4」の場合

　十の位と千の位の和は必ず奇数になることから、「74□4」の□に入るのは必ず偶数になりますが、□に入る数字が「4」の場合は一つ目の条件「4が二つあった」を満たすことができず、不適となります。また、□に入る数字が「8」の場合は、二つ目の条件「最も大きい数は7」を満たすことができず、不適になります。

　したがって、□に入る数字としてあり得るのは、「0」、「2」、「6」の場合であり、そのときのナンバープレートの数字の並びは「7404」、「7424」、「7464」となります。これらはすべての条件を満たすので、この場合は3通りとなります。

1　場合の数の基礎　79

よって、❸-1または❸-2の場合に条件を満たすので、和の法則より、
　　1＋3＝4［通り］
となるので、正解は❶です。

問題2　　　　　　　　　　　　　　　　　　　　　　　　　　　　　　正解 ❶

場合分けの少ない1万円紙幣から順に、樹形図で整理します。

場合分けの少ない1万円紙幣の枚数で場合分けをして、32,000円になる組合せを樹形図にまとめると、次のようになります。

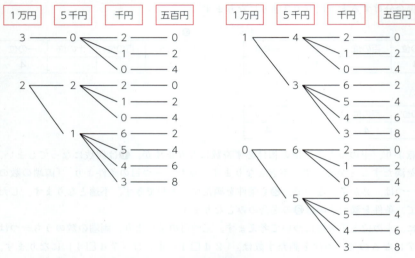

この樹形図より、条件を満たす場合は24通りとなります。
よって、正解は❶です。

問題3　　　　　　　　　　　　　　　　　　　　　　　　　　　　　　正解 ❸

女性の人数ごとに場合分けをして、組合せの公式を使って計算します。

問題文には「男性7人、女性5人」とだけ書かれていますが、人物が題材なので、7人の男性、5人の女性それぞれを区別して扱います。
　ここでは、**女性を選ぶ人数ごとに場合分けを行い**、場合の数を求めていきます。

❶　**女性が2人の場合（男性は2人）**
　「女性5人の中から2人を選び」、さらに、「男性7人の中から2人選ぶ」として計算

します。女性の選び方は、

$$_5C_2 = \frac{5 \times 4}{2 \times 1} = 10 \; [\text{通り}]$$

男性の選び方は、

$$_7C_2 = \frac{7 \times 6}{2 \times 1} = 21 \; [\text{通り}]$$

となるので、積の法則よりこの場合は、

$$10 \times 21 = 210 \; [\text{通り}]$$

となります。

❷ **女性が3人の場合（男性は1人）**

「女性5人の中から3人を選び」、さらに、「男性7人の中から1人選ぶ」として計算します。女性の選び方は、

$$_5C_3 = {}_5C_2 = \frac{5 \times 4}{2 \times 1} = 10 \; [\text{通り}]$$

男性の選び方は、

$$_7C_1 = 7 \; [\text{通り}]$$

となるので、積の法則より、この場合は、

$$10 \times 7 = 70 \; [\text{通り}]$$

となります。

❸ **女性が4人の場合（男性は0人）**

「女性5人の中から4人を選ぶ」として計算します。女性の選び方は、

$$_5C_4 = {}_5C_1 = 5 \; [\text{通り}]$$

となり、この場合は5通りとなります。

したがって、❶または❷または❸の場合に条件を満たすので、和の法則より、

$$210 + 70 + 5 = 285 \; [\text{通り}]$$

です。よって、正解は❸です。

なお、別解として、**全体から条件を満たさない場合を引いて求めることもできます。**

全体は、合計12人の中から4人を選ぶので、

$$_{12}C_4 = \frac{12 \times 11 \times 10 \times 9}{4 \times 3 \times 2 \times 1} = 495 \; [\text{通り}]$$

です。このうち条件を満たさないのは、「**女性を0人選ぶ場合**」または「**女性を1人選ぶ場合**」なので、場合分けをして計算します。

1 場合の数の基礎 81

❶ 女性を０人選ぶ場合（男性は４人）

「男性７人の中から４人を選ぶ」として計算します。男性の選び方は、

$$_7C_4 = {}_7C_3 = \frac{7 \times 6 \times 5}{3 \times 2 \times 1} = 35 \ [通り]$$

となり、この場合は35通りとなります。

❷ 女性が１人の場合（男性は３人）

「女性５人の中から１人を選び」、さらに、「男性７人の中から３人選ぶ」として計算します。女性の選び方は、

$$_5C_1 = 5 \ [通り]$$

男性の選び方は、

$$_7C_3 = \frac{7 \times 6 \times 5}{3 \times 2 \times 1} = 35 \ [通り]$$

となるので、積の法則よりこの場合は、

$$5 \times 35 = 175 \ [通り]$$

となります。

　したがって、❶または❷の場合に条件を満たさないので、これらを全体から引くと、

$$495 - 35 - 175 = 285 \ [通り]$$

となります。よって、正解は❸です。

問題4　　　　　　　　　　　　　　　　　　　　　　　　　　　正解 ❷

> 外出できない場合を書き出して、全体から引いて求めます。

　条件を満たす場合をすべて書き出すと複雑になるので、**「全体の場合の数（制限なく５人から外出する人を選ぶ場合の数）」を求め、そこから「条件を満たさない場合の数」を引いて求めます**。外出する人を選ぶとき、全員同じ肩書きである「外出する人」として選ぶので、組合せの公式を使います。

　なお、子どもが２人いますが、２人の子どもは区別して検討します。

❶ 制限なく外出する場合

出かける人数ごとに場合分けして計算すると、次のようになります。

５人のうち１人だけが外出する場合　　　：$_5C_1 = 5 \ [通り]$

５人のうち２人だけが外出する場合　　　：$_5C_2 = \dfrac{5 \times 4}{2 \times 1} = 10 \ [通り]$

５人のうち３人だけが外出する場合　　　：$_5C_3 = {}_5C_2 = \dfrac{5 \times 4}{2 \times 1} = 10 \ [通り]$

5人のうち4人だけが外出する場合　　：$_5C_4 = {_5}C_1 = 5$［通り］

5人のうち5人全員が外出する場合　　：1通り

したがって、制限なく外出する場合は、

5＋10＋10＋5＋1＝31［通り］

となります。

❷　条件を満たさない場合

子どもだけで外出する、または子どもだけで留守番する場合は条件を満たしません。そのときの場合の数を求めると、次のようになります。

子ども1人だけが外出する場合　　：子どもは2人いるので2通り

子ども2人だけが外出する場合　　：1通り

子ども1人だけが留守番する場合　　：子どもは2人いるので2通り

子ども2人だけが留守番する場合　　：1通り

したがって、条件を満たさない場合は、

2＋1＋2＋1＝6［通り］

となります。

❶、❷より、

31－6＝25［通り］

となるので、正解は❷です。

問題5　　　　　　　　　　　　　　　　　　　　　　　　　　　　　正解 ❸

> 本問の条件では、切符の種類の数を組合せで計算できます。

新幹線や飛行機の切符などを参考に考えると、切符には「出発駅」と「到着駅」が「出発駅→到着駅」のように表示されることが一般的です。例えば、A駅からB駅へ行くときの切符は「A→B」となり、B駅からA駅へ行くときの切符は「B→A」となります。通常であれば、「A→B」の切符と「B→A」の切符は異なる切符と考えるので、「入れ替えると異なるものになる」と考えられ、「順列」と考えることができます。しかし、本問では「**A→B**」と「**B→A**」を同じ種類の切符とするので、「入れ替えても同じものになる」と考えて、「**組合せ**」として計算することになります。

駅の総数にかかわらず、1種類の切符には二つの駅が表示されるので、本問の場合、駅の総数をn駅とすると、「全部でn駅の中から、切符に表示する2駅を組合せで選ぶ」と考えることができ、切符の種類の総数は$_nC_2$で計算できることがわかります。

そこで、**選択肢ごとに、はじめの駅の数21に新設された駅の数を加えた値を求め、それを駅の総数nとして$_nC_2$に代入し、351種類になる場合を求めます。**

第4章　場合の数・確率

1　場合の数の基礎　　83

❶ ✕　新設された駅の数が 4 のとき、駅の総数 $n = 21 + 4 = 25$ となります。したがって、

$$_{25}C_2 = \frac{25 \times 24}{2 \times 1} = 300$$

より、切符の種類の総数は 300 種類となるので、不適となります。

❷ ✕　新設された駅の数が 5 のとき、駅の総数 $n = 21 + 5 = 26$ となります。したがって、

$$_{26}C_2 = \frac{26 \times 25}{2 \times 1} = 325$$

より、切符の種類の総数は 325 種類となるので、不適となります。

❸ ◯　新設された駅の数が 6 のとき、駅の総数 $n = 21 + 6 = 27$ となります。したがって、

$$_{27}C_2 = \frac{27 \times 26}{2 \times 1} = 351$$

より、切符の種類の総数は 351 種類となるので、条件を満たします。

❹ ✕　新設された駅の数が 7 のとき、駅の総数 $n = 21 + 7 = 28$ となります。したがって、

$$_{28}C_2 = \frac{28 \times 27}{2 \times 1} = 378$$

より、切符の種類の総数は 378 種類となるので、不適となります。

❺ ✕　新設された駅の数が 8 のとき、駅の総数 $n = 21 + 8 = 29$ となります。したがって、

$$_{29}C_2 = \frac{29 \times 28}{2 \times 1} = 406$$

より、切符の種類の総数は 406 種類となるので、不適となります。

解説では最後の選択肢まで計算していますが、実際の試験問題に取り組む際は、順番に計算していき❸で正解が得られた段階で検討を止めてしまってかまいません。

2　場合の数の応用

問題 1　　　　　　　　　　　　　　　　　　　　　　　　　　　　　　　　　　　正解 ❸

（全体）−（条件を満たさないもの）の考え方を使い、「同じものを含む順列」と考えて計算します。

「2つのTの間に他の文字が1つ以上入る並べ方」は、

　　（制限なく1列に並べる場合）−（2つのTの間に1文字も入らない場合）

と考えて計算します。

　まず、「制限なく1列に並べる場合」を求めます。8文字すべて異なる文字であれば、1列に並べるときの並べ方は$_8P_8＝8!$となりますが、本問で並べるのは「TOKUBETU」であり、「T」や「U」が複数あるので、「同じものを含む順列」として計算します。つまり、公式より、分子には制限ないときの$8!$を、分母には「T」と「U」が2文字ずつあるので$2!×2!$をおくと、

$$\frac{8!}{2!×2!}＝\frac{8×7×6×5×4×3×2×1}{2×1×2×1}＝10080　［通り］　……①$$

となります。

　次に、「2つのTの間に1文字も入らない場合」を求めます。これは、二つのTが隣り合うということと同じです。そこで、二つの「T」を一つにまとめて（TT）として、「（TT）OKUBEU」の7文字を1列に並べることを考えます。この場合も、「U」が2文字あるので、分母には$2!$をおくと、

$$\frac{7!}{2!}＝\frac{7×6×5×4×3×2×1}{2×1}＝2520　［通り］$$

となります。

　ここで、本来、「隣り合う」問題では、まとめた二つをもとに戻しますが、今回はまとめたものは（TT）であり、例えば（AB）をもとに戻して「AB」と「BA」の2通りとするような作業は必要ありません。（TT）はもとに戻しても「TT」の1通りです。したがって、「2つのTの間に1文字も入らない場合」は2520［通り］となります（②）。

　よって、①−②より、求める値は、

　　$10080−2520＝7560$　［通り］

となるので、正解は❸です。

問題2　　　　　　　　　　　　　　　　　　　　　　　　　　　正解 ❹

> 一つ目と三つ目の条件を満たす席順から、DとEが隣り合う場合を除外します。

　説明のために、座席を左から順に❶〜❿とおきます（図1）。

図1

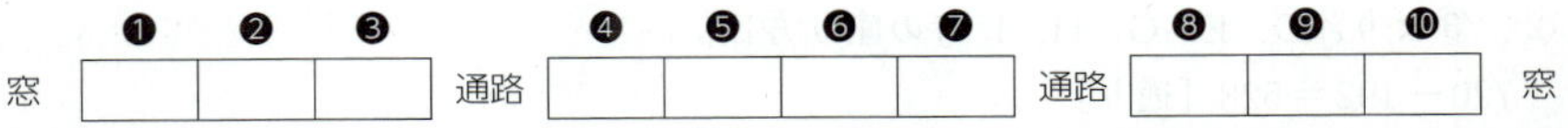

　場合分けの最も少ない三つ目の条件から考えると、AとFの座席の組合せは（Aの席番号，Fの席番号）＝（❶, ❿）、（❿, ❶）の2通りとなるので、場合分けを行います。

2　場合の数の応用　　85

(1) （Aの席番号，Fの席番号）＝(❶, ❿) の場合

まず、一つ目の条件より、BとCは、Aと一緒にまとまった席になるので、（Bの席番号，Cの席番号）＝(❷, ❸)、(❸, ❷) の2通り（①）となります（次の図2）。

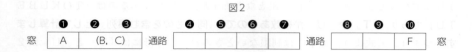
図2

次に、❹～❾の席について考えます。❹～❾には、D、E、G、H、I、Jの6人が制限なく1列に並んで座ると考えれば、順列の公式で計算できます。6人中6人を順列で選ぶと、

$$_6P_6 = 6 \times 5 \times 4 \times 3 \times 2 \times 1 = 720 \text{［通り］} \quad \cdots\cdots ②$$

となります。

ここで、二つ目の条件より、DとEが隣り合う場合は条件を満たさないので、この場合を720通りから引きます。DとEが隣り合う場合（**条件を満たさない場合**）は、DとEを合わせて1人と考えて、(DE)、G、H、I、Jの5人を1列に並べることで求められます。なお、**(DE) が❼、❽に座る場合は条件を満たすので、ここでは数える必要がありません**。したがって、(DE) が (❹と❺)、(❺と❻)、(❻と❼)、(❽と❾) に座る場合の4通りについて場合分けをします。

(DE) が (❹と❺) に座る場合、❻～❾にはG、H、I、Jの4人が制限なく1列に並ぶので、4人中4人を順列で選ぶと、

$$_4P_4 = 4 \times 3 \times 2 \times 1 = 24 \text{［通り］}$$

となります。さらに、合わせて1人としていた (DE) を分けて2人に戻すとき、「左がD、右がE」に分ける場合と「左がE、右がD」に分ける場合の2通りがあります。したがって、「合わせて1人としたときの24通り」が、さらに2通りに分けられるので、この場合は、

$$24 \times 2 = 48 \text{［通り］}$$

となります。

同様に、(DE) が (❺と❻)、(❻と❼)、(❽と❾) に座る場合も、(DE) が (❹と❺) に座る場合と同じ48通りとなるので、(DE) が (❹と❺)、(❺と❻)、(❻と❼)、(❽と❾) に座る場合をすべて合わせると、

$$48 \times 4 = 192 \text{［通り］} \quad \cdots\cdots ③$$

となります。

②、③より、D、E、G、H、I、Jの座り方は、

$$720 - 192 = 528 \text{［通り］}$$

となります。さらに、①より、**この528通りすべてにおいて、（Bの席番号，Cの席番号）＝(❷, ❸)、(❸, ❷) の2通りが考えられる**ので、(1)の場合は、

$$528 \times 2 = 1056 \text{［通り］}$$

となります。

⑵ （Aの席番号，Fの席番号）＝（❿，❶）の場合

(1)と鏡写しになるように並べばよいので、(1)同様に1056通りとなります。

よって、(1)、(2)より、条件を満たす席順は、

1056 × 2 ＝ 2112 ［通り］

となるので、正解は❹です。

問題3
正解 ❹

「しきり」の解法で解ける問題です。

区別できない6本の鉛筆を、区別できるA～Cの3人に分けるので、「しきり」の問題として考えることができます。

3人に分ける場合は「しきり」は（3－1＝）2本必要です。したがって、鉛筆の6本と「しきり」2本の合計8個のものを1列に並べる、と考えて解きます（①）。

そこで、マス目を8マス用意し、そのうち「しきり」を入れる2マスを組合せで選ぶと、

$$_8C_2 = \frac{8 \times 7}{2 \times 1} = 28 \text{［通り］}$$

の選び方があります。さらに、鉛筆6本については、残りの6マスすべてに入れるので、その入れ方は1通りしかありません。つまり、鉛筆の6本と「しきり」2本の合計8個のものを1列に並べるときの並べ方は28通りとなります。よって、正解は❹です。

なお、「同じものを含む順列」として計算する場合は、①の後から次のように考えます。

鉛筆6本を「○」とし、しきり2本を「｜」とすると、「○○○○○○｜｜」の8個の図形を並べるので、同じものを含む順列の公式より、

$$\frac{8!}{6! \times 2!} = 28 \text{［通り］}$$

となります。

よって、正解は❹となります。

問題4
正解 ❸

「0個に分ける場合は数えない」ので、工夫して「しきり」の解法を使います。

区別できない8個のキャラメルを、区別できるA～Cの3人に分けるので、「しきり」の問題と考えられますが、本問では「3人とも1個以上受け取る」という条件があるので、そのまま「しきり」の解法を使うことはできません。

2 場合の数の応用　87

そこで、**あらかじめ3人に1個ずつキャラメルを渡してしまう、と考えます**。その結果、3人はすでに1個ずつキャラメルを受け取っているので、**残りのキャラメルを「0個に分ける場合も数えるもの」**として3人に配れば、「しきり」の解法を使う条件を満たすことができます。

8個のキャラメルのうち3個をA〜Cの3人に1個ずつ渡すと、残ったキャラメルは5個となります。この5個を「0個に分ける場合も数えるもの」として3人に分けます。3人に分けるには、「しきり」の数は（3−1＝）2本となるので、キャラメルを5個と「しきり」2本の合計7個を1列に並べる、と考えます（①）。

そこで、マス目を7マス用意し、そのうち「しきり」を入れるマス目を組合せで2マス選ぶと、

$$_7C_2 = \frac{7 \times 6}{2 \times 1} = 21 \ [通り]$$

の選び方があることになります。キャラメル5個については、残りの5マスすべてに入れるので、1通りとなります。つまり、キャラメルの5個と「しきり」2本の合計7個のものを1列に並べるときの並べ方は21通りです。

よって、正解は❸となります。

なお、「同じものを含む順列」として計算する場合は、①の後から次のように考えます。キャラメル5個を「○」とし、しきり2本を「｜」とすると、「○○○○○｜｜」の7個の図形を並べるので、同じものを含む順列の公式より、

$$\frac{7!}{5! \times 2!} = 21 \ [通り]$$

となります。

よって、正解は❸となります。

問題5

正解 ❸

> 斜めの平行線2本と横の平行線2本を選べば平行四辺形を作ることができます。

平行四辺形を作るには、斜めの平行線を2本選び、さらに横の平行線を2本選ぶ、と考えれば、計算で解くことができます。このとき、例えば、斜めの平行線5本のうち、「左から1番目と5番目を選んだとき」と、「左から5番目と1番目を選んだとき」は、**平行四辺形の左右の辺が全く同じになるので、入れ替えても同じである組合せの選び方**となります。

条件より、斜めの平行線は合計で5本あるので、ここから2本を組合せで選ぶと、

$$_5C_2 = 10 \ [通り]$$

となります。同様に、横の平行線は合計で9本あるので、ここから2本を組合せで選ぶと、

$$_9C_2 = 36 \ [通り]$$

となります。

したがって、「斜めの平行線を選び」、さらに「横の平行線を選ぶ」ので、積の法則より、平行四辺形の数は、

$10 \times 36 = 360$［通り］

となります。

よって、正解は ❸ です。

3 確率の基礎

問題1   正解 ❶

> サイコロを2回振って出た目の和は12以下なので、12以下の素数を書き出して検討します。

まず、条件を満たす場合を考えます。立方体のサイコロを2回振ったときに出た目の和は、2〜12のいずれかです。そのうち素数になるのは2、3、5、7、11の5通りになります。この5通りを満たす目の出方を書き出すと、次のようになります。なお、目の出方については、（1回目に出た目，2回目に出た目）として表記します。

❶ **出た目の和が「2」になる場合**
    （1，1）の1通り

❷ **出た目の和が「3」になる場合**
    （1，2）、（2，1）の2通り

❸ **出た目の和が「5」になる場合**
    （1，4）、（2，3）、（3，2）、（4，1）の4通り

❹ **出た目の和が「7」になる場合**
    （1，6）、（2，5）、（3，4）、（4，3）、（5，2）、（6，1）の6通り

❺ **出た目の和が「11」になる場合**
    （5，6）、（6，5）の2通り

したがって、❶〜❺より、条件を満たす場合は、

$1 + 2 + 4 + 6 + 2 = 15$［通り］

となります。

次に、それぞれの場合の確率を求めます。例えば、（1，1）になる確率は $\frac{1}{6} \times \frac{1}{6} = \frac{1}{36}$ となり、（1，2）になる確率も $\frac{1}{6} \times \frac{1}{6} = \frac{1}{36}$ となります。つまり、**条件を満たす場合の15通りについて、それぞれ発生する確率が $\frac{1}{36}$ になる**ことがわかります。したがって、和の法則より、15通りの確率すべてを合計すると、

3 確率の基礎 89

$$\frac{1}{36} \times 15 = \frac{5}{12}$$

となります。

よって、求める確率は $\dfrac{5}{12}$ となるので、正解は ❶ です。

問題2

正解 ❺

（1本以上当たりになる確率）＝（全体の確率）−（2本ともはずれる確率）で求められます。

まず、条件を満たす場合を考えます。「20本の中から同時に2本のくじを引くとき、当たりくじが1本以上ある場合」を満たすのは、「当たりくじが1本だけある場合」と「当たりくじが2本ある場合」の2通りありますが、**条件を満たさない場合**について考えると、「**当たりくじが0本の場合**」のみです。そこで、（**求める確率**）＝（**全体の確率**）−（**当たりくじが0本になる確率**）の形で計算します。

全体の確率は、原則100％、つまり1なので、条件を満たさない確率を求めます。「当たりくじが0本の場合」とは、「2本ともはずれる場合」です。したがって、1本目がはずれ、さらに2本目がはずれる場合の確率を求めます。1本目がはずれるのは、20本中17本のはずれくじを引く場合なので、その確率は $\dfrac{17}{20}$ です。また、2本目がはずれる確率は、残り19本中16本のはずれくじを引くので、その確率は $\dfrac{16}{19}$ です。したがって、積の法則より、2本ともはずれる確率は、

$$\frac{17}{20} \times \frac{16}{19} = \frac{68}{95}$$

となります。

よって、求める確率は、

$$1 - \frac{68}{95} = \frac{27}{95}$$

となるので、正解は ❺ となります。

問題3

正解 ❺

（全体の確率）−（4枚とも異なるアルファベットが書かれたカードになる確率）で求めます。また、「元に戻す」という設定があるので、2回目以降にカードを取り出すときも、カード全体の枚数が減らない点に注意しましょう。

まず、条件を満たす場合を考えます。「同一のアルファベットが書かれたカードが含

まれている場合」は、同じアルファベットが書かれているカードの枚数が２枚、３枚、４枚のいずれの場合でもよいことになります。さらに、例えば４枚の内訳が「Ａが２枚、Ｂが２枚」という場合も考慮しなくてはならないので、素直に条件を満たす場合から解くと、複雑な計算になります。

そこで、（求める確率）＝（全体の確率）－（条件を満たさない確率）として解くことを検討します。「条件を満たさない場合」は「４枚とも異なるアルファベットが書かれたカードになる場合」であり、複雑さはありません。そこで、**（求める確率）＝（全体の確率）－（４枚とも異なるアルファベットになる確率）**として計算します。

４枚とも異なるアルファベットになる確率を求めます。１枚目を引くとき、26枚中どのカードを引いてもよいので、その確率は$\dfrac{26}{26}$、すなわち１となります。２枚目を引くとき、１枚目とは異なるアルファベットの書かれたカードを引く必要があります。つまり、26枚中25枚のいずれかを引けばよいので、その確率は$\dfrac{25}{26}$です。３枚目を引くとき、１枚目、２枚目とは異なるアルファベットの書かれたカードを引くので、26枚中24枚のいずれかを引くことになり、その確率は$\dfrac{24}{26}$となります。さらに、４枚目を引くとき、１枚目、２枚目、３枚目とは異なるアルファベットの書かれたカードを引けばよいので、26枚中23枚を引くことになり、その確率は$\dfrac{23}{26}$となります。

したがって、積の法則より、４枚とも異なるアルファベットが書かれたカードを引く確率、つまり条件を満たさない確率は、

$$1 \times \frac{25}{26} \times \frac{24}{26} \times \frac{23}{26}$$

となります。

よって、求める確率は、

$$1 - \frac{25}{26} \times \frac{24}{26} \times \frac{23}{26} = 1 - \frac{25 \times 3 \times 23}{13 \times 13 \times 13} = 1 - \frac{1725}{2197} = \frac{472}{2197}$$

となります。

$$472 \div 2197 \fallingdotseq 0.214\cdots$$

より、この分数は約21％となるので、最も近いものを選択肢から選ぶと、正解は❺となります。

問題4   正解 ❷

これも全体から条件を満たさない場合を引いて求めることを考えます。このうち１回だけ命中する場合は、何回目に当たったかで分けて数えるので、５通りになることに注意します。

3 確率の基礎   91

5発撃ち、「少なくとも2回命中する場合」を満たすのは、「2回命中」、「3回命中」、「4回命中」、「5回命中」の場合が考えられますが、これを解くには場合分けが多くなります。そこで、**(全体)−(条件を満たさない確率)で計算する**ことを検討します。

条件を満たさない場合は、「0回命中」と「1回命中」の2通りであり、場合分けが少なくなるので、このまま解いていきます。題意より、1回の射撃で命中する確率は0.2 $=\dfrac{1}{5}$ なので、1回の射撃で外す確率は、$1-\dfrac{1}{5}=\dfrac{4}{5}$ となります。これらをもとにそれぞれの場合の確率を求めます。以下、命中したことを〇、外したことを×と表すものとします。

❶ 0回命中する確率

（1回目，2回目，3回目，4回目，5回目）＝（×，×，×，×，×）の確率を求めるので、

$$\frac{4}{5}\times\frac{4}{5}\times\frac{4}{5}\times\frac{4}{5}\times\frac{4}{5}=\frac{4^5}{5^5}$$

となります。分子の $4^5=4^4\times4$ であり、4^4 は 16^2 と等しいので256となります（①）。したがって、

$$4^5=4^4\times4=256\times4=1024$$

より、この場合の確率は、

$$\frac{4^5}{5^5}=\frac{1024}{5^5}\qquad\cdots\cdots②$$

となります。

❷ 1回だけ命中する確率

1回だけ命中する場合は、（1回目，2回目，3回目，4回目，5回目）＝（〇，×，×，×，×）、（×，〇，×，×，×）、（×，×，〇，×，×）、（×，×，×，〇，×）、（×，×，×，×，〇）の5通りが考えられるので、それぞれの場合の確率を求めます。

（1回目，2回目，3回目，4回目，5回目）＝（〇，×，×，×，×）の確率は、

$$\frac{1}{5}\times\frac{4}{5}\times\frac{4}{5}\times\frac{4}{5}\times\frac{4}{5}=\frac{4^4}{5^5}$$

となります。この式の分子を計算すると、①より、

$$\frac{4^4}{5^5}=\frac{256}{5^5}\qquad\cdots\cdots③$$

となります。

さらに、（×，〇，×，×，×）、（×，×，〇，×，×）、（×，×，×，〇，×）、（×，×，×，×，〇）の4通りの確率を求める式も、$\dfrac{1}{5}$ を1回、$\dfrac{4}{5}$ を4回掛けることになるので、**計算結果は③と等しくなります**。したがって、③より、それぞれの確率

$\dfrac{256}{5^5}$ となるので、1回だけ命中する5通りの確率を合わせると、和の法則より、

$$\frac{256}{5^5}+\frac{256}{5^5}+\frac{256}{5^5}+\frac{256}{5^5}+\frac{256}{5^5}=\frac{256}{5^5}\times 5=\frac{1280}{5^5}\qquad\cdots\cdots④$$

となります。

以上より、条件を満たさない確率は、和の法則より、

$$②+④=\frac{1024}{5^5}+\frac{1280}{5^5}=\frac{2304}{5^5}$$

となるので、条件を満たす確率は、

$$1-\frac{2304}{5^5}=\frac{3125}{3125}-\frac{2304}{3125}=\frac{821}{3125}$$

となります。ここで、

$$821\div 3125 ≒ 0.262\cdots$$

となるので、これに近い選択肢は、❷の「0.25」になります。

よって、正解は❷です。

問題5
正解 ❸

> 2回目で勝者が1人に決まる場合は、1回目に1人負ける場合と1回目にあいこになる場合の2通り考えられます。

まず、条件を満たす場合を求めます。

2回目で勝者が1人に決まる場合は、次の2通りに分けられます。

❶　1回目に3人のうち1人が負けて抜け、2回目に2人のうち1人が勝つ場合

❷　1回目にあいこで全員が残り、2回目に3人のうち1人が勝つ場合

そこで、それぞれの確率を求めます。じゃんけんをする3人をA〜Cとおきます。また、3人がじゃんけんで出す手は、それぞれグー、チョキ、パーの3通りがあるので、1回のじゃんけんで3人合わせた手の出し方は、「Aが手を出す」さらに「Bが手を出す」さらに「Cが手を出す」と考えると、積の法則より、

$$3\times 3\times 3=3^3\,[通り]\qquad\cdots\cdots①$$

となります。

❶　1回目に3人のうち1人が負けて抜け、2回目に2人のうち1人が勝つ場合

1回目に3人のうち1人が負ける場合を考えると、例えばAが負ける場合は、(A, B, C)＝(グー、パー、パー)、(チョキ、グー、グー)、(パー、チョキ、チョキ)の3通りがあります。また、B、Cだけが負ける場合の手の出し方も、Aと同様に3通りずつあるので、3人のうち1人だけが負ける手の出し方は、

$$3＋3＋3=9\,[通り]$$

3　確率の基礎　　93

となります。①より、全体の手の出し方は 3^3 通りであり、そのうち条件を満たす手の出し方が9通りあるので、3人のうち1人だけが負ける確率は、

$$\frac{9}{3^3}=\frac{1}{3} \quad \cdots\cdots②$$

となります。なお、「3人のうち1人だけが負ける確率」は「3人のうちいずれか2人が勝つ確率」と同じ意味なので、**じゃんけんの確率の知識を使って$\frac{1}{3}$とすることもできます。**

　次に、2回目に2人のうち1人が勝つ確率を求めると、例えばAとBの2人がじゃんけんをするのであれば、Aが勝つ場合とBが勝つ場合を求めることになりますが、逆に考えれば、「2人のうち1人が勝つ場合」を満たさない場合は「2人があいこになる場合」です。そこで、(2人のうち1人が勝つ確率)＝(全体の確率)－(2人があいこになる確率)として計算します。

　「2人があいこになる場合」の2人の手の出し方は、「2人ともグー」、「2人ともチョキ」、「2人ともパー」の3通りです。2人の手の出し方は全体で、

$$3×3＝3^2 \ [通り]$$

となるので、2人があいこになる確率は、

$$\frac{3}{3^2}=\frac{1}{3}$$

となります。なお、**じゃんけんの確率の知識を使って、「2人があいこになる確率」は**$\frac{1}{3}$**とすることもできます。**

　したがって、(2人のうち1人が勝つ確率)＝(全体の確率)－(2人があいこになる確率)より、

$$(2人のうち1人が勝つ確率)=1-\frac{1}{3}=\frac{2}{3} \quad \cdots\cdots③$$

となります。

　以上のことから、❶の確率は、「1回目に3人のうち1人が負け」さらに、「2回目に2人のうち1人が勝つ」と考えると、②、③と積の法則より、

$$\frac{1}{3}×\frac{2}{3}=\frac{2}{9} \quad \cdots\cdots④$$

となります。

❷　**1回目にあいこで全員が残り、2回目に3人のうち1人が勝つ場合**

　次に、❷の確率を求めます。1回目にあいこになる場合は、3人が同じ手を出す場合の (A, B, C)＝(グー, グー, グー)、(チョキ, チョキ, チョキ)、(パー, パー, パー) の3通りと、3人とも異なる手を出す場合の (A, B, C)＝(グー, チョキ, パー)、(グー, パー, チョキ)、(チョキ, グー, パー)、(チョキ, パー, グー)、(パー, グー, チョキ)、

（パー，チョキ，グー）の6通りとなるので、合わせて9通りあります（⑤）。なお、3人とも異なる手を出す場合は、グー、チョキ、パーの三つを入れ替えて並べる場合を数えるのと同じなので、

$$_3P_3 = 3 \times 2 \times 1 = 6 \ [通り]$$

とすることができます。

したがって、①、⑤より、全体で3^3通りのうち、条件を満たす場合が9通りあるので、1回目にあいこになる確率は、

$$\frac{9}{3^3} = \frac{1}{3} \qquad \cdots\cdots ⑥$$

となります。なお、**じゃんけんの確率の知識を使って、3人があいこになる確率は$\frac{1}{3}$と求めることもできます。**

2回目に3人のうち1人だけが勝つ場合は、例えば、(A, B, C)＝(グー、チョキ、チョキ) などがありますが、これは、❶の「3人のうち1人だけが負ける場合」の (A, B, C)＝(グー、パー、パー) と計算上は同じになります。つまり、「3人のうち1人だけが負ける確率」と「3人のうち1人だけが勝つ確率」は等しくなるので、②より、3人のうち1人だけが勝つ確率は$\frac{1}{3}$となります（⑦）。なお、**じゃんけんの確率の知識を使って、3人のうち1人が勝つ確率は$\frac{1}{3}$とすることもできます。**

したがって、❷の確率は、「1回目にあいこ」さらに「2回目に3人のうち1人が勝つ」ので、⑥、⑦と積の法則より、

$$\frac{1}{3} \times \frac{1}{3} = \frac{1}{9} \qquad \cdots\cdots ⑧$$

となります。

よって、求める確率は、❶または❷となるので、④、⑧と和の法則より、

$$\frac{2}{9} + \frac{1}{9} = \frac{1}{3}$$

となり、正解は❸となります。

問題6

正解 ❸

> 左右対称なので、左側3個の並び方が決まれば、右側3個の並び方は1通りになります。

まず、確率の分母に当たる「全体の場合の数」を求めます。青玉2個、黄玉2個、赤玉3個の同じものを複数含むものを1列に並べます。2個の青玉、2個の黄玉、3個の赤玉は同色でもすべて異なる玉として数えるので、「全体の場合の数」は、すべて異なる7個の玉を1列に並べる場合として計算します。したがって、その並べ方は、

3 確率の基礎 95

$${}_7P_7\,[通り]\quad \cdots\cdots ①$$

となります。

　次に、確率の分子に当たる「条件を満たす場合の数」を求めます。条件を満たす場合は、7個並べたときに色の配置が左右対称になる場合なので、そのときの並べ方を考えます。**左右対称になるには、中央に赤玉があり、その左側に青玉、黄玉、赤玉が1個ずつ並び、さらに中央の赤玉の右側に青玉、黄玉、赤玉が1個ずつ並ぶ必要があります**（図）。

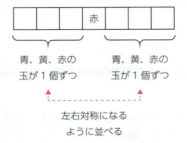

　図の左側3個の玉の並べ方を玉の色だけに着目して考えると、青玉、黄玉、赤玉の3個の異なるものを1列に並べるので、順列で計算できます。したがって、色の並びだけを考えたときの並べ方は、

$${}_3P_3 = 6\,[通り]\quad \cdots\cdots ②$$

となります。

　また、上図の右側3個の玉の並べ方を玉の色だけに着目して考えると、左側3個と左右対称になるように並べるので、例えば左側3個が「青黄赤」の順であれば、右側3個の並べ方は「赤黄青」の1通りのみとなります。つまり、**左側の1通りに対して、右側が左右対称になる並べ方は1通りです**。したがって、②の6通りに対して、右側の並べ方は1通りずつになるので、「左側3個を並べる」さらに「右側3個を並べる」として、積の法則より、

$$6 \times 1 = 6\,[通り]\quad \cdots\cdots ③$$

が、色の並びだけを考えたときの左右対称になる並べ方になります。

　ここで、同色の玉であっても異なるものとして区別するので、例えば、色の並びだけを考えたときの左右対称の並べ方6通りのうち、「青黄赤赤赤黄青」は、左から1個目の「青」は、2個の青玉のうち1個を選ぶので2通りの選び方があり、左から2個目の「黄」は、2個の黄玉のうち1個を選ぶので2通りの選び方があります。また、左から3個目の「赤」は、3個の赤玉のうち1個を選ぶので3通りの選び方があります。左から4番目（中央）の「赤」は、残り2個の赤玉のうち1個を選ぶので2通り、左から5番目の「赤」は、残り1個の赤玉のうち1個を選ぶので1通り、左から6番目の「黄」は、残り1個の黄玉のうち1個を選ぶので1通り、左から7番目の「青」は、残り1個の青玉のうち1個を選ぶので1通りとなります。

　つまり、「青黄赤赤赤黄青」の並べ方は、

$$2 \times 2 \times 3 \times 2 \times 1 \times 1 \times 1 = 24\,[通り]$$

となります。これは、③の色の並びだけを考えたときの左右対称の並べ方6通りすべてで同様に数えるので、左右対称の並べ方は、

6×24〔通り〕 ……④

となります。

よって、求める確率は、①、④より、$\dfrac{6 \times 24}{7 \times 6 \times 5 \times 4 \times 3 \times 2 \times 1} = \dfrac{1}{35}$ となるので、正解は❸です。

問題7　　　　　　　　　　　　　　　　　　　　　　　　　　正解 ❷

> 山岳ルートを通れなくなる場合が3通りあることに注意します。

まず、条件を満たす場合を考えます。A地点からC地点まで行くには、ACを通る直行ルートと、ABとBCを通る山岳ルートの2通りのルートがあります。求めるのは、A地点からC地点へ行けなくなる場合ですが、それは直行ルートと山岳ルートのどちらも通行できなくなる場合です。山岳ルートを通行できなくなるのは、「**ABだけが通行止めの場合**」、「**BCだけが通行止めの場合**」、「**AB、BCの両方が通行止めの場合**」の3通りが考えられるので、A地点からC地点へ行けなくなる場合は、次の3通りとなります。

❶ （ABが通行可）さらに（BCが通行止め）さらに（ACが通行止め）
❷ （ABが通行止め）さらに（BCが通行可）さらに（ACが通行止め）
❸ （ABが通行止め）さらに（BCが通行止め）さらに（ACが通行止め）

次に、それぞれの場合の確率を求めます。

❶は、題意より、ABを通行できる確率が$\dfrac{39}{40}$、BCが通行止めになる確率が$\dfrac{1}{13}$、ACが通行止めになる確率が$\dfrac{1}{100}$なので、積の法則より、

$$\dfrac{39}{40} \times \dfrac{1}{13} \times \dfrac{1}{100} = \dfrac{39}{40 \times 13 \times 100} \qquad \cdots\cdots①$$

となります。

❷は、題意より、ABが通行止めになる確率が$\dfrac{1}{40}$、BCを通行できる確率が$\dfrac{12}{13}$、ACが通行止めになる確率が$\dfrac{1}{100}$なので、積の法則より、

$$\dfrac{1}{40} \times \dfrac{12}{13} \times \dfrac{1}{100} = \dfrac{12}{40 \times 13 \times 100} \qquad \cdots\cdots②$$

となります。

3　確率の基礎　　97

❸は、題意より、ABが通行止めになる確率が$\frac{1}{40}$、BCが通行止めになる確率が$\frac{1}{13}$、ACが通行止めになる確率が$\frac{1}{100}$なので、積の法則より、

$$\frac{1}{40} \times \frac{1}{13} \times \frac{1}{100} = \frac{1}{40 \times 13 \times 100} \quad \cdots\cdots ③$$

となります。

求める確率は、❶または❷または❸の場合となるので、和の法則より、

$$①+②+③ = \frac{39}{40 \times 13 \times 100} + \frac{12}{40 \times 13 \times 100} + \frac{1}{40 \times 13 \times 100} = \frac{52}{40 \times 13 \times 100}$$

$$= \frac{1}{1000}$$

となります。

よって、正解は❷です。

問題8

正解 ❷

> 5回試合を行うのは2勝2敗のときであり、5試合目の試合結果は無関係です。

まず、条件を満たす場合を考えます。2人が5回まで試合を行う場合は、2勝2敗になった場合です。**何試合目にどちらが勝ったかで細かく場合分けを行うので、2勝2敗になる場合が何通りあるかを求めます。**なお、本問では5回試合を行えば条件を満たすので、5試合目の勝敗について考慮する必要はありません。

マス目を4マス用意し、マス目には勝ったほうの人物を書き込む、という形で考えると、2マスにAを、2マスにBを書き込めば2勝2敗の状態を作れます。

1試合目と2試合目にAが勝ち、
3試合目と4試合目にBが勝った場合を表す

❶ 4マスのうちAを入れる2マスを選ぶ

さらに

❷ 残り2マスのうちBを入れる2マスを選ぶ

上図のように、❶「4マスのうちAを入れる2マスを選ぶ」さらに❷「残り2マスのうちBを入れる2マスを選ぶ」として計算すると、

$${}_4C_2 \times {}_2C_2 = 6 \times 1 = 6 \,[通り]$$

となります。つまり、2勝2敗になる場合は、6通り考えられます。この6通りを具体的に書き出すと、AABB、ABAB、ABBA、BAAB、BABA、BBAAとなります（マス目は省略してあります）。

次に、それぞれの場合の確率を求めます。例えば、AABB になる確率は、題意より、

$$\frac{2}{3} \times \frac{2}{3} \times \frac{1}{3} \times \frac{1}{3} = \frac{4}{3^4} \quad \cdots\cdots①$$

となります。ここで、例えば、ABAB になる確率は、$\dfrac{2}{3} \times \dfrac{1}{3} \times \dfrac{2}{3} \times \dfrac{1}{3} = \dfrac{4}{3^4}$ となりますが、これは、他の ABBA、BAAB、BABA、BBAA についても、$\dfrac{2}{3}$ を二つ、$\dfrac{1}{3}$ を二つ掛けることになるので、計算結果は①と等しく $\dfrac{4}{3^4}$ になります。

求める確率は、AABB の場合、または ABAB の場合、…となるので、和の法則より、

$$\frac{4}{3^4} + \frac{4}{3^4} + \frac{4}{3^4} + \frac{4}{3^4} + \frac{4}{3^4} + \frac{4}{3^4} = \frac{4}{3^4} \times 6 = \frac{8}{27}$$

となります。

よって、正解は❷です。

問題9

正解 ❷

> Aが2回だけ連続で勝つ場合と3回連続で勝つ場合について、場合分けします。

まず、条件を満たす場合を求めます。

Aが勝つことを〇、Aが負けることを×として、3試合してAが2回以上連続で勝つ場合を書き出すと、

（1試合目，2試合目，3試合目）＝（〇，〇，×）、（×，〇，〇）、（〇，〇，〇）

の3通りが考えられます。求めるのは、この3通りについて、**Bから対戦し始める場合の確率と、Cから対戦し始める場合の確率の大小比較**と、**大きいほうの確率の値**です。

そこで、それぞれの場合の確率を求めます。なお、題意より、AがBに勝つ確率が $\dfrac{2}{5}$ なので、AがBに負ける確率は $\dfrac{3}{5}$ であり、AがCに勝つ確率が $\dfrac{3}{5}$ なので、AがCに負ける確率は $\dfrac{2}{5}$ となります。

❶ 対戦相手が（1試合目，2試合目，3試合目）＝(B，C，B)の場合

勝敗が（〇，〇，×）になる確率 ： $\dfrac{2}{5} \times \dfrac{3}{5} \times \dfrac{3}{5} = \dfrac{18}{5^3}$

勝敗が（×，〇，〇）になる確率 ： $\dfrac{3}{5} \times \dfrac{3}{5} \times \dfrac{2}{5} = \dfrac{18}{5^3}$

3 確率の基礎　99

勝敗が（〇，〇，〇）になる確率　　　：$\dfrac{2}{5} \times \dfrac{3}{5} \times \dfrac{2}{5} = \dfrac{12}{5^3}$

よって、この場合にAが2試合以上連続して勝つ確率は、

$$\dfrac{18}{5^3} + \dfrac{18}{5^3} + \dfrac{12}{5^3} = \dfrac{48}{5^3} \quad \cdots\cdots①$$

となります。

❷　対戦相手が（1試合目，2試合目，3試合目）＝（C，B，C）の場合

勝敗が（〇，〇，×）になる確率　　　：$\dfrac{3}{5} \times \dfrac{2}{5} \times \dfrac{2}{5} = \dfrac{12}{5^3}$

勝敗が（×，〇，〇）になる確率　　　：$\dfrac{2}{5} \times \dfrac{2}{5} \times \dfrac{3}{5} = \dfrac{12}{5^3}$

勝敗が（〇，〇，〇）になる確率　　　：$\dfrac{3}{5} \times \dfrac{2}{5} \times \dfrac{3}{5} = \dfrac{18}{5^3}$

よって、この場合にAが2試合以上連続して勝つ確率は、

$$\dfrac{12}{5^3} + \dfrac{12}{5^3} + \dfrac{18}{5^3} = \dfrac{42}{5^3} \quad \cdots\cdots②$$

となります。

　①と②を比較すると、①＞②となるので、Aが2回以上連続で勝つ確率は、最初にBと対戦するほうが高くなり、その確率は、

$$\dfrac{48}{5^3} = \dfrac{48}{125}$$

となります。

　よって、正解は❷です。

問題10　　　　　　　　　　　　　　　　　　　　　　　　　　　　正解 ❸

> カードの引き方を考えるときに、1枚目と2枚目の順序まで考慮して検討します。

　まず、条件を満たす場合を考えます。以下、両面が白色のカードを「両面白」、表面が白色で裏面が赤色のカードを「片面白」と表記します。

　2枚とも白色の面が現れるようなカードの引き方は、次の4通り考えられます。

　❶　1枚目に「両面白」を引き、さらに2枚目に「両面白」を引く場合
　❷　1枚目に「両面白」を引き、さらに2枚目に「片面白」を引く場合
　❸　1枚目に「片面白」を引き、さらに2枚目に「両面白」を引く場合
　❹　1枚目に「片面白」を引き、さらに2枚目に「片面白」を引く場合

　次に、カードを机の上に置いたとき、白色の面が上になる確率を求めます。

100

「両面白」を引いた場合、白色の面が現れる確率は100%、つまり1となります。また、「片面白」を引いた場合、白色の面が現れる確率は$\frac{1}{2}$です。これをもとに❶〜❹のそれぞれの場合の確率を求めます。

❶の場合、1枚目に6枚中3枚の「両面白」を引き、さらに白色の面が現れる確率は$\frac{3}{6}\times1=\frac{1}{2}$となります。また、2枚目に5枚中2枚の「両面白」を引き、さらに白色の面が現れる確率は$\frac{2}{5}\times1=\frac{2}{5}$となるので、❶の場合に2枚とも白い面が現れる確率は、

$$\frac{1}{2}\times\frac{2}{5}=\frac{1}{5} \quad \cdots\cdots①$$

となります。

❷の場合、1枚目に6枚中3枚の「両面白」のカードを引き、さらに白い面が現れる確率は$\frac{1}{2}$です。また、2枚目に5枚中2枚の「片面白」のカードを引き、さらに白い面が現れる確率は$\frac{2}{5}\times\frac{1}{2}=\frac{1}{5}$となるので、❷の場合に2枚とも白い面が現れる確率は、

$$\frac{1}{2}\times\frac{1}{5}=\frac{1}{10} \quad \cdots\cdots②$$

となります。

❸の場合、1枚目に6枚中2枚の「片面白」のカードを引き、さらに白い面が現れる確率は$\frac{2}{6}\times\frac{1}{2}=\frac{1}{6}$となります。また、2枚目に5枚中3枚の「両面白」のカードを引き、さらに白い面が現れる確率は$\frac{3}{5}\times1=\frac{3}{5}$となります。したがって、❸の場合に2枚とも白い面が現れる確率は、

$$\frac{1}{6}\times\frac{3}{5}=\frac{1}{10} \quad \cdots\cdots③$$

となります。

❹の場合、1枚目に6枚中2枚の「片面白」のカードを引き、さらに白い面が現れる確率は$\frac{2}{6}\times\frac{1}{2}=\frac{1}{6}$となります。また、2枚目に5枚中1枚の「片面白」のカードを引き、さらに白い面が現れる確率は$\frac{1}{5}\times\frac{1}{2}=\frac{1}{10}$となります。したがって、❹の場合に2枚とも白い面が現れる確率は、

$$\frac{1}{6}\times\frac{1}{10}=\frac{1}{60} \quad \cdots\cdots④$$

となります。

3 確率の基礎 101

求める確率は、❶または❷または❸または❹の確率なので、和の法則より、

$$① + ② + ③ + ④ = \frac{1}{5} + \frac{1}{10} + \frac{1}{10} + \frac{1}{60} = \frac{25}{60} = \frac{5}{12}$$

となります。

よって、正解は❸です。

4 確率の応用

問題1   正解 ❹

> 条件を満たす場合を書き出して、それぞれの確率を求めます。

まず、条件を満たす場合を考えます。正の方向へ進むことを「＋1」、負の方向へ進むことを「－1」、動かない場合を「0」とします。

求めるのは、3回サイコロを投げたとき、点Pが「＋1の点」で止まる場合なので、それを満たすサイコロの目の出方は、**3回投げた結果「0を2回、＋1を1回」になる場合か、「－1を1回、＋1を2回」になる場合**です。具体的に書き出すと、以下の6通りになります。

❶ （1回目，2回目，3回目）＝（0, 0, ＋1）
❷ （1回目，2回目，3回目）＝（0, ＋1, 0）
❸ （1回目，2回目，3回目）＝（＋1, 0, 0）
❹ （1回目，2回目，3回目）＝（－1, ＋1, ＋1）
❺ （1回目，2回目，3回目）＝（＋1, －1, ＋1）
❻ （1回目，2回目，3回目）＝（＋1, ＋1, －1）

なお、この6通りは、「＋1」、「0」、「－1」を三つ合計して「＋1」になるとき、と考えることもでき、それをもとに書き出すこともできます。

次に、これら6通りそれぞれの確率を求めます。

「＋1」になるのは1または2の目が出たときであり、その確率は $\frac{2}{6} = \frac{1}{3}$ となります。

同様に、「－1」になるのは3または4が出たときなので、その確率は $\frac{2}{6} = \frac{1}{3}$ となり、「0」

になるのは5または6が出たときなので、その確率は $\frac{2}{6} = \frac{1}{3}$ となります。

したがって、❶〜❻の確率はいずれも $\frac{1}{3} \times \frac{1}{3} \times \frac{1}{3} = \frac{1}{3^3}$ となります。条件を満たす

のは、❶または❷または…または❻の場合なので、和の法則より、

$$\frac{1}{3^3} + \frac{1}{3^3} + \frac{1}{3^3} + \frac{1}{3^3} + \frac{1}{3^3} + \frac{1}{3^3} = \frac{1}{3^3} \times 6 = \frac{6}{27} = \frac{2}{9}$$

となります。

　よって、正解は❹です。

問題2　　　　　　　　　　　　　　　　　　　　　　　　　　正解 ❹

　見落としのないように、条件を満たす進み方を書き出していきます。

　まず、条件を満たす場合を求めます。サイコロを4回振って移動させたときに、駒が頂点Bにあるような進み方をすべて書き出すと、次の8通りになります。

❶	上右下上	❺	右上左右
❷	上右左右	❻	右上下上
❸	上下上右	❼	右右右上
❹	上下右上	❽	右左上右

　次に、それぞれの確率を求めます。

　題意より、上下に進む場合は、サイコロの目6通りのうち、1か2が出たときになるので、その確率は、$\dfrac{2}{6}=\dfrac{1}{3}$ となり、左右に進む場合は、サイコロの目6通りのうち、3〜6が出たときなので、その確率は $\dfrac{4}{6}=\dfrac{2}{3}$ となります（①）。

　❶は上下方向に合計3回進み、さらに左右方向に合計1回進むので、①より、その確率は、

$$\dfrac{1}{3}\times\dfrac{1}{3}\times\dfrac{1}{3}\times\dfrac{2}{3}=\dfrac{2}{3^4}$$

となります。これと同様に、❸、❹、❻も上下方向に合計3回進み、左右方向に合計1回進むので、それぞれの確率は $\dfrac{2}{3^4}$ となります。したがって、これら4通りの確率の合計は、

$$\dfrac{2}{3^4}\times4=\dfrac{8}{3^4}\qquad\cdots\cdots②$$

となります。

　❷は上下方向に合計1回進み、さらに左右方向に合計3回進むので、①より、その確率は、

$$\dfrac{1}{3}\times\dfrac{2}{3}\times\dfrac{2}{3}\times\dfrac{2}{3}=\dfrac{8}{3^4}$$

となります。これと同様に、❺、❼、❽も上下方向に合計1回進み、左右方向に合計3回進むので、それぞれの確率は $\dfrac{8}{3^4}$ となります。したがって、これら4通りの確率の合計は、

4　確率の応用　　103

$$\frac{8}{3^4} \times 4 = \frac{32}{3^4} \quad \cdots\cdots ③$$

となります。

　求める確率は、②または③のときになるので、和の法則より、

$$\frac{8}{3^4} + \frac{32}{3^4} = \frac{40}{81}$$

となり、正解は❹となります。

問題3　　　　　　　　　　　　　　　　　　　　　　　正解 ❷

> 得られる三角形が何通りあるかを求め、そのうち正三角形になる場合を考えます。

　まず、全体の場合の数を求めます。

　12個の点から異なる3点を無作為に選ぶとき、その選び方は、

$$_{12}P_3 = 12 \times 11 \times 10 = 1320 \; [通り] \quad \cdots\cdots ①$$

となり、12個の点から異なる3点を無作為に選んだとき、1320個の三角形を得られることになります。

　次に、条件を満たす場合を考えます。

　①の1320個の三角形のうち、正三角形になる場合を考えます。説明のために、円周上の12個の点をA～Lとおき、3点を選んで正三角形になる場合を図で示すと、例えば点A、E、Iを選んだときは以下の図のようになります。

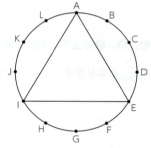

　このとき、AとEの間にはB、C、Dの3点があり、EとIの間にもF、G、Hの3点、IとAの間にもJ、K、Lの3点があるので、弧AE＝弧EI＝弧IAとなります。同じ円周上で、長さの等しい弧からできる弦の長さは互いに等しくなるので、弦AE＝弦EI＝弦IAが成り立つことになります。したがって、三角形AEIは正三角形です。

　ここで、(A, E, I) の3点を選ぶとき以外に正三角形になるのは、それぞれの点から見て時計回り方向に一つ隣りになる3点、つまり (B, F, J) のときがあり、これと同様に、さらに一つずつ隣りの3点を選んでいけば、(C, G, K)、(D, H, L) の場合があるので、3点を選んで正三角形になる場合は4通りとなります（②）。

　さらに、この4通りを選ぶときの順序を考えると、(A, E, I) の3点を選ぶ場合は、

A→E→Iの順に選ぶ場合、A→I→Eの順に選ぶ場合、I→A→Eの順に選ぶ場合など
がありますが、これは、A、E、Iの3点を並べ替えた分だけ存在します。つまり、三つ
のものを三つとも1列に並べた分だけ存在するので、選ぶ順序まで考慮すると、(A, E,
I) の3点の選ぶ方は、

$$_3P_3 = 3 \times 2 \times 1 = 6 \text{［通り］}$$

あることがわかります。これは、②の4通りすべてで同様に考えられるので、正三角形
になる選び方は、

$$4 \times 6 = 24 \text{［通り］} \quad \cdots\cdots ③$$

となります。

よって、①、③より、求める確率は、

$$\frac{24}{1320} = \frac{1}{55}$$

となるので、正解は❷となります。

問題4

正解 ❹

三角形の辺の長さの性質を使って、条件を満たす整数の組合せを書き出します。

まず、全体の場合の数を求めます。

1～6の整数のうち異なる三つを選ぶ場合の数は、

$$_6P_3 = 6 \times 5 \times 4 = 120 \text{［通り］} \quad \cdots\cdots ①$$

となります。

次に、条件を満たす場合を考えます。本問は、三角形の3辺の長さの性質を知らない
と解けません。その性質とは、三角形の3辺をa、b、cとし、このうち**最も長い辺をc
とすると、a、b、cの長さの関係において必ず$a+b>c$が成り立つ**、というもので
す。つまり、**短いほうの2辺の長さの合計が、最も長い辺の長さより必ず長くなる**、という
ことです（②）。

そこで、まず1～6の整数のうち異なる三つの数字を選び、②$a+b>c$が成り立つ
場合を考えます。1～6の整数のうち異なる三つの数字を、cが最大になるように選ぶ
と、例えば、(1, 2, 3) がありますが、このとき、$1+2=3$となり、②を満たしません。
同様に確認していくと「1」を含んだ選び方は必ず②を満たさないことがわかるので、
「1」を含まず、かつ$a+b>c$を満たす選び方を書き出すと、$(a, b, c) = (2, 3, 4)$、$(2,
4, 5)$、$(2, 5, 6)$、$(3, 4, 5)$、$(3, 4, 6)$、$(3, 5, 6)$、$(4, 5, 6)$ の7通りと
なります（③）。

この7通りを選ぶ順序まで考慮すると、例えば (2, 3, 4) の選び方は、2、3、4
の異なる三つを1列に並べる分だけ存在するので、

$$_3P_3 = 3 \times 2 \times 1 = 6 \text{［通り］}$$

あることがわかります。これは、③の7通りすべて同様に考えるので、条件を満たす場

4　確率の応用　105

合は、

$$7 \times 6 = 42 \ [通り] \quad \cdots\cdots④$$

あることになります。

よって、①、④より、求める確率は、

$$\frac{42}{120} = \frac{7}{20}$$

となるので、正解は❹となります。

問題5

正解 ❶

6～9のうち、サイコロに書かれていない数が一つだけである点に着目します。

まず、サイコロを1回振って5以下の目が出る確率が$\frac{1}{2}$なので、サイコロに書かれている目は1～5の五つのうち三つである（①）ことがわかります。したがって、サイコロの残りの3面には、6～9のうち三つが書かれていることになります（②）。

次に、サイコロを2回振って、出た目の合計が9となる確率が$\frac{1}{6}$になる（③）ことに着目します。**サイコロ2個を振ったとき、目の出方は6×6＝36［通り］になるので、**③の確率は、**$\frac{6}{36}$を約分して$\frac{1}{6}$となったものである**ことがわかります。この確率の分子より、条件を満たす場合は6通りです（④）。

1～9のうち二つの合計が9になる組合せは、（1＋8）、（2＋7）、（3＋6）、（4＋5）、（5＋4）、（6＋3）、（7＋2）、（8＋1）の8通りになる（⑤）ので、これを2通り減らして6通りになるような場合を考えれば、サイコロに書かれた数がわかります。

そこで、②より、**6～9のうち一つの数字だけ書かれていない**点に着目します。

「6」が書かれていない場合、②より、「7、8、9」が書かれていることになります。さらに、⑤の8通りのうち、（3＋6）と（6＋3）があり得なくなるので、残りの（1＋8）、（2＋7）、（4＋5）、（5＋4）、（7＋2）、（8＋1）の6通りがあり得るようにする必要があります。つまり、この6通りに出てくる数である「1」、「2」、「4」、「5」、「7」、「8」は必ずサイコロに書かれていることになりますが、①の1～5のうち三つの数字しか書かれていないことに反するので、不適となります。

「7」が書かれていない場合、②より、「6、8、9」が書かれていることになります。さらに、⑤の8通りのうち、（2＋7）と（7＋2）があり得なくなるので、残りの（1＋8）、（3＋6）、（4＋5）、（5＋4）、（6＋3）、（8＋1）の6通りがあり得るようにする必要があります。つまり、この6通りに出てくる数である「1」、「3」、「4」、「5」、「6」、「8」は必ずサイコロに書かれていることになりますが、①の1～5のうち三つの数字しか書かれていないことに反するので、不適となります。

「8」が書かれていない場合、②より、「6、7、9」が書かれていることになります。さらに、⑤の8通りのうち、（1＋8）と（8＋1）があり得なくなるので、残りの（2＋7）、（3＋6）、（4＋5）、（5＋4）、（6＋3）、（7＋2）の6通りがあり得るようにする必要があります。つまり、この6通りに出てくる数である「2」、「3」、「4」、「5」、「6」、「7」は必ずサイコロに書かれていることになりますが、①の1〜5のうち三つの数字しか書かれていないことに反するので、不適となります。

「9」が書かれていない場合、②より、「6、7、8」が書かれていることになります。このとき、⑤の8通りのうち、あり得なくなる組合せはありません。そこで、④を満たすために、⑤の8通りのうち2通りをあり得ないようにし、さらに、①より、1〜5のうち二つの数字を書かれていない状態にする必要があります。

これらの条件を満たすのは、「4、5」を書かれていない数として、（4＋5）と（5＋4）があり得なくなるようにした場合のみです。このとき、（1＋8）、（2＋7）、（3＋6）、（6＋3）、（7＋2）、（8＋1）の6通りがあり得る組合せとなり、④を満たします。

よって、サイコロに書かれていない数は、「4、5、9」の三つとなるので、これらを含まない選択肢を見ると、❶が正解となります。

問題6

正解 ❹

> 場合分けの少ない条件ウをもとに、書かれている偶数を絞り込んでいきます。

7枚のカードから2枚を取り出して足したとき、その取り出し方は、組合せで計算できます。つまり、7枚のカードから2枚を組合せで選ぶので、

$$_7C_2 = 21 \text{［通り］}$$

となります。したがって、条件ア〜ウで示された確率の分母は、**もともと「21」だった**ことになります（①）。

また、奇数が六つ、偶数が一つのうち二つを足した場合、その計算結果は、

（奇数）＋（奇数）＝（偶数）

となる場合か、

（奇数）＋（偶数）＝（奇数）

となる場合のみです。本問では**偶数が一つだけなので、（奇数）＋（偶数）＝（奇数）になる場合は、場合分けが少なくなります。** そこで、制限の厳しい条件ウから考えます。

条件ウより、2枚のカードの取り出し方21通りのうち、2枚の和が19以下の奇数となる確率は$\dfrac{4}{21}$です。①より、「条件を満たす場合の数」は、分子「4」より、4通りであるとわかります（②）。

ここで、偶数のカードは、2、4、6、8、10、12のいずれか1枚になりますが、偶数のカードが「2」の場合、奇数のカードに書かれた数が1、3、5、7、9、11、13のうちのどの六つであっても、2枚のカードの整数の和がすべて19以下の奇数となり

4　確率の応用　107

ます。したがって、条件を満たす場合が6通りとなってしまい、②を満たすことができず、この場合は不適です（条件ウの確率が $\frac{6}{21} = \frac{2}{7}$ となってしまいます）。同様に、偶数のカードが「4」の場合、「6」の場合も、奇数のカードに書かれた数がどの六つであっても、2枚のカードの整数の和が6通りすべて19以下の奇数となるので、②を満たすことができず、不適となります。

偶数のカードが「8」の場合、奇数のカードとの合計が19以下になる場合は、(8＋1)、(8＋3)、(8＋5)、(8＋7)、(8＋9)、(8＋11) の6通りです。七つの奇数のうち、カードに書かれていない奇数は一つだけなので、それが「13」の場合は、19以下の奇数になる場合は6通りのままとなり、4通りになりません。同様に、カードに書かれていない奇数一つが1〜11のいずれかの場合は、19以下の奇数になる場合は1通り減って5通りとなりますが、この場合も4通りにならず、②を満たしません。したがって、偶数のカードが「8」の場合はあり得ません。

偶数のカードが「10」の場合、七つの奇数との合計のうち19以下の奇数になるのは、(10＋1)、(10＋3)、(10＋5)、(10＋7)、(10＋9) の5通りです。②を満たすために、これを1通り減らして4通りにするには、奇数のカードは「1、3、5、7、9のうちいずれか4枚」と「11」と「13」の6枚の組合せ（③）になれば、2枚のカードの合計が19以下の奇数になる組合せは4通りとなり、②を満たします。

偶数のカードが「12」の場合、七つの奇数との合計のうち19以下の奇数になるのは、(12＋1)、(12＋3)、(12＋5)、(12＋7) の4通りです。したがって、奇数のカードは「1」、「3」、「5」、「7」の4枚と、「9、11、13のうち2枚」の組合せ（④）であれば、2枚のカードの合計が19以下の奇数になる組合せは4通りとなり、②を満たします。

この時点で偶数のカードは「10」か「12」のいずれかに絞られました。

次に、条件アに着目し、（奇数）＋（奇数）＝（偶数）の形で12以下の偶数になる場合が6通りとなり、その確率が $\frac{6}{21} = \frac{2}{7}$ になる場合を考えます。このとき、条件を満たす場合は6通りになります（⑤）。

偶数のカードが「12」の場合、④より、奇数のカードで確定している「1」、「3」、「5」、「7」の四つだけで考えても、(1＋3)、(1＋5)、(1＋7)、(3＋5)、(3＋7)、(5＋7) の6通りが12以下になります。さらに「9、11、13のうち二つ」がどの二つであっても「1」と合計すると、12以下の偶数が1通り以上できてしまい、12以下の偶数になる場合が7通り以上となるので、確率が $\frac{6}{21}$ にならず、不適となります。

したがって、偶数のカードは「10」に決まり、③より、奇数のカードは「1、3、5、7、9のうち4枚」と「11」と「13」の組合せに決まります。ここで、条件アより、二つの奇数の和が12以下の偶数になる場合を考えると、(1＋3)、(1＋5)、(1＋7)、(1＋9)、(1＋11)、(3＋5)、(3＋7)、(3＋9)、(5＋7) の9通りがあるので、これを6通りになるように「1、3、5、7、9のうち4枚」を選ぶと、「1、3、5、9」か「1、

108

3、7、9」の2通りに絞られます。さらに、条件イより、二つの奇数の和が18以上の偶数になる組合せを考えると「1、3、5、9、11、13」の場合は、（13＋11）、（13＋9）、（13＋5）、（11＋9）の4通りとなって条件を満たしますが、「1、3、7、9、11、13」の場合は、（13＋11）、（13＋9）、（13＋7）、（11＋9）、（11＋7）の5通りとなり、条件イを満たしません。

したがって、偶数は「10」、奇数は「1、3、5、9、11、13」と決まります。

よって、書かれている偶数は「10」、書かれていない奇数は「7」となるので、正解は❹です。

問題7　　　　　　　　　　　　　　　　　　　　　　　　正解 ❺

> 1年後の作柄は豊作、平年作、不作のどれであってもよいことになります。

まず、条件を満たす場合を確認します。今年が豊作で、その2年後が豊作になる確率なので、1年後の作柄については特に条件がありません。つまり、**1年後の作柄は、豊作、平年作、不作のいずれであっても条件を満たす**ことになります。したがって、条件を満たす場合は、（A）「豊作→豊作→豊作」、（B）「豊作→平年作→豊作」、（C）「豊作→不作→豊作」の3通りとなります。

次に、それぞれの場合の確率を求めます。

題意より、ある年の作柄は、豊作、平年作、不作の3通りしかないので、豊作年の翌年にあり得る作柄は、豊作か平年作か不作の3通りです。よって、**豊作年の翌年に、豊作になる確率、平年作になる確率、不作になる確率の合計は100％、つまり1になります。**

したがって、問題文「豊作年の翌年も豊作である確率が0.3であり、平年作である確率は0.4」より、豊作年の翌年が不作になる確率を、1－0.3－0.4＝0.3として求めることができます。

同様に、あり得るすべての変化について、その発生する確率を求めると、次のようになります。

❶「豊作→豊作」の確率　　　：0.3
❷「豊作→平年作」の確率　　：0.4
❸「豊作→不作」の確率　　　：0.3
❹「平年作→豊作」の確率　　：0.4
❺「平年作→平年作」の確率　：0.4
❻「平年作→不作」の確率　　：0.2
❼「不作→豊作」の確率　　　：0.6
❽「不作→平年作」の確率　　：0.3
❾「不作→不作」の確率　　　：0.1

そこで、❶～❾をもとに、それぞれの場合における確率を求めます。

4　確率の応用　　109

（A）「豊作→豊作→豊作」の場合、今年から１年後にかけて❶「豊作→豊作」の変化が発生し、さらに１年後から２年後にかけて❶「豊作→豊作」の変化が発生すればよいので、積の法則より、その確率は、

$$0.3 \times 0.3 = 0.09 \quad \cdots\cdots ①$$

となります。

（B）「豊作→平年作→豊作」の場合、今年から１年後にかけて❷「豊作→平年作」の変化が発生し、さらに１年後から２年後にかけて❹「平年作→豊作」の変化が発生すればよいので、その確率は、

$$0.4 \times 0.4 = 0.16 \quad \cdots\cdots ②$$

となります。

（C）「豊作→不作→豊作」の場合、今年から１年後にかけて❸「豊作→不作」の変化が発生し、さらに１年後から２年後にかけて❼「不作→豊作」の変化が発生すればよいので、その確率は、

$$0.3 \times 0.6 = 0.18 \quad \cdots\cdots ③$$

となります。

したがって、①または②または③の場合に条件を満たすので、和の法則よりその確率は、

$$0.09 + 0.16 + 0.18 = 0.43$$

となります。

よって、正解は❺です。

問題8　　　　　　　　　　　　　　　　　　　　　　正解 ❹

> 格付けがＣになる場合やＤになる場合は、前年の格付けに制限があることに注目します。

まず、条件を満たす場合を確認します。

問題の表より、**ある年に格付けＤになるためには、その１年前に格付けＣになっている必要があります。**同様に、**ある年に格付けＣになるためには、その１年前に格付けがＢまたはＣになる必要があります。**したがって、４年以内の最後の年に格付けＤになった会社は、その前年には必ず格付けＣだったことになります。さらに、その前年には、格付けがＢかＣだったことになります。したがって、格付けＤになった年の前年、およびさらにその前年の３年間における格付けの推移は、「Ｂ→Ｃ→Ｄ」または「Ｃ→Ｃ→Ｄ」のいずれかになることがわかります（①）。

以上のことから、現在の格付けがＡの企業が格付けＤになるには、最短でも「Ａ→Ｂ→Ｃ→Ｄ」のように推移して３年後までかかることになります。つまり、条件を満たす場合は、３年後に格付けＤになる場合か、または４年後に格付けＤになる場合だけです。

そこで、３年後に格付けＤになる場合を考えると、問題の表より、格付けＡの企業

が1年後に格付けCになる確率は0％なので、「A→C→C→D」はあり得ません。したがって、3年後に格付けDになる場合は、下表の❶「A→B→C→D」の場合のみです。

また、4年後に格付けDになる場合は、①より、「B→C→D」または「C→C→D」の推移で4年後に至ることになるので、「現在A→1年後？→2年後B→3年後C→4年後D」になる場合か、「現在A→1年後？→2年後C→3年後C→4年後D」になる場合かのいずれかです。さらに、問題の表より、格付けAの1年後は格付けAか格付けBにしかならないことを踏まえると、下表の❷～❹の場合になります。

	現在	1年後	2年後	3年後	4年後
❶	A	B	C	D	
❷	A	A	B	C	D
❸	A	B	B	C	D
❹	A	B	C	C	D

次に、❶～❹のそれぞれの場合の確率を求めます。

問題の表より、それぞれの確率を求める式は、次のようになります。

$$❶ = 0.10 \times 0.10 \times 0.05$$
$$❷ = 0.90 \times 0.10 \times 0.10 \times 0.05$$
$$❸ = 0.10 \times 0.80 \times 0.10 \times 0.05$$
$$❹ = 0.10 \times 0.10 \times 0.80 \times 0.05$$

求める確率は、❶または❷または❸または❹の場合になるので、

$$❶+❷+❸+❹ = (0.10 \times 0.10 \times 0.05) + (0.90 \times 0.10 \times 0.10 \times 0.05) + (0.10 \times 0.80 \times 0.10 \times 0.05) + (0.10 \times 0.10 \times 0.80 \times 0.05)$$

となります。❶～❹の式にはそれぞれ $(0.10 \times 0.10 \times 0.05)$ が含まれるので、これを因数分解すると次のようになります。

$$(0.10 \times 0.10 \times 0.05) \times (1 + 0.90 + 0.80 + 0.80) = 0.1 \times 0.1 \times 0.05 \times 3.5$$
$$= 0.1 \times 0.1 \times 0.175$$
$$= 0.00175$$

よって、$0.00175 = 0.175\%$ となるので、正解は❹です。

問題9　　　　　　　　　　　　　　　　　　　　　　　　　　正解 ❸

> 「いずれの給水所でも水分を補給しなかった場合」はあり得ないことに注意しましょう。

まず、条件を満たす場合を確認します。

制限がなければ、初めて水分を補給した給水所に着目して、各給水所での水分の補給の仕方は次の4通り考えられます。

❶　A給水所で初めて水分を補給した場合

❷　B給水所で初めて水分を補給した場合

❸　C給水所で初めて水分を補給した場合

❹　いずれの給水所でも水分を補給しなかった場合

次に、それぞれの場合の確率を求めます。

題意より、各給水所で水分を補給する確率はそれぞれ $\dfrac{1}{3}$ なので、ある給水所で水分を補給しない確率は、$1-\dfrac{1}{3}=\dfrac{2}{3}$ より、$\dfrac{2}{3}$ となります。これを踏まえて❶〜❹の確率を求めます。以下、「A給水所」は単純に「A」と表します。

❶　Aで初めて水分を補給した場合

Aで水分を補給した後、本来であればBで水分を補給したかどうかを場合分けするところですが、**Bでの水分補給の有無がどちらであっても、「少なくとも一度は水分を補給した」という条件を満たすので、Bで条件を満たす確率は100%、つまり1となります。** これはCでも同様です。したがって、Aで初めて水分補給し、さらにBでは100%条件を満たし、さらにCでは100%条件を満たすので、❶の確率は、

$$\frac{1}{3}\times 1\times 1=\frac{1}{3} \quad \cdots\cdots ①$$

となります。

❷　Bで初めて水分を補給した場合

Bで初めて水分を補給すれば、Cでの水分補給の有無はどちらであっても100%条件を満たすので、「Aで水分を補給せず、さらにBで水分を補給し、さらにCでは100%条件を満たす」と考えると、その確率は、

$$\frac{2}{3}\times \frac{1}{3}\times 1=\frac{2}{3^{2}} \quad \cdots\cdots ②$$

です。

❸　Cで初めて水分を補給した場合

「Aで水分を補給せず、さらにBで水分を補給せず、さらにCで水分を補給する」となるので、その確率は、

$$\frac{2}{3}\times \frac{2}{3}\times \frac{1}{3}=\frac{4}{3^{3}} \quad \cdots\cdots ③$$

となります。

❹　いずれの給水所でも水分を補給しなかった場合

「Aで水分補給せず、さらにBで水分補給せず、さらにCで水分補給しない」となるので、その確率は、

$$\frac{2}{3}\times \frac{2}{3}\times \frac{2}{3}=\frac{8}{3^{3}} \quad \cdots\cdots ④$$

となります。

ここで、

$$①+②+③+④=\frac{1}{3}+\frac{2}{3^2}+\frac{4}{3^3}+\frac{8}{3^3}=\frac{9}{3^3}+\frac{6}{3^3}+\frac{4}{3^3}+\frac{8}{3^3}=1$$

となりますが、これは、①～④がすべて起こり得る場合として、合計1、つまり100％になっています。しかし、本問の場合、問題文「この大会でX選手が少なくとも一度は水分を補給したことが確かだとすると」という部分から、**④はあり得なかった**、ということになります。つまり、本問において、あり得るのは①～③の場合だけであり、これを全体、つまり100％として考え直す必要があります。

したがって、「全体の確率」は①または②または③となり、

$$\frac{1}{3}+\frac{2}{3^2}+\frac{4}{3^3}=\frac{19}{3^3}$$

となります。そのうち、「条件を満たす確率」は、「Bで初めて水分を補給した確率」である②の$\frac{2}{3^2}$になります。よって、$\dfrac{条件を満たす確率}{全体の確率}$として計算すると、$\dfrac{\frac{2}{3^2}}{\frac{19}{3^3}}$となります。この分数を割り算に変形して計算すると、

$$\frac{2}{3^2}\div\frac{19}{3^3}=\frac{2}{3^2}\times\frac{3^3}{19}=\frac{6}{19}$$

となり、これが求める確率になります。

よって、正解は❸です。

問題10　　　　　　　　　　　　　　　　　　　　　　　　　　　　　　正解 ❷

> 「求めるべき確率」を正確に読み取りましょう。

求めるものは、「5％の人が感染している集団から無作為に抽出した一人に検査法Tを適用したところ、『感染している』とされた人が、本当に感染している確率」です。つまり、「感染している」と判定された人が本当に感染している確率が「求めるもの」になるので、**確率の分母となる「全体」に当たるのは、「感染している」と判定された人全員**であり、確率の分子となる「条件を満たすもの」は、そのうち本当に感染している人となります。したがって、「『感染している』と判定された人の人数」を分母に、「そのうち本当に感染している人の人数」を分子におく形で確率を求めます。

そこで、「全体」の「検査法Tを適用して『感染している』と判定された人全員」の人数を求めます。「5％の人が感染している集団」の全体の人数をx人とおくと、感染している人数は$0.05x$人になります（①）。また、「全体」のうち感染していない人の人数は、

4　確率の応用　　113

$$x - 0.05x = 0.95x \,[人] \quad \cdots\cdots ②$$

となります。

「感染している」と判定される人数は、①と②では確率が異なるので、場合分けをして求めます。題意より、①のうち90％が「感染している」と判定されるので、その人数は、

$$0.05x \times 0.90 = 0.045x \,[人] \quad \cdots\cdots ③$$

となります。また、②のうち10％が「感染している」と誤って判定されるので、その人数は、

$$0.95x \times 0.10 = 0.095x \,[人] \quad \cdots\cdots ④$$

となります。

したがって、「全体」に当たる「感染している」と判定された人の人数は、

$$③+④ = 0.045x + 0.095x = 0.14x \,[人] \quad \cdots\cdots ⑤$$

となります。

また、「条件を満たすもの」に当たる「感染していると判定された人のうち本当に感染している人の人数」は、③の$0.045x$人です。

よって、③、⑤を$\dfrac{条件を満たす場合}{全体の場合}$に当てはめると、

$$\frac{0.045x}{0.14x} = \frac{45}{140} = \frac{9}{28}$$

となるので、正解は❷となります。

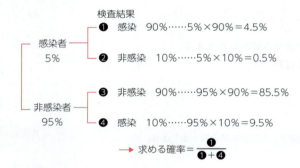

第5章　図形の計量

1　図形の基礎

問題1　　　　　　　　　　　　　　　　　　　　　　　　　　　正解 ❷

> 四角形ABCDに補助線を引き、五つの長方形に分けて考えます。

　四角形EFGHは、「公式で面積を求められる四角形」ではありません。そこで、この四角形に含まれる「面積の求めやすい図形」を利用して解きます。「面積の求めやすい図形」とは、公式が使える「台形」や「二等辺三角形」など、面積の求め方がわかりやすい四角形や三角形のことです。そこで、次の図のように、四角形ABCDを❶～❺の五つの長方形に分けます。

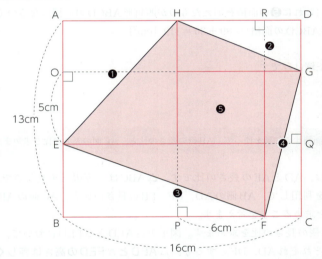

　❶を見ると、四角形EFGH（着色部）の一部が含まれていて、**その着色部の面積は、❶の長方形のちょうど $\frac{1}{2}$ の面積になる**ことがわかります。❷～❹についても同様に、着色部の面積は、それぞれの長方形のちょうど $\frac{1}{2}$ の面積になります。したがって、（❶～❹に含まれる着色部の面積の合計）＝（❶×$\frac{1}{2}$）＋（❷×$\frac{1}{2}$）＋（❸×$\frac{1}{2}$）＋（❹×$\frac{1}{2}$）　となるので、これを整理すると、

　　（❶～❹に含まれる着色部の面積の合計） $= \frac{1}{2} \times$ **（❶＋❷＋❸＋❹）**　　……①

となります。

　❺の長方形については、その面積がそのまま着色部の面積となるので、条件より、

1　図形の基礎　　115

（❺の面積）＝ EO × FP ＝ 5 × 6 ＝ 30 ［cm^2］　　……②
となります。

　ここで、（四角形 ABCD の面積）＝ ❶＋❷＋❸＋❹＋❺ であり、さらに、題意より、四角形 ABCD の面積は 13 × 16 ＝ 208 ［cm^2］ なので、❶＋❷＋❸＋❹＋❺ ＝ 208 となります。この式に②を代入すると、

　　　❶＋❷＋❸＋❹＋30 ＝ 208
より、

　　　❶＋❷＋❸＋❹ ＝ 178　　……③
となります。

　そこで、③を①に代入すると、

　　　（❶〜❹に含まれる着色部の面積の合計）＝ $\dfrac{1}{2}$ × 178 ＝ 89 ［cm^2］

となります。これに❺の面積を加えたものが四角形 ABCD の面積になるので、②より、

　　　（四角形 ABCD の面積）＝ 89 ＋ 30 ＝ 119 ［cm^2］

となります。

　よって、正解は❷です。

問題2　　　　　　　　　　　　　　　　　　　　　　　正解 ❺

> 辺の比と面積比の知識を使って、AB 側の長さの比と、AC 側の長さの比を求めます。

　求めるのは、AD と AE の長さの比です。△ABC は二等辺三角形なので、AB ＝ AC となることを利用して、AB 側の AD、DF、FB の長さの比と、AC 側の AE、EG、GC の長さの比を求めることを考えます。

　まず、AB 側の長さの比を求めます。図 1 の △AED と △FED において、二つの三角形の底辺をそれぞれ AD、DF とすると、**△AED と △FED の高さは等しくなります。**したがって、**辺の比と面積比の関係より、（底辺の比）＝（面積比）** が成り立ちます。題意より、

　　　（△AED の面積）：（△FED の面積）＝ 1：1
となるので、底辺の比においても、

　　　AD：DF ＝ 1：1　　……①
となります。

116

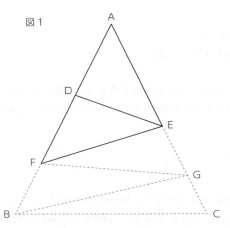

さらに、図2の△AGFと△BGFにおいて、二つの三角形の底辺をそれぞれAF、FBとすると、**△AGFと△BGFの高さは等しくなります**。したがって、辺の比と面積比の関係より、(底辺の比)=(面積比) が成り立ち、題意より、

(△AGFの面積):(△BGFの面積)＝3:1

となるので、底辺の比においても、

AF:FB＝3:1　……②

となります。

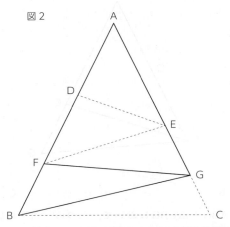

ここで、①、②の二つの比を一つにまとめることで、**ABの長さの比を求めます**。①およびAF＝AD＋DFとなることより、

AD:DF:AF＝1:1:2　……③

となります。この比を②とまとめるために、**AFの値を、3と2の最小公倍数である6に変形する**と、③の比全体を3倍してAD:DF:AF＝3:3:6となり、②の比全体を2倍してAF:FB＝6:2となります。これら二つの比をまとめると、

AD:DF:AF:FB＝3:3:6:2

1　図形の基礎　117

となるので、
　　　AD：DF：FB＝3：3：2
となり、ABの長さを表す比の値は、
　　　3＋3＋2＝8
となります。つまり、求めるものの一つであるADの長さとABの長さの比を求めると、AD：AB＝3：8となります。（内項の積）＝（外項の積）より、AB×3＝AD×8となるので、
　　　AD＝AB×$\frac{3}{8}$　……④
となります。

次に、AC側の長さの比を求めます。図3の△AFEと△GFEにおいて、二つの三角形の底辺をそれぞれAE、EGとすると、△AFEと△GFEの高さは等しくなります。したがって、辺の比と面積比の関係より、（底辺の比）＝（面積比）が成り立つので、題意より、
　　　（△AFEの面積）：（△GFEの面積）＝2：1
となり、底辺の比においても、
　　　AE：EG＝2：1　……⑤
となります。

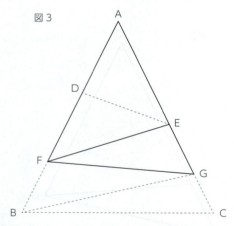

図3

さらに、図4の△ABGと△CBGにおいて、二つの三角形の底辺をそれぞれAG、GCとすると、△ABGと△CBGの高さは等しくなるので、辺の比と面積比の関係より、（底辺の比）＝（面積比）が成り立ちます。題意より、
　　　（△ABGの面積）：（△CBGの面積）＝4：1
となるので、底辺の比においても、
　　　AG：GC＝4：1　……⑥
となります。

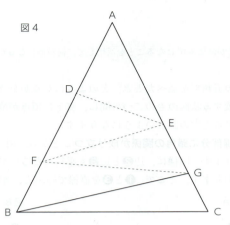

図4

　ここで、⑤、⑥の二つの比を一つにまとめて、ACの長さを求めます。⑤およびAG＝AE＋EGとなることから、

　　AE：EG：AG＝2：1：3　……⑦

となります。この比を⑥とまとめるために、**AGの値を、3と4の最小公倍数である12に変形する**と、⑦の比全体を4倍してAE：EG：AG＝8：4：12となり、⑥の比全体を3倍してAG：GC＝12：3となります。これら二つの比をまとめると、

　　AE：EG：AG：GC＝8：4：12：3

となるので、

　　AE：EG：GC＝8：4：3

となり、ACの長さを表す比の値は、8＋4＋3＝15となります。つまり、求めるものの一つであるAEとACの長さの比を求めると、AE：AC＝8：15となります。（内項の積）＝（外項の積）より、AC×8＝AE×15となるので、

　　$AE = AC \times \dfrac{8}{15}$　……⑧

となります。

　よって、④、⑧より、

　　$AD : AE = AB \times \dfrac{3}{8} : AC \times \dfrac{8}{15}$

となり、AB＝ACより、

　　$AD : AE = \dfrac{3}{8} : \dfrac{8}{15} = \dfrac{45}{120} : \dfrac{64}{120} = 45 : 64$

となるので、正解は❺となります。

1　図形の基礎　　119

> 問題3   正解 ❸

> 多角形の外角の合計が常に360°になることを活用して、何角形になるか求めます。

　まず、問題の図1の五角形を並べたとき、どのようになるかを考えます。この五角形を、真上に頂点が位置する状態のもの二つの間に、真下に頂点が位置する状態のものを挟む形で横に三つ並べると次の図Aのようになります。

　このとき、図の**赤線部分に錯角の関係が成り立つ**ことから、81°の2角に挟まれる辺❶と辺❷は平行になります。同様に、辺❷と辺❸も平行になるので、**辺❶と辺❸は一直線上に並ぶ**ことがわかります。そこで、❶と❸を直線で結ぶと、図Bの赤線となります。

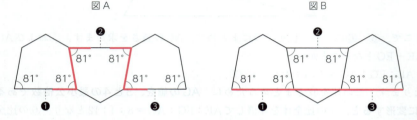

　次に、問題の図2について考えると、五角形を並べ続けて環状（円形につながること）になるようにするということは、次の図Cのように、**図Bの❶と❸を結ぶ赤線をつなげて並べていくことと同じ**です。

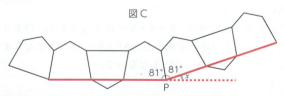

　さらに、この赤線をつなげて並べていき環状にすると、図Cの点Pを一つの頂点とし、図Bの❶と❸を結ぶ赤線を1辺として、頂点と辺を交互に並べて多角形を作ることと同じです。このとき、この多角形は、辺の長さがすべて図Bの赤線の長さとなるので、正多角形となります。

　そこで、この多角形が何角形になるかを調べてみます。

　n角形の内角の総和は「n」の値次第で数値が変わりますが、**n角形の外角は、「n」の値にかかわらず、常に合計が360°になります**（①）。そこで、外角に着目します。できあがる多角形の外角に当たるのは、図Cのxです。図Cより、その角度を求めると、

　　$x = 180 - (81 + 81) = 18$ ［°］

となります。つまり、できあがる正多角形の一つの外角は18°です（②）。

　ここで、正多角形はそれぞれの外角がすべて等しいことと①より、n角形の「n」の値を求められます。360÷18＝20より、できあがる正多角形は、**一つ18°の外角が20個ある**ことがわかります。したがって、この正多角形は正二十角形となります。

さらに、図Cより、この正二十角形は1辺（1本の赤線）につき将棋の駒が3枚ずつ並ぶことになるので、20×3＝60より、20辺に並ぶ将棋の駒は60枚となります。

よって、正解は❸となります。

2　図形の相似・三平方の定理

問題1　　　　　　　　　　　　　　　　　　　　　　　　正解 ❷

相似を使って長さの比DF：EFを求め、さらに辺の比と面積比を使います。

条件をもとに図を描くと、右の図1となります。題意より、BC＝10 cm、BE：CE＝2：3なので、

　　BE＝$2a$、CE＝$3a$　　……①

とおくと、BC＝BE＋CEより、

　　BC＝$2a+3a=5a$

となり、$5a=10$より、$a=2$［cm］となります。

これを①に代入すると、BE＝4 cm、CE＝6 cmとなります。

次に、図1の△ADEに着目します。△ADEの底辺をAD＝10 cmとすると、高さはAB＝6 cmとなるので、

　　（△ADEの面積）＝$10 \times 6 \times \dfrac{1}{2} = 30$［cm²］

　　　　　　　　　　　　　　　　　　……②

となります。

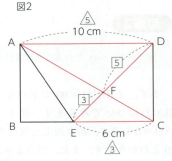

次に、図2の△ADFと△CEFに着目すると、**ADとCEが平行なので、△ADFと△CEFは相似の関係になります。**

この二つの三角形において、ADとCEは対応する2辺であり、図2より、その長さの比は、

　　AD：CE＝10：6＝5：3（図2の△数字）

となります。ここで、DFとEFも対応する2辺になるので、その比はAD：CEと等しく、

　　5：3（図2の□数字）　　……③

となります。

さらに、△ADFと△AEFに着目します。この二つの三角形の底辺をそれぞれDFとEFとすると、△ADFと△AEFの高さはAからDEまでの垂線の

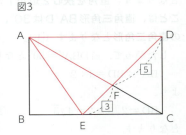

2　図形の相似・三平方の定理　　121

長さとなり、**二つの三角形の高さが等しくなります。**

したがって、辺の比と面積比の関係より、△ADF と△AEF の面積比は、底辺の比である DF：EF と等しくなります。③より、DF：EF ＝ 5：3 なので、△ADF と△AEF の面積比は、

$\qquad$ 5：3　　……④

です。

ここで、△ADF と△AEF の面積の和が△ADE の面積と等しくなることから、

$\qquad$（△ADF の面積）＝ $5x$ [cm^2]、（△AEF の面積）＝ $3x$ [cm^2]　　……⑤

とおくと、

$\qquad$（△ADE の面積）＝ $5x + 3x = 8x$ [cm^2]

となります。

さらに、②より、（△ADE の面積）＝ 30 cm^2 なので、$8x = 30$ が成り立ちます。この式を解くと $x = \dfrac{15}{4}$ [cm^2] となります。

よって、⑤より、

$\qquad$（△AEF の面積）＝ $3 \times \dfrac{15}{4} = \dfrac{45}{4} = 11.25$ [cm^2]

となるので、正解は ❷ となります。

問題 2

正解 ❹

> $75° = 30° + 45°$ であることに着目し、補助線を引いて直角三角形を作ります。

まず、∠BA′D ＝ 90° に着目し、直角三角形 BA′D について考えます（図 1）。題意より、AD ＝ 6 なので、折り返した後の A′D の長さも 6 とわかります。また、題意より、BA′ ＝ $2\sqrt{3}$ であることから、直角三角形 BA′D の、直角を挟む 2 辺の比は、

$\qquad$ BA′：A′D ＝ $2\sqrt{3}$：6 ＝ 1：$\sqrt{3}$

となります。**直角を挟む 2 辺が 1：$\sqrt{3}$ ということは、直角三角形 BA′D は 30°、60°、90° の直角三角形となります**（①）。

したがって、∠DBA′ ＝ 60° となり、さらに、

$\qquad$ BA′：BD ＝ 1：2

より、

$\qquad$ BD ＝ $2\sqrt{3} \times 2 = 4\sqrt{3}$　　……②

となります。

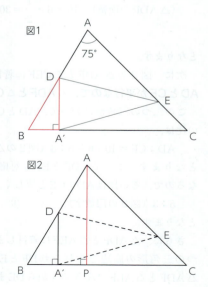

次に、AからBCへ向けて垂線を引き、直角三角形ABPを作ります（図2）。①より、∠ABP = 60°となるので、直角三角形ABPは30°、60°、90°の直角三角形になり、
　　BP：AB：AP = 1：2：$\sqrt{3}$　……③
となります。

ここで、AB = AD + BDで求められるので、題意より、AD = 6、②より、BD = $4\sqrt{3}$であることから、AB = $6 + 4\sqrt{3}$となります。③より、BP：AB = 1：2となるので、これにAB = $6 + 4\sqrt{3}$を代入して計算すると、
　　BP：$(6 + 4\sqrt{3})$ = 1：2
となるので、これを計算すると、
　　$6 + 4\sqrt{3}$ = BP × 2
　　BP = $3 + 2\sqrt{3}$　……④
となります。さらに、③より、BP：AP = 1：$\sqrt{3}$であり、BP = $(3 + 2\sqrt{3})$を代入すると、
　　$(3 + 2\sqrt{3})$：AP = 1：$\sqrt{3}$
となるので、これを計算すると、
　　AP = $3\sqrt{3} + 6$　……⑤
となります。

図3

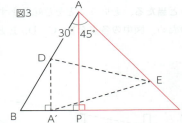

さらに、③より、**∠BAP = 30°になることに着目**すると、題意より、∠BAC = 75°より、**∠CAP = 45°**となります。

したがって、直角三角形ACPは、45°、45°、90°の直角二等辺三角形とわかります。つまり、AP = CPとなり、⑤より、
　　CP = $3\sqrt{3} + 6$　……⑥
となります。

求めるのはBCであり、BC = BP + CPであることから、④、⑥より、
　　BC = $(3 + 2\sqrt{3}) + (3\sqrt{3} + 6) = 9 + 5\sqrt{3}$
となります。

よって、正解は❹です。

なお、①において、直角三角形BA′Dが30°、60°、90°の直角三角形になる、ということを、次のように求めることもできます。

直角三角形BA′Dの2辺、A′D = 6、BA′ = $2\sqrt{3}$を三平方の定理の公式に代入して、BDの長さを求めると、
　　$BD^2 = 6^2 + (2\sqrt{3})^2 = 36 + 12 = 48$
より、BD = $\sqrt{48} = 4\sqrt{3}$となります。したがって、直角三角形BA′Dの3辺の比は、
　　BA′：BD：A′D = $2\sqrt{3}$：$4\sqrt{3}$：6 = 1：2：$\sqrt{3}$
となるので、直角三角形BA′Dが30°、60°、90°の直角三角形であるとわかります。

問題3

正解 ❺

> 直角三角形を作り、三平方の定理ではなく、相似を使って解きます。

　タワーやビルと、地面とのなす角度は直角になるので、それを活用して直角三角形を作ることができます。

　まず、Sタワーが534mになったときを考えます。Kビルの高さ29mの位置にある点をAとし、この点Aから、地面と平行な直線をDビルおよびSタワーに向かって引くと、この直線とDビルとSタワーはそれぞれ直角に交わります。

　また、**Sタワーが534mになったときに初めて点Aから最上部が見える**ということは、**点AからDビルの最上部を通る直線が、534mになったSタワーの最上部にちょうど当たる**、ということを意味します。これを図で示すと、次の図1となります（説明のため、図中の各点をB、C、D、Eとおきます）。

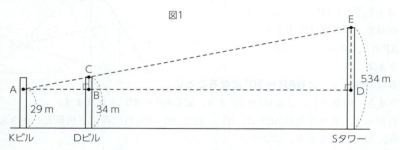

図1

　図1の△ABCと△ADEについて見ると、∠BAC＝∠DAE（共通）であり、∠ABC＝∠ADE＝90°なので、2組の角が等しくなることから、△ABCと△ADEは相似の関係になります。

　また、Dビルは高さ34mであり、Dビルの点Bは地面から29mであることから、

　　BC＝34−29＝5 ［m］

となります。同様に考えると、

　　DE＝534−29＝505 ［m］

となります。BCとDEは、△ABCと△ADEにおいて対応する辺になるので、相似比を求めることができます。つまり、

　　BC：DE＝5：505＝1：101

より、△ABCと△ADEの相似比は1：101となります。

　ここで、（KビルからDビルまでの距離）＝ABであり、（KビルからSタワーまでの距離）＝ADであることから、

　　（KビルからDビルまでの距離）：（KビルからSタワーまでの距離）
　　　＝1：101　　……①

となります。

　次に、Sタワーが634mになったときを考えます。「Sタワーの最上部をKビルから見

ることができる位置の中で、最も低い高さ」を示す点をPとおき、地面から点Pまでの高さを x [m] とおきます。点Pから地面と平行な直線をDビル、Sタワーに向かって引き、さらに、点PからDビルの最上部およびSタワーの最上部までを直線で結ぶと、次の図2となります（説明のため、各点をQ、R、S、Tとおきます）。

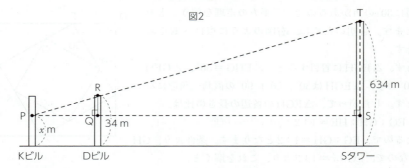

図2の△PQRと△PSTについて見ると、∠QPR＝∠SPT（共通）、∠PQR＝∠PST＝90°となるので、2組の角が等しくなることから、△PQRと△PSTは相似の関係になります。

さらに、図2のPQは、KビルからDビルまでの距離なので、図1のABと距離が等しくなります。同様に、PSは、KビルからSタワーまでの距離なので、図1のADと等しくなります。したがって、①より、

　　PQ：PS＝1：101

となります。ここで、△PQRと△PSTにおいて、PQとPSは対応する辺になるので、**△PQRと△PSTの相似比は1：101** となります。さらに、△PQRと△PSTにおいて、QRとSTは対応する辺なので、

　　QR：ST＝1：101　……②

が成り立ちます。

ここで、図2より、点Qおよび点Sは地面から x [m] の高さにある点なので、

　　QR＝$(34-x)$ [m]、ST＝$(634-x)$ [m]

と表すことができます。これらを②に代入すると、

　　$(34-x):(634-x)=1:101$

が成り立つので、この式を整理して解くと、次のようになります。

$$(34-x):(634-x)=1:101$$
$$634-x=3434-101x$$
$$x=28\ [\mathrm{m}]$$

よって、Sタワーの最上部をKビルから見ることができる位置の中で、最も低い高さは28 mとなるので、正解は❺です。

問題4

正解 ❺

> 30°の角と正方形の内角を合わせて直角三角形を作ります。

図に30°の角があるので、三平方の定理を使うことを考えます。説明のために、右図のように点D〜Kをおきます。

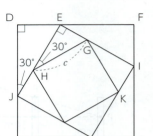

まず、△EGHに着目すると、∠EHG＝30°、∠GEH＝90°より、△EGHは30°、60°、90°の直角三角形になります。したがって、△EGHの各辺の長さの比は、

$$EG : GH : HE = 1 : 2 : \sqrt{3} \quad \cdots\cdots ①$$

となるので、EG：GH＝1：2となります。条件より、GH＝cなので、EG：c＝1：2より、これを解くと、

$$EG = \frac{1}{2}c \quad \cdots\cdots ②$$

となります。

さらに、①より、EG：HE＝1：$\sqrt{3}$となるので、これに②を代入すると、

$$\frac{1}{2}c : HE = 1 : \sqrt{3}$$

となります。この式を解くと、

$$HE = \frac{\sqrt{3}}{2}c \quad \cdots\cdots ③$$

とわかります。

次に、△IGKに着目すると、∠IGKの角度は、∠EGH＝60°、∠HGK＝90°であることから、

$$∠IGK = 180 - (60 + 90) = 30 \ [°]$$

となります。また、∠KIG＝90°なので、△IGKは30°、60°、90°の直角三角形になり、△EGHと相似の関係になります。さらに、△EGHと△IGKにおいて、GHとKGは対応する辺であり、GHとKGは正方形Cの1辺になることからGH＝KG＝cとなるので、△EGHと△IGKの相似比は1：1、つまり合同になります。したがって、

$$HE = IG \quad \cdots\cdots ④$$

です。

ここで、正方形Bの1辺EIの長さは、EG＋IGとなることから、④より、

$$EG + IG = EG + HE$$

となり、これに②、③を代入すると、

$$EI = \frac{1}{2}c + \frac{\sqrt{3}}{2}c = \frac{\sqrt{3}+1}{2}c$$

となります。さらに、EIとEJは、ともに正方形Bの1辺なので、

$$\text{EJ} = \text{EI} = \frac{\sqrt{3}+1}{2}c \qquad \cdots\cdots \text{⑤}$$

となります。

　ここで、△DJE に着目すると、△DJE は、$\angle\text{DJE}=30°$、$\angle\text{EDJ}=90°$、$\angle\text{DEJ}=60°$ の直角三角形になるので、

$$\text{DE}:\text{EJ}:\text{JD}=1:2:\sqrt{3} \qquad \cdots\cdots \text{⑥}$$

となります。⑤、⑥より、

$$\text{DE}:\text{EJ}=1:2、\text{EJ}=\frac{\sqrt{3}+1}{2}c$$

であることから、

$$\text{DE}:\frac{\sqrt{3}+1}{2}c=1:2$$

が成り立ちます。この式を解くと、

$$\text{DE}=\frac{\sqrt{3}+1}{4}c \qquad \cdots\cdots \text{⑦}$$

となります。さらに、⑥より、$\text{DE}:\text{JD}=1:\sqrt{3}$ であり、⑦より、$\text{DE}=\frac{\sqrt{3}+1}{4}c$ なので、

$$\frac{\sqrt{3}+1}{4}c:\text{JD}=1:\sqrt{3}$$

が成り立ち、この式を解くと、

$$\text{JD}=\frac{3+\sqrt{3}}{4}c \qquad \cdots\cdots \text{⑧}$$

となります。

　ここで、△EGH と △IGK のときと同様に、△DJE と △FEI は合同になり、$\text{JD}=\text{EF}$ が成り立ちます。したがって、正方形 A の 1 辺 DF の長さは、

$$\text{DF} = \text{DE} + \text{EF} = \text{DE} + \text{JD}$$

となり、これに⑦、⑧を代入すると、

$$\text{DF} = \frac{\sqrt{3}+1}{4}c + \frac{3+\sqrt{3}}{4}c = \frac{4+2\sqrt{3}}{4}c = \frac{2+\sqrt{3}}{2}c$$

となります。

　題意より、DF＝1 なので、$\frac{2+\sqrt{3}}{2}c=1$ が成り立ち、$c=\dfrac{2}{2+\sqrt{3}}$ となります。ここで、$\dfrac{2}{2+\sqrt{3}}$ を有理化します。このとき、**$\dfrac{2}{2+\sqrt{3}}$ に $\dfrac{\sqrt{3}}{\sqrt{3}}$ や $\dfrac{2+\sqrt{3}}{2+\sqrt{3}}$ を掛けても分母の根号は消えません。** 有理化するには、$\dfrac{2-\sqrt{3}}{2-\sqrt{3}}$ を掛けます。すると、

$$\frac{2}{2+\sqrt{3}} \times \frac{2-\sqrt{3}}{2-\sqrt{3}} = 4 - 2\sqrt{3}$$

2　図形の相似・三平方の定理　127

となり、有理化することができます。

よって、$c = 4 - 2\sqrt{3}$ となるので、正解は❺です。

問題5   正解 ❹

まず、「角の二等分線と辺の比」と相似を使ってから三平方の定理を使います。

求めるのは直角三角形ABCの面積であり、この三角形のBCを底辺とすると、高さはABとなります。題意より、AB＝2、BD＝1とわかっているので、DCの長さがわかれば面積を求められます。

そこで、角の二等分線に着目します。「角の二等分線と辺の比」より、**ADは∠BACの二等分線なので、AB：AC＝BD：CDが成り立ちます。** この比の式に、AB＝2、BD＝1を代入し、CD＝xとおく（①）と、2：AC＝1：xとなるので、この式を解くと、

　　$AC = 2x$　　……②

となります。

ここで、△ABCは直角三角形なので、三平方の定理より、

　　$AB^2 + BC^2 = AC^2$　　……③

が成り立ちます。また、BC＝BD＋CDなので、BD＝1および①より、

　　$BC = 1 + x$　　……④

となります。そこで、条件および②、④より、AB＝2、BC＝1＋x、AC＝2xを③に代入すると、

　　$2^2 + (1+x)^2 = (2x)^2$

が成り立ちます。この式を計算して解くと、次のようになります。

　　$2^2 + (1+x)^2 = (2x)^2$

　　$4 + 1 + 2x + x^2 = 4x^2$

　　$3x^2 - 2x - 5 = 0$　　……⑤

2次方程式の解の公式を使うと、

$$x = \frac{-(-2) \pm \sqrt{(-2)^2 - 4 \times 3 \times (-5)}}{2 \times 3} = \frac{2 \pm \sqrt{4 - (-60)}}{6} = \frac{2 \pm 8}{6}$$

$$= -1, \ \frac{5}{3}$$

となります。xは長さなので、$x = \dfrac{5}{3}$ に決まります。

よって、直角三角形ABCの面積は、$AB \times BC \times \dfrac{1}{2}$ より、

$$2 \times (1 + \frac{5}{3}) \times \frac{1}{2} = \frac{8}{3}$$

となるので、正解は❹です。

128

なお、やや難しいですが、⑤の式を因数分解して解くこともできます。その場合は、次のようになります。

$(3x-5)(x+1) = 0$

$x = -1, \dfrac{5}{3}$

3 円

問題1　　　　　　　　　　　　　　　　　　　　　　　　　　正解 ❷

> 補助線を引いて、∠ACBを含む正方形を作ります。

　直角三角形の3辺、AB、BC、CAは円Oの接線になるので、AB、BC、CAと円Oとの接点をそれぞれP、Q、Rとおき、円Oの中心からP、Q、Rに補助線を引くと、右の図1のようになります。

図1
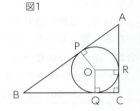

　図1において、四角形CROQに着目すると、∠RCQ = 90°であり、円と接線の関係より、∠ORC、∠OQCはそれぞれ直角になります。また、条件より、OQ = OR = 4 cmとなるので、**四角形CROQは1辺4 cmの正方形と**わかります。

　次に、AB、ACはともに円の接線であることから、円と接線の関係よりAP = ARとなります。同様に、AB、BCはともに円の接線であるので、BP = BQとなります。

　題意よりAB = 20 [cm] であり、**AP = AR = x [cm] とおくと、BP = BQ = (20 − x) [cm] と表すことがで**きます（右の図2）。

図2
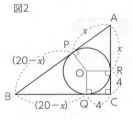

　さらに、△ABCは∠ACB = 90°の直角三角形なので、三平方の定理より、

　　$AC^2 + BC^2 = AB^2$　　……①

が成り立ちます。

　図2より、

　　$AC = (x+4)$ [cm]

　　$BC = (20-x) + 4 = (24-x)$ [cm] となるので、これらとAB = 20 cmを①に代入すると、

　　$(x+4)^2 + (24-x)^2 = 20^2$

となります。この式を解くと、次のようになります。

　　$(x+4)^2 + (24-x)^2 = 20^2$

　　$x^2 + 8x + 16 + 576 - 48x + x^2 = 400$

$$x^2 - 20x + 96 = 0 \quad \cdots\cdots ②$$

②の左辺を因数分解すると、

$$(x-8)(x-12) = 0$$

となるので、$x=8$ または $x=12$ となります（③）。$x=8$ の場合、

AC $= 8 + 4 = 12$ [cm]
BC $= 24 - 8 = 16$ [cm]

となり、$x=12$ の場合、

AC $= 12 + 4 = 16$ [cm]
BC $= 24 - 12 = 12$ [cm]

となるので、$x=8$ の場合、$x=12$ の場合のいずれにおいても、△ABC の面積は、

$$12 \times 16 \times \frac{1}{2} = 96 \ [\text{cm}^2]$$

となります。

よって、正解は ❷ です。

なお、③において、2次方程式の解の公式を使って計算することもできます。その場合は、次のようになります。

$x^2 - 20x + 96 = 0$ より、

$$x = \frac{-(-20) \pm \sqrt{(-20)^2 - 4 \times 1 \times 96}}{2 \times 1} = \frac{20 \pm \sqrt{400 - 384}}{2} = \frac{20 \pm 4}{2} = 12、8$$

となります。

問題2 正解 ❹

補助線を使って、内接円の半径を求めます。

斜線部の面積は、

　　（正三角形の面積）−（円の面積）　……①

として求められます。正三角形の面積は1辺の長さがわかれば求められるので、円の面積を求めるために必要な円の半径の求め方を考えます。

右の図のように、内接円の中心Oから正三角形と円の接点の一つに補助線を引き、さらに中心Oから正三角形の二つの頂点へ補助線を引きます。なお、説明のために、図の各点をP、Q、Rとおきます。

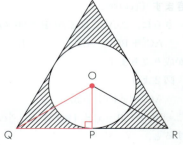

△OPQ に着目すると、円と接線の関係より、∠OPQ $= 90°$ になります。また、**円Oは正三角形の内心**なので、内心と正三角形の一つの角を結ぶOQは、正三角形の内角を2等分することがわかります。つまり、∠OQP $= 30°$ です。したがって、△OPQ は $30°$、

$60°$、$90°$の直角三角形となり、

$$\mathrm{OP:OQ:PQ} = 1:2:\sqrt{3} \qquad \cdots\cdots②$$

となります。

　また、△OPRに着目すると、△OPQと同様に$30°$、$60°$、$90°$の直角三角形となり、$\mathrm{OP:OR:PR} = 1:2:\sqrt{3}$となるので△OPQと△OPRは相似の関係になります。さらに、二つの三角形はOPが共通で長さが等しいので、相似比は$1:1$となり、△OPQと△OPRは合同となります。したがって、$\mathrm{PQ}=\mathrm{PR}$となるので、PはQRの中点となります。題意より、$\mathrm{QR}=4a$なので、$\mathrm{PQ}=2a$です。

　②より、$\mathrm{OP:PQ}=1:\sqrt{3}$なので、これに$\mathrm{PQ}=2a$を代入すると、$\mathrm{OP}:2a=1:\sqrt{3}$より、

$$2a = \sqrt{3}\,\mathrm{OP}$$

$$\mathrm{OP} = \frac{2a}{\sqrt{3}} = \frac{2a\times\sqrt{3}}{\sqrt{3}\times\sqrt{3}} = \frac{2\sqrt{3}}{3}a$$

> 分母に根号があるので有理化しています。

となります。これが内接円の半径になるので、この円の面積は、

$$\pi \times \left(\frac{2\sqrt{3}}{3}a\right)^2 = \frac{12}{9}\pi a^2 = \frac{4}{3}\pi a^2$$

となります。

　さらに、正三角形の面積を求めると、

$$\frac{\sqrt{3}}{4} \times (4a)^2 = \frac{\sqrt{3}}{4} \times 16a^2 = 4\sqrt{3}\,a^2$$

となるので、①より、斜線部の面積は、

$$4\sqrt{3}\,a^2 - \frac{4}{3}\pi a^2 = \left(4\sqrt{3} - \frac{4}{3}\pi\right)a^2$$

となります。

　よって、正解は❹となります。

問題3　　　　　　　　　　　　　　　　　　　　　　　　　正解 ❹

> 　問題の図の$60°$と、円と接線の関係からできる$90°$を生かして、三平方の定理を使うことを考えます。

　次の図のように、二つの円の接点をQ、接線lとmの交点をCとおき、CからOに補助線を引きます。

　円と接線の関係より、AOとBPはともに接線lに対する垂線になるので、AOとBPは平行です。したがって、四角形ABPOは1組の対辺が平行になるので、台形になります。

3　円　　131

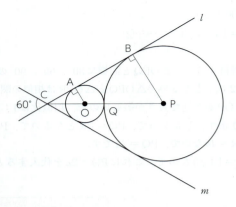

　求めるものは台形ABPOの面積になります。台形の面積の公式は（上底＋下底）×（高さ）×$\frac{1}{2}$であり、題意より、**上底AOの長さは1**（①）とわかっているので、下底BPと高さABを求めることを考えます。

　図より、∠ACO＝∠BCP＝30°となるので、△ACOと△BCPはそれぞれ30°、60°、90°の直角三角形となります。したがって、△ACOにおいて、
　　AO：CO：AC＝1：2：$\sqrt{3}$
となり、題意より、AO＝1なので、
　　CO＝2、AC＝$\sqrt{3}$　　……②
となります。

　また、△BCPにおいて、
　　BP：CP：BC＝1：2：$\sqrt{3}$
となるので、BP＝xとおくと、
　　CP＝2x、BC＝$\sqrt{3}\,x$　　……③
となります。

　ここで、CPに着目すると、図より、
　　CP＝CO＋OQ＋PQ　　……④
が成り立つことがわかります。②より、CO＝2であり、OQは小円の半径なので、OQ＝1です。また、PQは大円の半径でありBPと等しくなるので、PQ＝xとなります。さらに③より、CP＝2xとなります。これらを④に代入すると、
　　2x＝2＋1＋x
が成り立つので、これを解くと、x＝3となります。これを③に代入すると、
　　BP＝3、CP＝2×3＝6、BC＝$\sqrt{3}$×3＝3$\sqrt{3}$　　……⑤
となります。

　したがって、求める台形の**下底BP＝3**となります（⑥）。また、求める台形の高さABは、AB＝BC－ACが成り立つので、この式に、②、⑤より、AC＝$\sqrt{3}$、BC＝3$\sqrt{3}$を代入すると、

$$AB = 3\sqrt{3} - \sqrt{3} = 2\sqrt{3} \quad \cdots\cdots ⑦$$

となります。

よって、①、⑥、⑦より、台形ABPOの面積は、

$$(1+3) \times 2\sqrt{3} \times \frac{1}{2} = 4\sqrt{3}$$

となるので、正解は❹となります。

問題4 正解 ❸

> 小さい円に内接する正三角形を作り、正三角形の内心が重心と同じ点になることを利用します。

大きい円の中心をO、小さい円の中心をO′とおきます。

次の図のように、補助線として二つの円の接点Mを通るDEと、BCの中点NとAを結んだANを引きます。このとき、DEはBCと平行になるので、∠ADMは∠ABNと同位角の関係になるので60°になり、同様に、∠AEMは∠ACNと同位角の関係になるので60°になります。つまり、**△ADEは正三角形となります**。また、ANは正三角形を二等分する（①）ので、O、O′を通ります。

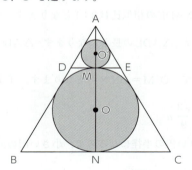

△ACNは30°、60°、90°の直角三角形となり、辺の比は、

$$CN : AC : AN = 1 : 2 : \sqrt{3} \quad \cdots\cdots ②$$

となります。また、題意より、BC = $2a$であり、①より、CNは正三角形の1辺の$\frac{1}{2}$なので、CN = aとなります。したがって、②より、

$$AC = 2a, \quad AN = \sqrt{3}a \quad \cdots\cdots ③$$

となります。

ここで、**大きい円の中心Oは正三角形ABCの内心なので、正三角形ABCの重心でもあります**。したがって、辺BCの中線ANは、重心OによってAO : ON = 2 : 1に分けられます。また、AN = AO + ONなので、AN : ON = 3 : 1となります。この式に、③より、AN = $\sqrt{3}a$を代入すると、

$\sqrt{3}\,a : \text{ON} = 3 : 1$

となり、この式を解くと、

$$\text{ON} = \frac{\sqrt{3}}{3}\,a \qquad \cdots\cdots ④$$

となります。ON は大きい円の半径になるので、大きい円の面積は、

$$\pi \times (\frac{\sqrt{3}}{3}\,a)^2 = \frac{3}{9}\,\pi\,a^2 = \frac{1}{3}\,\pi\,a^2 \qquad \cdots\cdots ⑤$$

となります。

ここで、△ABC と △ADE はいずれも正三角形なので、相似の関係になります。さらに、△ADE の高さに当たる AM について見ると、AM＝AN－MN が成り立ちます。③より、AN＝$\sqrt{3}\,a$ であり、MN は大円の直径に当たるので、④より、MN＝$\frac{\sqrt{3}}{3}\,a \times 2$ となるので、

$$\text{AM} = \sqrt{3}\,a - \frac{\sqrt{3}}{3}\,a \times 2 = \frac{\sqrt{3}}{3}\,a$$

となります。したがって、△ABC の高さ AN と △ADE の高さ AM の比は、

$$\sqrt{3}\,a : \frac{\sqrt{3}}{3}\,a = 3 : 1$$

となるので、△ABC と △ADE の相似比は 3 : 1 となります。つまり、対応する辺について、△ABC の長さの $\frac{1}{3}$ が、△ADE の長さになります。△ABC の OM と対応するのは、△ADE の O′M となるので、O′M＝ON×$\frac{1}{3}$ となります。④より、ON＝$\frac{\sqrt{3}}{3}\,a$ なので、

$$\text{O′M} = \frac{\sqrt{3}}{3}\,a \times \frac{1}{3} = \frac{\sqrt{3}}{9}\,a$$

となります。O′M は小さい円の半径になるので、小さい円の面積は、

$$\pi \times (\frac{\sqrt{3}}{9}\,a)^2 = \frac{1}{27}\,\pi\,a^2 \qquad \cdots\cdots ⑥$$

となります。

よって、⑤、⑥より、大きい円と小さい円の面積の計は、

$$\frac{1}{3}\,\pi\,a^2 + \frac{1}{27}\,\pi\,a^2 = \frac{10}{27}\,\pi\,a^2$$

となるので、正解は ❸ です。

問題5　　　　　　　　　　　　　　　　　　　　　　　　　　正解 ❹

円からの補助線を引いて正方形を作り、その対角線を活用します。

まず、左上の小円の中心をB、中央の小円の中心をOとおきます。このとき、Oは大円の中心でもあります。また、正方形の対角線を引き、その一方の端をAとおきます。さらに、小円Bと正方形の二つの接点P、Qに対して中心Bから補助線を引くと、右図のようになります。

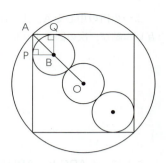

四角形APBQについて見ると、∠PAQ＝90°であり、円と接線の関係より、∠APB＝∠AQB＝90°となります。さらに、PBとQBは小円Bの半径なのでPB＝QBが成り立ちます。つまり、**四角形APBQは正方形**とわかります。

ここで、（小円の半径）＝rとおくと、正方形APBQの1辺はrとなり、さらに、**三角形APBは直角二等辺三角形**になるので、三平方の定理より、正方形APBQの対角線ABは$\sqrt{2}r$となります（①）。

図より、大円の半径はAOであり、AO＝AB＋BOが成り立ちます。BOは小円の半径二つ分になるので、①より、

$$AO = \sqrt{2}r + 2r = (2+\sqrt{2})r$$

となります。さらに、題意より、大円の半径は2なので、$(2+\sqrt{2})r=2$が成り立ちます。この式を解くと、次のようになります。

$(2+\sqrt{2})r = 2$

$$r = \frac{2}{2+\sqrt{2}} = \frac{2\times(2-\sqrt{2})}{(2+\sqrt{2})\times(2-\sqrt{2})} = \frac{2(2-\sqrt{2})}{2} = 2-\sqrt{2}$$

よって、正解は❹となります。

4 立体の知識と面積・体積の応用

問題1　　　　　　　　　　　　　　　　　　　　　　　　正解 ❹

> 二つの円が重なる部分の内部に、正三角形を二つ作って考えます。

二つの弧を合わせたレンズ型の図形の面積を求めるには、以下のように半分に分けて、弧と弦からなる図形（以下、「レンズの半分」と呼びます）二つにすれば、おうぎ形から三角形を引くことで「レンズの半分」の面積を求めることができます。

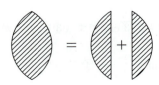

二つの円の中心をA、Bとおき、円どうしの交点をC、Dとおきます。これら4点を互いに結び、次の図のように△ABCと△ABDを作ります。

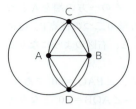

ここで、△ABCと△ABDは、3辺がいずれも半径6cmとなるので、どちらも正三角形になります（①）。したがって、∠CAD＝∠CBD＝120°となります。

次に、CBDを弧とした中心Aのおうぎ形の面積を求めます（次の図の斜線部）。

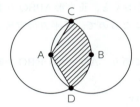

このおうぎ形は、半径6、中心角120°になるので、その面積は、

$$6^2 \times \pi \times \frac{120}{360} = 12\pi \ [\text{cm}^2] \quad \cdots\cdots ②$$

となります。

このおうぎ形から△ACDの面積を引くと、次の図のようになり、「レンズの半分」の面積になります。

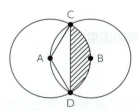

△ACDは、△ABCを半分にした面積と、△ABDを半分にした面積の合計になるので、①より、△ACDの面積は、1辺が6cmの正三角形と等しくなります。1辺6の正三角形の面積は、

$$\frac{\sqrt{3}}{4} \times 6^2 = 9\sqrt{3} \ [\text{cm}^2]$$

となるので、△ACDの面積も$9\sqrt{3}$ cm²です（③）。したがって、上の図の斜線部の面積は、

$$②－③＝12\pi － 9\sqrt{3} \ [\text{cm}^2] \quad \cdots\cdots ④$$

となります。

求める面積は、「レンズの半分」の面積の 2 倍となるので、④×2 より、
$$(12\pi - 9\sqrt{3}) \times 2 = 24\pi - 18\sqrt{3} \ [\text{cm}^2]$$
となります。

よって、正解は ❹ です。

問題 2

正解 ❶

> 正方形のマス目の線を利用して、円を五つの部分に分けて考えます。

求める図形の面積は、単純に公式で求められるものではありません。そこで、小さな正方形のマス目に着目します。

マス目の線によって、円は九つの部分に分けられており、そのうち二つの部分の面積の合計が、求める図形の面積になります。

ここで、円の他の部分を見ると、求める図形と同じ形のものが他に三つあることがわかります。さらに、円の中央には小さな正方形があるので、この円は、**求める図形が四つと、中央の小さな正方形一つの、合計五つの部分に分けられる**ことがわかります（以下の図）。

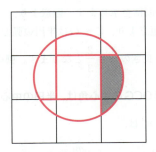

この図より、（円の面積）＝（求める面積）×4＋（小さな正方形の面積）であることがわかります。この式を変形すると、

（求める面積）×4＝（円の面積）－（小さな正方形の面積）

となるので、円の面積から小さな正方形の面積を引き、出た値を 4 で割れば、求める面積になることがわかります（①）。

この円は半径 4 cm なので、その面積は、
$$\pi \times 4^2 = 16\pi \ [\text{cm}^2] \quad \cdots\cdots ②$$
となります。また、小さな正方形は 1 辺 4 cm なので、その面積は、
$$4^2 = 16 \ [\text{cm}^2] \quad \cdots\cdots ③$$
となります。

よって、①より、求める面積は（②－③）÷4 となるので、
$$（求める面積）= (16\pi - 16) \div 4 = 4\pi - 4 \ [\text{cm}^2]$$
となり、正解は ❶ とわかります。

> 問題3   正解 ❺

斜線部を含むおうぎ形の面積から、不要な部分を引いて面積を求めます。

　斜線部の面積を直接求める公式はありません。そこで、斜線部を含む図形で面積を求めやすい図形を考えます。次の図のように、Oを中心とし、弧をCGとするおうぎ形OCGに着目すると、このおうぎ形から、弧DFと弦DFからなる図形（以下、「レンズ型」と呼びます）と、△OCGを引けば、斜線部の面積となります（①）。

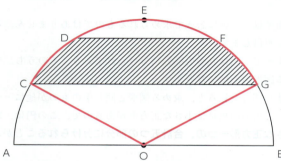

　そこで、おうぎ形OCGの面積を求めます。題意より、このおうぎ形の半径は 1 m なので、中心角を考えます。題意より、C～Gは半円の弧を6等分したときの点なので、弧CGの長さは、半円の弧の長さの $\frac{4}{6} = \frac{2}{3}$ となります。**弧の長さの比率は中心角の比率と等しくなる**ので、おうぎ形OCGの中心角は、半円の中心角の $\frac{2}{3}$ となります。つまり、おうぎ形OCGの中心角∠COGは、

$$\angle COG = 180 \times \frac{2}{3} = 120 \ [°] \quad \cdots\cdots ②$$

です。したがって、おうぎ形OCGの面積は、

$$\pi \times 1^2 \times \frac{120}{360} = \frac{\pi}{3} \ [m^2] \quad \cdots\cdots ③$$

となります。

　次に、「レンズ型」の面積を求めます。次の図のように、「**レンズ型**」の面積は、おうぎ形ODFから△ODFを引けば求められます（④）。

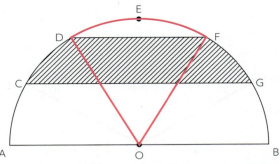

　そこで、おうぎ形ODFの面積を求めます。題意より、おうぎ形ODFの半径は1 m です。また、上の図より、弧DFの長さは、半円の弧の長さの $\frac{2}{6} = \frac{1}{3}$ となります。つまり、おうぎ形の中心角∠DOFは、半円の中心角の $\frac{1}{3}$ となるので、その角度は、

$$180 \times \frac{1}{3} = 60 \ [°] \quad \cdots\cdots ⑤$$

となります。したがって、おうぎ形ODFの面積は、

$$\pi \times 1^2 \times \frac{60}{360} = \frac{\pi}{6} \ [\text{m}^2] \quad \cdots\cdots ⑥$$

となります。

　続いて、△ODFの面積を求めます。ODとOFの長さは、いずれも円の半径になるので、△ODFは二等辺三角形となります。したがって、∠ODF＝∠OFDとなります。さらに、⑤より、∠DOF＝60°となるので、∠ODF＝∠OFD＝60°となり、△ODFは正三角形となります。この正三角形は1辺が1 mとなるので、正三角形の面積の公式より、

$$\frac{\sqrt{3}}{4} \times 1^2 = \frac{\sqrt{3}}{4} \ [\text{m}^2] \quad \cdots\cdots ⑦$$

となります。

　したがって、「レンズ型」の面積は、

$$⑥ - ⑦ = \frac{\pi}{6} - \frac{\sqrt{3}}{4} \ [\text{m}^2] \quad \cdots\cdots ⑧$$

となります。

　さらに、△OCGの面積を求めます。題意より、OC＝OG＝1 mなので、△OCGは二等辺三角形となり、②より、∠COG＝120°となるので、∠OCG＝∠OGC＝30°となります。ここで、下図のように、OからCGへ垂線を引き、この垂線とCGの交点をPとします。

4　立体の知識と面積・体積の応用　　139

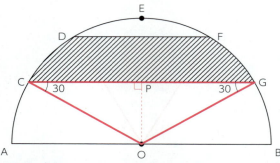

上図より、△OCPは30°、60°、90°の直角三角形となり、辺の比は、OP：OC：CP＝1：2：$\sqrt{3}$ となります。OC＝1ｍより、OP＝$\frac{1}{2}$ｍとなるので、CP＝$\frac{\sqrt{3}}{2}$ｍとなります。ここで、△OCGの底辺をCGとすると、高さはOPとなります。CGの長さは、CPの長さの2倍となるので、

$$CG = \frac{\sqrt{3}}{2} \times 2 = \sqrt{3} \ [m]$$

となり、△OCGの面積は、（底辺）×（高さ）×$\frac{1}{2}$ より、

$$\sqrt{3} \times \frac{1}{2} \times \frac{1}{2} = \frac{\sqrt{3}}{4} \ [m^2] \quad \cdots\cdots ⑨$$

となります。

よって、①より、斜線部の面積は、

$$③ - ⑧ - ⑨ = \frac{\pi}{3} - (\frac{\pi}{6} - \frac{\sqrt{3}}{4}) - \frac{\sqrt{3}}{4} = \frac{4\pi - 2\pi + 3\sqrt{3} - 3\sqrt{3}}{12} = \frac{2\pi}{12} = \frac{\pi}{6} \ [m^2]$$

となるので、正解は❺となります。

問題4   正解 ❸

> 水位が上がった部分の体積が、沈んだ立体の体積と等しくなることを利用します。

ある高さまで水の入った円筒に立体を沈めると、沈めた立体の体積の分だけ水面の高さが上昇します。このとき、立体を「円筒の底まで沈めた場合」と「水面近くで沈めた場合」では、どちらも沈めた立体の体積は等しいので、水面の高さの上昇分は等しくなります（次の図）。

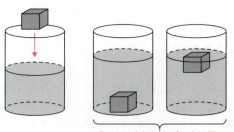

どちらも水位の上がり方は同じ

題意より、立体を沈めた結果、水面の位置は3cm高くなったので、四角柱の水につかっている部分の体積は、半径4cmの円を底面に持つ高さ3cmの円柱の体積と等しくなることがわかります。そこで、半径4cmの円を底面に持つ高さ3cmの円柱の体積を求めると、

$\pi \times 4^2 \times 3 = 48\pi$ [cm²]　……①

となります。

そこで、求めるものである、四角柱の水につかっている部分の高さを x [cm] とおくと、その体積は $4^2 \times x = 16x$ となるので、①より、$16x = 48\pi$ が成り立ちます。この式を解くと $x = 3\pi$ [cm] となります。

よって、正解は❸となります。

問題5

正解 ❷

> 円すいの側面積の公式と、円すいに隠された直角三角形を使って検討します。

半径 r の底面の面積は、πr^2 となります。この3倍が側面積となるので、
　（側面積）＝ $\pi r^2 \times 3 = 3\pi r^2$　……①
となります。また、側面のおうぎ形の半径を R とおくと、円すいの側面積の公式より、**（円すいの側面積）＝ πrR** となり、これと①が等しくなるので、$\pi rR = 3\pi r^2$ が成り立ちます。この式を R について解くと、次のようになります。
　　$\pi rR = 3\pi r^2$
　　　$R = 3r$　……②

また、右図より、R と底面の半径 r と高さ h を互いに結んで三角形を作ることができます。この三角形は、R を斜辺とする直角三角形になります。したがって、三平方の定理より、

　　$h = \sqrt{R^2 - r^2}$
が成り立つので、これに②を代入すると、
　　$h = \sqrt{(3r)^2 - r^2}$
が成り立ちます。この式を解くと、次のようになります。
　　$h = \sqrt{(3r)^2 - r^2}$

4　立体の知識と面積・体積の応用

$$= \sqrt{8r^2}$$
$$= 2\sqrt{2}r$$

よって、正解は ❷ となります。

問題6 正解 ❹

> 側面上の距離が最短になるのは、展開図上で直線になるときです。

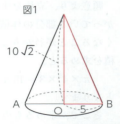
図1

円すいの側面にひもを巻きつける問題と同じと考えられるので、展開図を描いて、ひもを巻きつける側面上に直角三角形を作り、三平方の定理を使います。

そこで、まず円すいの側面のおうぎ形の形をつかむために、側面のおうぎ形の半径に当たる母線の長さを求めます。

底面の半径が5、高さが$10\sqrt{2}$の円すいを図で示すと、右の図1のようになります（ABは底面の直径）。

図1より、底面の半径と、高さを示す直線と、母線を合わせると、直角三角形になります。題意より、底面の半径は5、高さは$10\sqrt{2}$とわかっているので、三平方の定理を使って母線の長さを求められます。したがって、

(母線の長さ) $= \sqrt{5^2 + (10\sqrt{2})^2} = \sqrt{225} = 15$ ……①

となります。

次に、円すいの側面のおうぎ形の中心角を求めます。

円すいの公式より、

(側面のおうぎ形の中心角) $= 360 \times \dfrac{5}{15} = 120\ [°]$ ……②

となります。

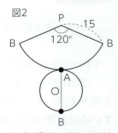
図2

①、②より、この円すいの展開図を描くと、右の図2のようになります（側面のおうぎ形の中心をPとおきます）。

ここで注意すべきは、**底面の円の直径の両端AとBの位置は、おうぎ形の弧の両端にはならない**ということです。直径の両端のA、Bを側面上で結ぶと、その線は、例えば次の図3の赤い線のようになります。

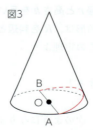
図3

図3の円すいの側面を、Bを通る母線で切って展開図にすると、図2のように、**側面**

のおうぎ形の弧の両端がBとなり、Aは、側面のおうぎ形の弧の中央に位置することになります。

求めるのは、AとBを、側面のおうぎ形の上で結んだときの道のりの最小値であるので、それは側面上でAとBを直線で結んだ**線分ABの長さ**と等しくなります。

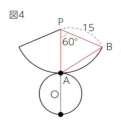

図4

ここで、ABの長さを求めるために、右の図4のようにPAとABを結ぶ補助線を引いて、△PABを作ります。

△PABについて見ると、PAとPBはともにおうぎ形の半径になるので、PA＝PBです。つまり、△PABは二等辺三角形となり、∠PAB＝∠PBAとなります（③）。

また、Aは側面のおうぎ形の弧の中央に位置するので、PAは側面のおうぎ形を二等分します。したがって、∠APBはおうぎ形の中心角の$\frac{1}{2}$となり、②より、∠APB＝60°となります。さらに、③より、

　　∠PAB＝∠PBA＝∠APB＝60°

となり、**△PABが正三角形である**ことがわかります。したがって、PA＝PB＝ABとなり、①より、

　　PA＝PB＝AB＝15

となります。

よって、最小値15に最も近い選択肢は、❹の15.1となるので、正解は❹です。

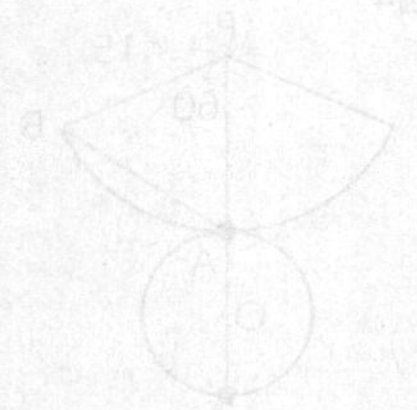